高等职业教育财经类规划教材·教学改革示范系列

U0813515

商科专业毕业设计教程

方玲玉　主编
陈光荣　周玉梅　副主编

電子工業出版社
Publishing House of Electronics Industry
北京·BEIJING

内 容 简 介

本书借鉴台湾专题制作的成功经验，针对目前商科专业毕业设计中存在的现实难题，创新性地设计了毕业设计导引、毕业设计选题开发、毕业设计方案制定、毕业设计专题制作、毕业设计写作规范、毕业设计成果总结六大内容模块，引导学生面对真实的商务市场环境，聚焦专业领域内某一有价值、有挑战性的选题，合理设计技术路线，创造性地提出解决方案，富有成效地展示设计成果，以提升综合运用所学基础理论知识和基本技能、分析并解决本专业范围内一般商务问题的能力。

本书以电子商务、市场营销、会计、物流管理、国际贸易等专业为例，开发了系列专业的毕业设计选题，提供了毕业设计任务书、毕业设计执行方案、毕业设计成果总结报告等系列原创模板及实例，适宜作为中、高职及应用型本科商科专业毕业设计的指导用书。

图书在版编目（CIP）数据

商科专业毕业设计教程/方玲玉主编.—北京：电子工业出版社，2016.7

ISBN 978-7-121-28933-0

Ⅰ.①商…　Ⅱ.①方…　Ⅲ.①贸易-毕业设计-高等学校-教材　Ⅳ.①F7

中国版本图书馆 CIP 数据核字（2016）第 117363 号

策划编辑：贾瑞敏
责任编辑：贾瑞敏
印　　刷：三河市兴达印务有限公司
装　　订：三河市兴达印务有限公司
出版发行：电子工业出版社
　　　　　北京市海淀区万寿路 173 信箱　邮编 100036
开　　本：720×1 000　1/16　印张：15　字数：336 千字
版　　次：2016 年 7 月第 1 版
印　　次：2019 年 7 月第 5 次印刷
印　　数：4 000 册　定价：38.00 元

凡所购买电子工业出版社图书有缺损问题，请向购买书店调换。若书店售缺，请与本社发行部联系，联系及邮购电话：（010）88254888，88258884。

质量投诉请发邮件至 zlts@phei.com.cn，盗版侵权举报请发邮件至 dbqq@phei.com.cn。

本书咨询联系方式：（010）88254019，jrm@phei.com.cn。

前言

2015年3月至6月，笔者随团赴台湾访学3个月，对台湾的技职教育进行了比较深入的考察。在考察期间发现，台湾各类院校普遍开设的“专题制作”课程，与我们的“毕业设计”课程相似，但其质量和水准给我们留下了极为深刻的印象。台湾技职类大学的生源质量，由于受“少子化”的影响，已绝非传统意义上的“精英”了。校园内外，机车的刺激、游戏的诱惑，让人目不暇接；课堂上下，手机的依赖、个性的张扬，也让人瞠目结舌。但是，正是这些看似并不比大陆学生优秀几分的新生一代，他们在“专题制作”课程的表现，却让我们全体大跌眼镜。以笔者访学所在的台湾健行科技大学为例，2012~2014三年中，获德国纽伦堡发明展等国际一流发明金奖共24项；再以本书中多有案例引用的商科专业为例，他们在商务专题作品中展现的专业格局和全球视野、创新精神及实务能力，真让人大开眼界！专题制作，何以能够点石成金、化腐朽为神奇？这不能不让人深思和反省！

商科专业如何做毕业设计，这是多年来一直困扰广大师生的一大难题。工科专业的产品设计或工艺设计，在动手能力及操作技能的培养上，操作流程清晰、技术规范明确、技术技能显性；不同于这类专业，商科类专业要培养学生分析、思辩、判断、决策、综合、策划等隐性的思维能力及智慧技能。商科专业方案设计类毕业设计，从选题确定到路径设计，从方案策划到运营实施、再到成果评估及方案优化等，无一不充满挑战且难以掌控。

如何借鉴台湾成功经验，聚焦商科专业领域现实问题，开发系列高价值毕业设计选题，帮助学生合理设计解决问题的技术线路，让他们在系列毕业设计工具及模板的正确引导下，能够轻松高效地制作出有一定质量水准及实用价值的毕业设计作品，是本书的重要使命。

本书中提供的电子商务、市场营销、会计、物流管理、国际贸易等商科专业的毕业设计选题，以及毕业设计任务书、毕业设计执行方案、毕业设计成果总结报告等系列工具模板，并收纳整理了每个专业具有代表性的学生毕业设计作品，供参考使用。本书编写团队所在院校2016届商科毕业设计指导实践中已经全部采用，并进行了及时的总结与优化。令人万分欣慰的是，所有使用这些工具模板的老师都纷纷表示：大大提高了指导效率，全面提升了作品质量！

注：本教材是湖南省首批卓越校建设项目——“商务专题制作课程开发与建设”项目成果（课题编号：Z1422201603）。

本书由方玲玉教授负责全书统稿，并撰写第 1 至第 3 章；第 4 章由周玉梅与刘娜老师合作完成；第 5 章由陈光荣老师独立撰写；第 6 章由陈光荣与佘浩共同完成；何斌、刘元发、周艳、纪锐森、龙珍华老师共同负责学生毕业设计作品实例的收集及整理工作。除此之外，长沙民政职业技术学院商学院电子商务、市场营销、会计、物流管理、国际贸易、证券与期货六个专业带头人，如文腊梅教授、张流柱、陈炜、黎晗、徐辉、吴夕晖老师，多次参与教材开发研讨，对编写思路的形成提供了重要的支持和帮助。

在此，要特别感谢台湾健行科技大学行销与流通管理系主任魏俊卿博士，在帮助我们考察台湾的技职教育、了解台湾商务专题运作机制等方面，提供了大批原始资料，花费了大量时间、精力，让我们获益非浅，并久久难忘！

方玲玉
2016 年 4 月 20 日
chinahnfly@126.com

目 录

第1章

毕业设计导引

能否良好地完成毕业设计（论文），是衡量一个人是否接受了高等教育、并达到一定水准的重要标志。正因如此，对毕业设计工作高度重视、对毕业设计过程严格管理、对毕业设计作品严格要求，是所有对学生发展高度负责、对人才培养严格把关学校的共同选择。

毕业设计（论文）这门课程，几乎是所有高校毕业生于学习告一段落前，必须经历的严峻挑战，也是检验学生学习成效及学校人才培养质量的最佳方法。因此，不管是哪一类学校或哪一种专业，都需要通过这一环节来磨炼学生的自主学习、综合分析、创意设计及解决问题的实务能力。

1.1 毕业论文与毕业设计

无论是自然科学还是社会科学，在人类的生产经营实践活动中，人们都需要从事大量的科学研究工作。科研工作的实质，是要揭示事物的本质特征及事物发展的客观规律。因此，科研工作是应用知识和创造知识的过程。科研工作成果的表现形式，主要有学术论文、学术专著、科学技术报告或专利文件、调查报告或研究报告等。在介绍毕业论文前，有必要先了解学术论文的基本内涵。

1.1.1 学术论文

人们通常说的“论文”，即学术论文。我国国家标准局对此的定义是：学术论文是某一学术课题在试验性、理论性或观测性上具有新的研究成果或创新见解和相关知识的记录；或是某种已知原理应用于实际中取得的新进展的科学总结，用以提供学术会议上宣读、交流或讨论；或在学术刊物上发表；或作其他用途的文件。

由此可见，这里所说的“学术”，不是指一般性的知识或学问，而是指专门的、深入的、系统的知识或学问。因此，作为学术论文，它不是现有知识的简单重复，而是在一定专业水准上进行深入研究后，所形成的独到的观点、见解或发现，是知识或理论的升华和再创造。总之，学术论文是用来描述科研成果的有价值的原创性文章。毕业论文属于学术论文的范畴。

1.1.2 毕业论文

顾名思义，毕业论文是高等院校学生，在毕业前所撰写的学术论文或学位论文。究其实质，毕业论文是高等院校应届毕业生在教师指导下，按学术论文标准，由学生独立完成的总结性、习作性文章，是一项相对复杂的集学习、研究、写作三位于一体的综合训练，是对学生基础理论知识掌握情况、分析解决问题基本能力所进行的一次综合训练与考核。

从文体上来讲，毕业论文属于议论文。议论文是一种证明自己观点正确、剖析事物、论述事理、发表意见、提出主张的一种文体。毕业论文具有议论文所共有的属性特征，由论点、论据、论证构成文章的三大要素，文章主要以逻辑思维的方式展开，在强调事实的基础上，展示严谨的推理过程，从而得出令人信服的科学结论。

一般情况下，毕业论文主要考查学生三个方面的能力：一是综合运用所学专业基础理论知识的能力；二是探索、思考、创新的能力；三是文献综合、资料组织、文字表达能力。对毕业论文的考查，主要从“新”“深”“实”“严”“达”五个方面来进行。“新”是指新颖度，要求观点新颖，不是照搬照抄、老调重弹；“深”是指深刻度，要求应具备一定的学术价值，不是泛泛而谈，或无病呻吟、隔靴搔痒；“实”是指真实度与充实度，要求文章内容、资料既要真实可信，又要充实丰厚；“严”是指严密度，要求结构严谨，既符合既定格式，又表述严密，逻辑性强；“达”是指清晰度和通畅度，要求语言通顺流畅，表达准确无误。

本、专科层次的毕业论文，一般对字数都会有明确的要求，大多是5千至1万字左右。文章太长难于把握，文章过短难以表述清楚，也会让内容显得单薄、苍白。

1.1.3 毕业设计

所谓设计，是人们根据科学研究、生产实践及技术开发的实际需要，经构思与创造，在现有条件下，以最佳方式将设想向现实转化的过程及取得的成果。

传统意义上的毕业设计，是指高等院校技术科学及工程设计等需要培养设计能力专业或学科的应届毕业生的总结性独立作业，要求学生针对某一课题，综合运用所掌握的专业知识和基本技能，开展具有一定实用价值的设计过程及取得的成果。

毕业设计不同于毕业论文，它的组成部分不只是一篇学术论文。如“机械加工与制造专业”的毕业设计，可能包括“毕业设计图纸+开题报告+任务书+实习报告+毕业设计说明书”等系列组件，这足以说明，完成一份优秀的毕业设计，需要付出相当多的努力！

毕业设计也是学生走向一线岗位前的一次重要的实习。通过毕业设计，让学生对某一课题进行专门、深入、系统的研究，从而巩固、扩大、加深对已有知识的掌握，培养综合运用已有知识独立解决问题的能力。一些国家根据学生的毕业设计质量，授予一定的学衔，如建筑师、农艺师、摄影师等。我国高等教育把毕业设计（论文）和毕业考试结合起来，作为授予相应学位或文凭的重要依据。

随着社会经济的发展，特别是人类社会进入了互联网为支撑的信息时代后，人们的个性化、多样化需求得到了前所未有的满足与激发，彰显个性、迭代创新，已成为时代的主旋律。在此背景下，今天的高等教育，不仅是技术科学及工程设计专业，需要通过毕业设计来培养学生的创新思维及解决实际问题的能力，来检验和提升人才培养质量，其他所有面向生产、服务与管理一线岗位的职业院校及应用技术大学，也普遍采用“毕业设计”这门课程来强化学生的专业知识与能力培养。以台湾为例，几乎所有的学术教育及技职教育的科系门类，均普遍开设一门极其重要的“专题制作”课程，它基本承载了“毕业设计”这门课程的功能与使命。在商科类专业中，这门课程一般被称为“商务专题制作”。

综上所述，商科专业毕业设计，一般是在最后一个学期开设的一门必修课，它是继前期的职业导入课程、职业岗位课程、职业拓展课程后，要求学生面对真实的商务市场环境，针对专业领域内某一有价值、有挑战性的选题（或问题），合理设计解决问题的技术路线，创造性地提出问题解决方案，并卓有成效地展示毕业设计成果，从而全面提升学生综合运用所学基础理论和基本技能去分析和解决本专业范围内的一般商务问题的能力。

毕业设计与毕业论文的异同比较如表 1-1 所示。

表 1-1　毕业设计与毕业论文异同比较

<table>
<tr><th colspan="2">指　标</th><th>毕业设计</th><th>毕业论文</th></tr>
<tr><td>共性</td><td>定位作用</td><td colspan="2">✍ 高等学校学生在毕业前必须完成的一门必修课程，是专业人才培养方案的重要组成部分
✍ 要求学生综合运用所学基础理论、基本技能，分析解决实际问题
✍ 是强化创新意识、培养创新能力、获取创新知识、提高自学能力的重要途径
✍ 是对学生综合素质及实践能力的全面训练及考核
✍ 是高等学校学生获得相应学位或文凭的重要参考
✍ 是衡量学校及专业人才培养质量的重要依据</td></tr>
</table>

续表

指　标		毕业设计	毕业论文
特性	概念内涵	一般的设计，是指人们根据科学研究、生产实践及技术开发的实际需要，经构思与创造，在现有条件下，以最佳方式将设想向现实转化的过程及取得的成果； 商科专业毕业设计，要求学生面对真实的商务市场环境，针对专业领域内某一有价值、有挑战性的选题（或问题），合理设计解决问题的技术路线，创造性地提出具体的解决方案，并能卓有成效地展示毕业设计成果	毕业论文是学术论文的一种，其文体属于议论文，是高等院校应届毕业生在教师指导下，按学术论文标准，由学生独立完成的总结性、习作性文章； 毕业论文注重对客观事务进行理性分析，指出其本质，提出个人的见解或解决某一问题的方法和意见
	表现形式	以商科专业为例，毕业设计包括但不限于以下组件： ✍ 毕业设计任务书 ✍ 毕业设计执行方案 ✍ 毕业设计作品 ✍ 毕业设计成果报告书	主要由一篇学术论文构成
	功能特点	设计内容的科学性：设计内容应科学、准确，符合技术要求； 设计思想的新颖性：从设计的构思到成果呈现，是继承与创新的有机结合；设计不是原有对象的简单重复，而是应用智慧的开发与改造； 设计表述的规范性：设计应依据国家标准或行业、企业规范，并结合生产实践及经济发展状况进行； 设计条件的约束性：设计应切合社会经济水平及企业生产实际，受内外条件的制约； 设计结果的实用性：设计过程应与生产实践紧密结合，设计成果应当能够产生良好的经济效益和社会效益	学术性：有浓厚的理论色彩，在认识上具有一定的理论高度； 科学性：表述要严谨，立论要客观，论证要严密； 创造性：对所研究的问题要有新观点、新见解，或采用了新的研究方法，或进行了新的论证得出新的结论，是科研新成果的表述

1.2 毕业设计的主要类型

根据毕业设计最终成果表现形式的不同，在职业院校中毕业设计大体可以分为产品设计类、工艺设计类、方案设计类这三种形式。商科专业的毕业设计以方案设计类为主。

1.2.1　产品设计类毕业设计

产品设计类毕业设计，是指将工程或者生产中的某种目的转换为一个具体的物理形式或工具的过程，是把一种计划、规划设想、问题解决的方法，通过具体的载体以令人愉悦的形式表达出来，从而实现某种功能或作用的一种创造性活动。

产品设计类毕业设计作品的质量以学生毕业设计形成的最终技术文件为主要考察对象，重点评价产品设计技术文件的规范性、技术方案的科学性和技术设计的创新性等。

1.2.2　工艺设计类毕业设计

工艺设计类毕业设计，是指以工程项目、产品加工或其他生产服务一线应用性项目为对象，对相应的流程、技术路线和规范进行设计的综合性毕业实践。

工艺设计类毕业设计作品的质量以学生毕业设计形成的最终技术文件为主要考察对象，重点评价工艺设计技术文件的规范性、技术方案的科学性和技术设计的创新性。

1.2.3　方案设计类毕业设计

方案设计类毕业设计，是指学生利用所学知识，为解决专业对应领域中的具体问题而完成的一项系统设计，其设计作品的表现载体是一个完整的方案。方案设计类毕业设计作品的评价，主要从选题、设计实施、作品质量三个方面进行。

（1）设计选题

以毕业设计任务书为主要考察对象，重点评价所选课题与高职目标定位和专业培养目标的符合情况、所学专业知识和技能解决综合运用情况、与专业领域的对接情况、综合能力和职业岗位（群）中核心能力的培养情况及课题的难易程度和工作量适度情况。

（2）设计实施

以毕业设计说明书为主要考察对象，重点评价完成设计任务所制订的技术路线的可行性、步骤的合理性和方法的科学性、设计过程的完整性、语言表达的准确性、设计结论的可靠性、依据选择的合理性和依据应用的正确性。

（3）作品质量

以毕业设计形成的最终作品（方案）为主要考察对象，重点评价作品的规范、与行业或企业标准规范的符合度，作品的可操作性、可执行性、设计任务完成情况，以及作品的创新性和应用价值。

本书主要以商科类专业的方案设计类毕业设计为对象，来探讨毕业设计的方法与实践。

1.3 毕业设计的管理流程

毕业设计工作应实行校、院、专业系（所、室）三级管理，强化专业系的管理职能。教学管理办公室在主管院长的领导下，宏观管理、组织、指导、协调毕业设计工作，制订毕业设计管理规章制度，组织毕业设计检查、评估和总结，推荐优秀毕业设计作品，开展经验交流和推广等活动。

毕业设计工作的规范管理，是学校治理能力的重要体现。

对毕业设计的管理流程的评价，主要就学校有关毕业设计的管理机制、组织实施和质量监控等方面，重点评价相关制度及工作实施的科学性、规范性、有效性和可行性。

二级学院应成立毕业设计领导小组，负责贯彻执行学校有关毕业设计管理的规定和要求，拟订毕业设计具体工作计划和实施措施。专业系（所、室）成立毕业设计工作小组，结合本专业培养目标和特点，拟订毕业设计实施细则；布置毕业设计任务，进行毕业设计动员；审定毕业设计指导教师，审定毕业设计选题；组织毕业设计质量检查与工作评估；组织毕业设计答辩及成绩评定，负责毕业设计工作总结，并及时将学生毕业设计及相关资料整理存档等。毕业设计的管理流程如图 1-1 所示。

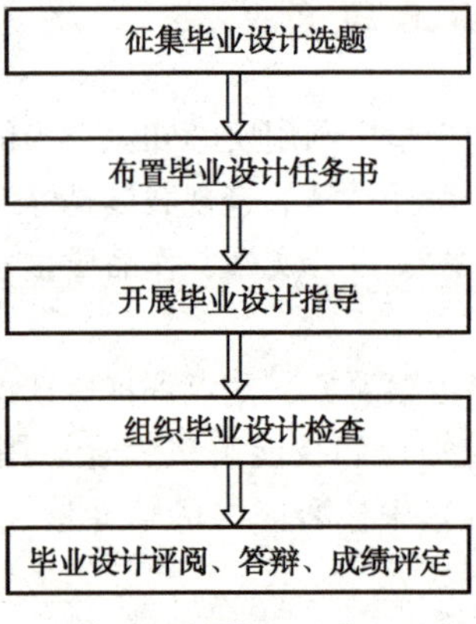

图 1-1　毕业设计管理工作的一般流程

1.3.1 征集毕业设计选题

拟定适宜而又有价值的选题，对毕业设计的成败至关重要。选题的拟定是一项严肃而又十分重要的工作，一般经过以下几个工作环节。

(1) 指导教师提交选题

各专业符合相应资质条件的指导老师，根据专业人才培养目标、市场发展动态，特别要考虑学生毕业顶岗实习单位用人特点及业务实际，结合教师个人主要研究方向及特长特点，提交若干选题供专业系主任审核参考。

（2）专业系主任审核选题

专业系主任征集本专业全体指导教师选题后，组织人员召开选题审定研讨会，根据选题与专业培养目标吻合度、教学内容覆盖面、设计工作量适宜度、市场业务相关度、呼应市场热点难点新颖度、学生能学会做的可行度等指标，对所有选题逐一审定，进行去粗取精、去伪存真。然后再对剩下的选题进行归类、合并、去重及优化，使之简明扼要、指向明确、便于选择。

（3）二级学院发布选题

学院将各专业审定的选题进行再次论证，论证通过后即可以正式文件的形式，发布年度毕业设计选题，作为全体毕业生进行选择的依据。

1.3.2　布置毕业设计任务

学生根据个人兴趣及特长选择毕业设计选题，教师根据个人研究方向及企业资源情况选择要指导的学生，在条件允许的情况下可开展学生和教师的双向互选。

确定选题后，指导教师要填写好毕业设计任务书，经系主任签字后，正式向学生布置毕业设计任务。毕业设计任务书除选题名称外，还包括选题目的、任务及成果要求等。

1.3.3　开展毕业设计指导

确定选题、明确任务后，对学生而言，重大的挑战才刚刚开始。教师主要就解决问题的技术线路、毕业设计的撰写规范、毕业设计的评价标准及答辩安排等内容进行具体且适时的指导。在这种情况下，教师指导就变得非常关键。

1.3.4　组织毕业设计检查

为了确保毕业设计工作的有序进行，应对毕业设计的进展情况开展定期检查，以及时纠错改错，确保质量。检查工作可分前期、中期、后期三个阶段进行。

（1）前期检查

一般在毕业设计开始前至开始第一、二周进行前期检查。主要检查学生任务的落实情况，包括毕业设计题目、毕业设计任务书、指导教师和学生匹配情况等。前期检查可以由毕业设计专家组检查毕业设计题目是否规范、是否符合专业要求，毕业设计任务书的规范性和与专业培养目标是否吻合。

前期检查的目的在于发现问题，尽早督促学生和教师按时投入毕业设计工作，以保证学生能按时完成任务。对于毕业设计指导不到位的老师要及时取消其指导资格。对于毕业设计题目和毕业设计任务书有问题的要督促其指导教师协助修改。

(2) 中期检查

一般在毕业设计进行到一半时开展中期检查。主要检查学生任务完成的基本情况，包括相关文献阅读完成情况、行业企业调研任务完成情况、方案设计完成情况等。

中期检查可以分组进行，指导教师和指导的学生一般不安排在同一组，教师间交叉检查。检查时可以通过听学生自述、浏览学生上传到网络上的相关文档资料等多种形式进行。

中期检查的目的在于发现问题，尽早督促学生抓紧时间，按时完成设计任务。对于在中期检查中问题比较多的学生，应及时与其指导教师联系，加强指导、管理和督促。个别问题严重的学生，必须提出警告，限期改正。个别问题特别严重的学生，作推迟答辩处理，或取消答辩资格。

(3) 后期检查

后期检查在毕业设计答辩前进行，主要检查学生设计任务的完成情况，毕业设计工作量大小、规模难度、有无新意及设计质量等方面。

后期检查是对学生能否进行毕业设计答辩的资格审查，也是评定学生毕业设计成绩的重要依据。毕业设计不合格或设计任务没有完成的不能通过后期检查考核，不能通过后期检查考核的一般不能参加毕业设计答辩。

1.3.5 毕业设计评阅

毕业设计结束后，学生应将毕业设计及有关附件资料交给指导老师，由指导老师对学生毕业设计的全过程进行考核。指导老师在认真批阅学生交上的毕业设计后，应明确指出存在的问题和错误，并写出批改意见。

在对学生的任务完成情况、知识应用能力、独立工作能力、创新能力、文本质量和工作态度等进行认真严肃的考察后，实事求是地填写指导教师评语，并给出建议成绩。

若发现毕业设计不管在内容、概念上，还是在写作格式、写作行文上存在问题的，都必须要求学生限期改正，否则，不予通过。

毕业设计评分标准样例如表 1-3 所示。

表 1-3　＊＊＊学院毕业设计评分标准

一级指标	二级指标	指标内涵	权重（%）
设计任务	专业性	毕业设计选题符合本专业培养目标；设计任务体现学生进行需求分析、信息检索、方案设计、资源利用、作品（产品）制作、成本核算等能力和安全环保、创新协作等意识的培养要求，有助于培养学生综合运用所学的专业知识和专业技能解决专业领域中实际问题的能力	5
	实践性	毕业设计选题贴近生产、生活实际或来源于现场实际项目；产品设计任务具有一定的综合性和典型性，代表行业领域的一般性要求	5
	工作量	设计项目难易程度适当，教学时长符合本专业特点；同一选题每年最多不超过 3 名学生同时使用，每个学生独立完成 1 个设计项目	5

续表

一级指标	二级指标	指标内涵	权重（%）
设计实施	可行性	毕业设计方案完整、规范、科学规划设计任务的实施，能确保项目目顺利完成；毕业设计的技术原理、理论依据和技术规范选择合理	15
	完整性	设计项目启动、设计任务规划、资料查阅、参数确定、设计方案拟定、设计方案修订、设计成果成型等基本过程及其过程性结论等记录完整	15
	可靠性	技术标准运用正确，分析、推导逻辑性强；有关参数计算准确，中间数据翔实、充分、明确、合理；引用的参考资料、参考方案等来源可靠	10
作品质量	科学性	毕业设计作品（产品）充分应用了本专业新知识、新技术、新工艺、新资料、新方法、新设备，要素完备，表达准确	15
	规范性 完整性	毕业设计作品（产品）完整体现任务书的规定要求；毕业设计作品（产品）载体相关表述符合行业标准的要求；成果报告书全面总结毕业设计的过程、收获、作品（产品）特点等	20
	实用性	毕业设计作品（产品）有创意，可以有效解决生产、生活实际问题	10

1.3.6　毕业设计答辩

毕业设计答辩是毕业设计过程中的一个重要环节，巩固已学知识的基本训练，它可以使学生再一次受到锻炼，在总结的过程中得到提高，它也是衡量学生毕业设计水平和质量的重要手段。通过学生的口述及对答辩委员会所提问题做出的答复，对学生的专业素质和工作能力、口头表达能力及应变能力进行考核；同时，对学生知识面的宽、窄及所学知识的理解程度做出判断。

通过毕业设计答辩，可以就该课题的发展前景和学生的努力方向，对学生进行最后一次面对面的教育。

毕业设计答辩也是对毕业设计工作进行全面检查的一个重要环节。院（系）应成立以主管教学领导为组长的答辩领导小组，负责本单位的答辩工作，制定答辩规章、程序、要求及时间、地点安排等，应提前将安排计划报至上级主管部门。

每个专业应成立答辩委员会，审查学生的答辩资格，组织学生进行答辩，研究确定答辩和毕业设计成绩等。

(1) 毕业设计答辩的程序和要求

① 答辩资格审查：答辩前应对学生进行严格的答辩资格审查，凡私自变更原批

准进行的课题者、未完成毕业设计任务者、未完成毕业设计作品撰写或撰写的毕业设计作品严重不符合要求者，一律取消答辩资格。综合考虑中期检查和后期检查的情况，严重不符合要求者，也不能获得答辩资格。

② 准备答辩：答辩前，指导教师对学生上交的毕业设计进行审阅，并写出评阅意见；公布答辩委员会组成人员，答辩小组的教师名单、学生名单、答辩日程、地点安排；学生应拟出汇报提纲，并做好参加答辩的准备，如调试机器、制作 PPT、打印文档等。

③ 进行答辩。给出成绩及评语。

（2）毕业设计答辩委员会组成

答辩委员会一般由 3~5 名专家组成，至少有一人具有高级职称，其中还应包括 1~2 名企业专家。答辩委员会设组长 1 名。答辩委员会的职责是审阅毕业设计论文、对学生的答辩资格给予审定、组织并主持答辩、讨论并确定最后成绩及评语。

根据各专业学生人数及毕业设计课题类别，答辩委员会一般分为若干个答辩小组进行答辩工作，每组应由 3 名左右教师组成。

（3）毕业设计答辩的实施过程

毕业设计答辩一般分成答辩小组进行，由主持人宣布答辩开始。

学生按预定的顺序进行答辩。学生可以使用投影仪等设备，自述毕业设计课题的目的、要求、设计思想、设计方案及主要特点，提出设计方案的主要依据及结论，毕业设计的体会和方案改进意见等。学生的陈述一般在 10 分钟左右，主要是考核学生对内容的组织和表达能力。

学生自述后，答辩委员会提出问题，学生回答。学生对答辩委员会提出的问题可以立即回答，也可以稍做准备后回答。答辩所提的问题，一般应围绕毕业设计的课题和本专业的主要知识进行，主要考核学生分析问题和解决问题的能力，以及对基本知识和技能的掌握程度。

提出的问题不宜过深、过偏。对毕业设计中表现突出的学生，可适当地增加问题的难度，以考察其水平；对基础较差、表现欠佳的学生，也可以适当地启发。因此，要求答辩小组成员熟悉本专业的课程设置、熟悉本专业的发展状况，对学生必须掌握的专业知识有全面的把握。

答辩过程中要有专人记录，答辩委员会成员在答辩过程中对每个学生的答辩情况也可做必要的记录，以便评议成绩时作为参考依据。

答辩结束后，答辩委员会根据评阅人意见、指导教师的意见、学生在答辩会上的表现，经过充分讨论，给出成绩及评语。

（4）毕业设计答辩的注意事项

参加答辩的学生，在答辩前应做好答辩的准备工作。在答辩过程中要严肃认真，介绍内容时应清楚、重点突出；回答问题要准确、论据充分，切忌答非所问。

对不知道的问题要实事求是地说明；对没有听明白的问题，可以请老师重述；当被误解时，一定要据理申辩，但应注意方式、方法。

条件允许的情况下每个小组的学生最好自始至终参加答辩，这实际上也是一个向他人学习的好机会。在答辩时，对自己感兴趣的课题，也可适当地向答辩同学提出问题。

参加答辩必须衣冠整洁，注意礼貌，尊重答辩小组的教师。

1.4　毕业设计的写作流程

毕业设计不仅是应届毕业生获得学位或文凭的前提和基础，更是最后一次在教师直接指导下，综合运用所学专业知识和基本技能，对接一线市场岗位需求，解决具体商务业务问题，从而提升自主学习能力、调查分析能力、创新创意能力及社会适应能力的最佳机会。因此，高度重视、潜心投入，争取实现大学学习的量变到质变，为未来职业生涯奠定坚实基础，这是毕业设计课程应有的定位。

毕业设计的写作流程，一般包括确定选题（形成毕业设计任务书）、设计路径（制订毕业设计执行方案）、方案设计（撰写毕业设计作品）、成果总结（撰写成果报告书、答辩汇报 PPT 等）四个环节，如图 1-2 所示。

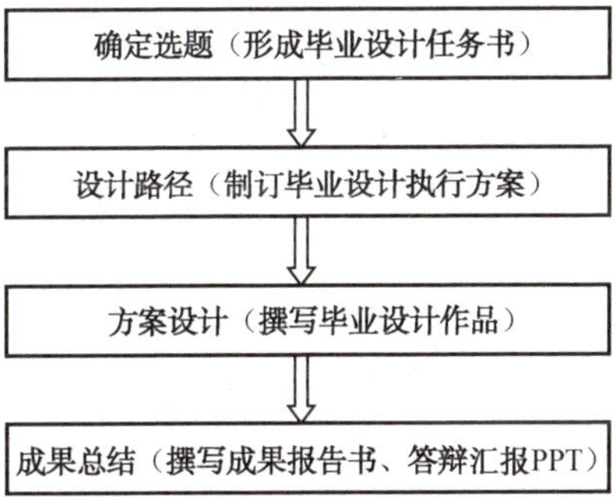

图 1-2　毕业设计的写作流程

1.4.1　确定毕业设计选题

学校发布的年度毕业设计选题可能包罗万象，宽窄难易，各不相同。选择合适的毕业设计选题，是一个抽丝剥茧、去粗取精的过程。

（1）确定选题的原则

① 符合兴趣。选题必须符合自己的兴趣，这样才能在充满挑战、漫长且艰辛的完成过程中，持之以恒、锲而不舍，让选题研究能够持续地进行下去，最终达成学习的目的。

② 与指导老师充分沟通。由于学生所涉猎的专业领域相对过窄，若能与不同专长的老师密切沟通，充分了解毕业设计选题的内容与方向，对未来毕业设计的进行会有相当大的帮助。

③ 结合自己所学知识与专业能力。毕业设计的方向与内容，必须与自己的知识

储备及专业能力相匹配，千万不能超过自己的专业知识过多，否则在进行毕业设计时，会更加辛苦，甚至无法完成。

④ 选题范围不宜太过深奥与宽泛。毕竟是在校学生，对课题的研究能力及操作经验还相当有限，因此应该针对小范围的课题进行研究，而且涵盖的主题内容不宜过于广泛，否则将造成相关知识的探究及前期市场调研负担太大，从而无法在限定的时间内完成设计。

⑤ 选题应切合实际。选题不能好高骛远，必须考虑个人的实际能力，以及完成设计的时间限制、设备场地及经费需求等实际状况。

（2）确定选题的步骤

① 确定选题范围。以电子商务专业为例，根据专业培养目标及专业发展方向，选题范围主要有网店运营、网络推广、网络美工、网店客服、跨境电商、移动电商等方向。学生应根据自己的兴趣爱好及就业意向确定大致的选题方向。

② 找准"热点""焦点"。如果对网店运营感兴趣，可以通过网络调研、校友学长及合作企业的人脉资源，广泛了解这方面最新动态及发展趋势，捕捉其中的"热点""痛点""难点""焦点"或"敏感点"。如网店运营方向，"爆款打造""活动策划""网店转化率提升""数据化运营"是目前业内关注的焦点，则可以作为选题的参考。简单重复、了无新意的选题，价值度不高，也会让毕业设计很难出彩。

③ 选择可行性高、价值度大的选题。有兴趣且有价值，还要看完成选题的难度及可行性如何。如果对"数据化运营"很感兴趣，但自己的文献资源、人脉资源及实习岗位与之毫不相干，则不可能完成一个良好的毕业设计。如果在运营部门实习，对网店"爆款打造"很有兴趣，也看过不少别人的经验分享，恰巧还有一些朋友在不同的企业从事运营类岗位，这时选择"＊＊＊店铺爆款选择与打造"作为自己的毕业设计题目，则具有很高的可行性和可信度。

选题确定后，应主动与毕业设计指导老师联系，就开展毕业设计的时间地点、任务内容、成果要求等方面达成充分共识，并体现在毕业设计任务书中，如图 1-3 所示。

＊＊学院毕业设计任务书

_______学院_______专业_______班学生_______学号_______

一、毕业设计题目：______________________________

二、毕业设计进行地点：__________________________

三、任务书内容：

◆ 目的：

____

____

◆ 任务：

____

____

图 1-3 毕业设计任务书示例

◆ **成果要求：**

指导教师签名：________年　　月　　日
教研室主任签名：________年　　月　　日
学生签名：________年　　月　　日

图 1-3　毕业设计任务书示例（续）

1.4.2　制订毕业设计执行方案

接受毕业设计任务书后，首先要熟悉自己的设计题目和设计任务的具体要求，接着再进行初步的设计调研，从而拟定开展毕业设计的技术路线，最后完成毕业设计执行方案的撰写。

所谓技术路线，一般是指课题的申请者为达到研究目标而准备采取的，包括技术手段、具体步骤及解决关键性问题的方法。毕业设计的技术路线，是完成毕业设计所采取的方法手段、过程步骤的系列组合。

技术路线在描述操作过程的基础上，经常采用流程图来说明，具有一目了然的效果。根据研究课题大小及任务多少，技术路线的流程图可简可繁，简单一点的如图 1-4 所示。

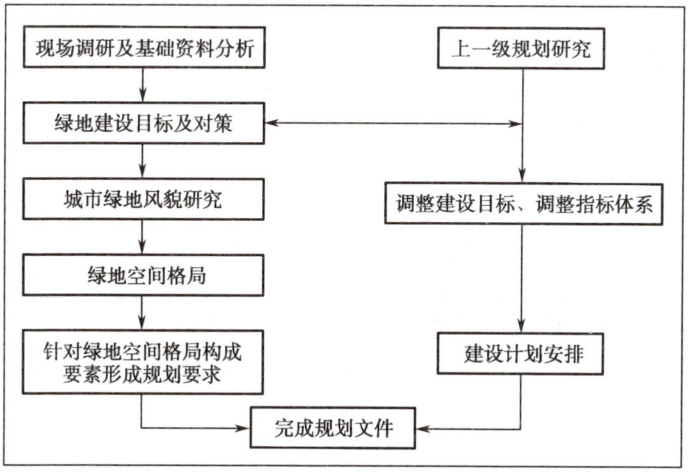

图 1-4　＊＊＊小区绿地建设规划设计的技术路线

在精心设计完成毕业设计的技术路线外，学生还应认真思考选题的依据及价值、本设计拟解决的关键问题、毕业设计的进程安排等内容，这些一并反映在所要提交的毕业设计执行方案中，如图 1-5 所示。

＊＊＊学院毕业设计执行方案

________学院________专业　　　　　　　　　　　　　　年　　月　　日

设计题目					
学生姓名		学号		指导教师	
1. 选题的依据和意义					
2. 拟解决的关键问题					
3. 毕业设计的技术路线					
4. 毕业设计的日程安排					
5. 指导教师的意见及建议： 签名： 年　月　日					

4. 毕业设计的日程安排

任务	开始时间	结束时间	阶段成果
确定选题			毕业设计任务书
制订方案			毕业设计执行方案
完成设计			毕业设计作品
成果总结			成果报告书、 答辩汇报 PPT

注：① 此表前四项由学生填写后交指导教师签署意见，否则不得开题；
② 此表作为毕业设计评分的依据。

图 1-5　毕业设计执行方案示例

1.4.3　撰写毕业设计作品

商科专业毕业设计的撰写，主要包括以下步骤。

(1) 收集资料，阅读文献

为保证毕业设计有较高的质量，要多读书和多看文献资料，特别是参考往届毕业生的优秀作品，并认真做好读书笔记。毕业设计读书笔记是平时读书和学习文献资料的心得与体会的总结，包括主要观点的归纳、主要数据的引用等方面的记录。

（2）了解市场，实地调研

商科专业毕业设计，本质上要求要面向商务市场的一线需求，解决真实而又有价值的商务问题，因此务必从市场中来、到市场中去。只有接触真实的产品、真实的用户、真实的业务，才有可能写出内容丰满、创意鲜活、价值度高的优秀作品。

（3）拟定提纲，完成初稿

动笔写毕业设计时应先拟定一个写作提纲。提纲项目要齐全，能初步构成设计的轮廓，规划写作范围和思路。写作提纲要在指导教师的指导下进行，要征求指导教师的意见。

初稿的写作是毕业设计写作过程中最艰苦而又十分重要的环节。初稿要做到：思路清晰、目标明确、设计合理、富于创意；要努力拓展和丰富设计内容，以便于以后的修改；要征求老师和同学们的意见，不断吸取新的养料。

（4）精雕细琢，修改定稿

初稿写成后，只有经过反复修改，才有可能形成一篇好的设计。修改的范围是广泛的，如在内容上，修改设计思路；在形式上，修改文档的体系结构、语言表达等。

1.4.4　总结毕业设计成果

毕业设计是学生在校期间完成的综合性、实践性最强的一门课程，也是难度和跨度最大、投入时间精力最多的一次大型作业。毕业设计周期，耗时半年有余，对大多数同学而言，都是筚路蓝缕、千辛万苦，但最终有所成就、有所斩获。因此，在答辩前，及时对毕业设计进行全面系统总结，是磨炼个人意志品质、提高分析综合能力、培养反思精神的最佳时机，也是在答辩现场展示上佳表现的重要准备。

毕业设计总结主要以成果报告书、答辩汇报 PPT 等形式体现，需要全面总结毕业设计的过程、收获、作品（产品）特点等。毕业设计成果报告书要求对毕业设计过程、设计作品的特色与亮点、作品的社会价值及主要用途、毕业设计的体会与收获等几个方面进行简要描述，如图 1-6 所示。

＊＊＊学院毕业设计成果报告书

学院		专业		班级	
学生姓名		学号		指导教师	
毕业设计题目				毕业设计类型	
1. 毕业设计过程的简要说明					

图 1-6　毕业设计成果报告书示例

续表

2. 作品的特色与亮点 成果报告书全面总结毕业设计的过程、收获、作品（产品）特点等。
3. 作品的社会价值及主要用途
4. 毕业设计的体会与收获 通过毕业设计，加深了哪些专业理论知识的认识和理解，提升了哪些方面的专业技能和职业素养，收获了哪些经验和教训，明白了哪些做人、做事的道理等。

注：本表一式两份，一份院部留存，一份存学生档案。　　教务处制

图 1-6　毕业设计成果报告书示例（续）

第2章 毕业设计选题开发

开发优质选题，是毕业设计目标达成最关键的第一步。不恰当的选题，无异于在破布片上绣花，再多雕琢亦无济于事，只能让人事倍功半，甚至前功尽弃。只有有新意、有价值，与学生认知水平及学校资源状况相匹配的选题，才会让人得心应手、事半功倍。

什么是好的选题？如何开发优质选题？这是毕业设计首当其冲的重要命题。

2.1 毕业设计选题评价标准

选题之误，谬以千里。在商科专业毕业设计实践中，最常见、最突出、最严重的问题，往往是让学生做他们根本无法胜任，或者即使完成却毫无实际价值的课题。这样的选题浪费了大量人力、物力，逼着学生拷贝来滥竽充数。选题是否合适，可从以下几个方面予以判定。

2.1.1 与学生认知水平相匹配

好的选题，首先应当符合学生的认知水平，不能强人所难。大学几年，学生所学知识、技能毕竟有限；社会阅历、格局视野，必然受到环境条件的制约。因此，教师给出的选题，切忌过大、过宽，让学生难以驾驭、无从下手；或过于宏观、艰深，让学生望而生畏、望而生厌。好的选题，应难易适中、贴近学生，让学生易于操作，并兴趣盎然，确保学有所获；好的选题，应有趣、有用、有挑战性。

某职业院校的电子商务专业给出了“电子商务代运营企业发展模式研究——以*

＊企业为例”“我国电子商务发展现状及发展趋研究”等选题，前者要求学生站在企业总经理的高度来设计和思考，后者让学生从电子商务行业市场专家角度来分析和判断，这显然超出了一个高职或应用性本科在校学生所能承载的重负。如果将前面的选题改为“＊＊＊企业电子商务代运营成功（失败）案例剖析”“湖南浙江两地中小企业电子商务发展水平对比分析：以淘宝网为例”，则变得有较大的实用价值和可操作性，并具有一定的挑战性。具备一定实践经验的应届毕业生，在教师恰当的指导下，是完全可以胜任并提交出有一定实用价值的优秀作品的，而且毕业设计过程还可能给他们带来较大的成就感及满足感，并对以后的职业生涯产生深入而持久的影响。

总之，毕业设计选题，既要有一定的水平，又要符合学生实际，工作量和要求要适当，使大部分学生经过努力都能在规定的时间内完成。对于能力较强的学生，可适当增加一些难度较大的选题。

2.1.2 与专业培养目标相吻合

选题必须符合专业人才培养目标。不同专业可互相渗透，以扩大专业面，开阔学生视野，但只能适当跨界，不能完全越位。选题的内容、深度及知识覆盖面应符合专业教学要求。通过毕业设计的综合训练，让学生具备解决一般商务问题的能力，成为真正合格的商务人士。

某职业院校国际贸易专业的选题：“＊＊外贸公司跨境店铺运营方案设计”“＊＊＊外贸公司跨境店铺（如阿里国际站、速卖通、ebay、亚马逊、敦煌）优化方案设计”，落脚点在于“网店运营管理”“店铺优化设计”。经考察，该专业定位于培养外贸业务员、外贸单证员，且并未开设“网店建设”“网店运营”相关课程。显然，完全越位到电子商务相关专业领域的选题，只能增加学生的困惑，也无助于专业人才培养目标的实现。相反，如将以上选题改为“＊＊＊外贸公司跨境平台选品方案设计与优化”“＊＊＊外贸公司跨境电商平台货物清关方案设计”，则既符合专业人才培养目标，又具有一定的实用性、挑战性。

2.1.3 与行业市场动态相呼应

选题应结合生产建设及管理服务一线需要，尽可能反映新技术、新趋势，提倡不同学科专业互相渗透，扩大专业面，开阔学生的视野。

商科专业毕业设计，本质上要求学生将视角从学校转向社会，从书本转向市场，从理论转向实践。把握市场最新动态及行业发展趋势，捕捉业内热点、焦点问题，以及难点与痛点所在，是提升毕业设计价值度、提高人才培养社会适应性的重要举措。过时老套的选题，不仅难以激发学生兴趣，也很难产生高价值的成果。

近年国家推出“大众创业，万众创新”战略，“互联网+”背景下各行业的转型升级势不可挡，商科专业是学科门类中对社会经济变化最敏感的领域。对电子商务专业而言，早几年还如“星外来客”般让人陌生的“移动电商”“跨境电商”，现在已经成为很多地区和企业的“标配”。学校的人才培养目标、专业教学计划、课程教学内容都应与时俱进，所以电子商务专业毕业设计选题可以向这两个方向逐步渗透，如“＊＊＊微商城运营策划方案”“＊＊＊公司微信营销方案设计及实施”“＊＊＊企业跨境电商平台运营方案设计”“跨境电商热销商品特征分析：以天猫国际为例”等，这样的选题，让学生既可以做好，还可能有所作为。

2.2　毕业设计选题开发方法

无论是自然科学领域还是社会科学领域，在人类的生产经营实践活动中，人们都需要从事大量的科学研究工作。科研工作的实质，是要揭示事物的本质特征及事物发展的客观规律。因此，科研工作，是应用知识和创造知识的过程。科研工作成果的表现形式，主要有学术论文、学术专著、科学技术报告或专利文件、调查报告或研究报告等。

2.2.1　从行业、企业、产品维度开发选题

根据专业人才培养面向所涉及的行业、企业，再参考校企合作资源拥有情况，将毕业设计主题聚焦到特定的行业、企业，或者具体到某类产品上，这种方式开发的选题才能针对性强、操作简便、易于执行。

以电子商务专业网店运营方向为例，从这个方向可开发家居用品网络运营方案设计、生鲜食品 O2O 运营方案设计、淘宝女装运营方案设计等系列选题。而市场营销专业“区域市场开发方案设计”类选题，则可聚焦到化妆品、家居建材、服装、医药、快消品区域市场开发上，从而化难为易，变抽象为具体。

2.2.2　从知识、技能、岗位维度开发选题

根据专业人才培养目标定位，将专业所需掌握的基础知识及基本技能，对接到具体的业务流程、操作环节或相关岗位，这种方式开发的选题，以小见大、见微知著，可以起到四两拨千斤的作用。

还是以电子商务的网店运营方向为例，从这一方向可以开发的选题有：网店运营方案策划、速卖通店铺运营方案策划、微商城运营策划方案、网店节庆活动方案策划、网店爆款打造方案设计、网店文案优化方案设计、网店客户转化率提升方案设计、传统企业网络代运营方案设计等。

除此之外，还可设计一些与学生现在或将来要从事的岗位密切相关的选题，如“如何为成一名优秀的运营主管”“网络金牌客服的素质及技能要求”等，这类选题与学生息息相关，容易激发学生兴趣，也颇具价值和挑战性。

2.2.3 从热点、难点、痛点维度开发选题

改革创新，是人类社会永恒的主题。信息技术，一日千里，市场风云，瞬息万变。当今社会，唯一不变的主题是“变化”。如何捕捉市场的“热点”，业务的“难点”，以及学生本身有切肤之痛的“痛点”，是毕业设计创新求变、与时俱进的重要策略。

笔者在台湾健行科技大学访学了三个月，带回了三本“商务专题制作”作品，全是这一类选题，如“大学生对于未来桃园捷运的想法：以健行科技大学为例”，响应了本地交通运输市场的“热点”；“供应链安全认证个案探讨”选题，回应了台湾企业走向国际市场的“难点”；“行动通讯软体与人际互动之影响：以 LINE 为例”选题，呼应了手机对学生人际沟通带来冲击的“痛点”。

以电子商务专业为例，跨境电商、移动商务、爆款打造、转化率提升、微店运营、移动营销、视觉营销、数据化运营等，都是市场上关注的焦点，值得探讨。

2.3 毕业设计选题一般原则

优质选题的开发，绝非一蹴而就的，需要反复比较，仔细推敲。选题的拟定，要遵循一定的原则，也要注意规避一些常见的风险。

2.3.1 选题一般原则

毕业设计是每个学生都必须完成的大型实践性作业。这要求学校发布的选题要丰富全面、难易有度，能满足不同兴趣爱好及能力水平学生的选择需要。

(1) 专业性原则

毕业设计应当对本专业领域内的问题进行探讨和研究，不能过度跨界和完全越位。专业性的选题，才能让学生综合运用所学的知识、技能，磨炼业务能力，从而获得优秀成果。

偏离专业人才培养目标，抛开本专业特长优势，选题与专业定位及资源优势相关度不高，完全跨界甚至越位到其他专业领域，学生实现难度过大，也不利于人才培养目标的实现。

(2) 价值性原则

选题的完成，应当对学生能力有所提升，对市场业务有所帮助，对社会经济有所贡献。归根结底，选题要具有现实意义，能满足社会需要，具有一定的实用价值、社会价值、经济价值或商业价值。

(3) 创新性原则

毕业设计，不只是所学知识简单的综合或技能简单的重复，而是让学生发现新问

题、开发新方法、得出新结论的过程，也是让学生探索新领域、达到新高度、挑战自我的一种实践。

毕业设计选题，不仅要从市场热点、难点、痛点中找突破、有创新，还可以在研究方法、技术路线上有创新、找突破。

(4) 可行性原则

可行性是指完成毕业设计的可能性，即充分考虑选题的难易程度、工作量的大小，在规定时间内获得成果的可能性。

对学生而言，能力有大小，兴趣有不同。所以选题照顾大多数同学的水平，也要有难有易。另外，选题应尽可能结合学生特长、兴趣，开发一些能发挥他们特长，让他们学有所得、学有所感、学有所获的选题。

2.3.2 常见问题分析

(1) 选题过大

毕业设计一般是在毕业前最后一个学期完成的，学生在顶岗实习、落实工作单位的同时，要兼顾毕业设计写作，能够投入的时间精力毕竟有限。过于宏观、过于抽象、过于庞大的选题，让学生无从下手、难以驾驭，也难以在规定的时间内按质、保量完成。如“中国与欧盟经贸关系发展现状趋势分析”“我国期货市场发展趋势研究”等选题，即属于选题过大类的。

(2) 选题过难

大学期间，所学有限，未入职场，阅历不多。太难的选题，超出学生能力范围，也起不到综合知识、培养能力的作用。如“电子商务代运营企业发展模式研究——以 * * 企业为例”这类选题，超出了学生的认知水平，不具备操作可行性。

(3) 选题过旧

过时的选题，因时间的推移已不再具备应有的实用价值，也很难激发学生探索的欲望。如电子商务专业“企业网站流量提升策略分析”“企业网络推广方案设计”这类曾经热门的选题，随着电子商务的高速发展，市场的焦点已转移到“流量转化率提升策略”“产品（店铺）运营方案设计”方向上来了。

(4) 选题过虚

毕业设计的目的性、实践性很强，要求内涵清晰、指向明确。选题结合生产、生活实践，具有一定的实用价值，以利于增加责任感、紧迫感。如“企业文化对电商企业发展研究”等选题就属于过虚的选题，让学生难以抓住问题的要害和实质。

2.4 商科专业毕业设计选题示例

商科（Business Administration），原本是西方流行的说法。顾名思义，是指与商业交易活动密切相关的一类专业的统称。目前，西方发达国家普遍开设商科专业，虽然极其普通，但应用范围广泛，实用性较强，多年来一直是极受欢迎的热门学科。

在美国，商科专业主要包括：金融学（Finance）、企业管理（Entrepreneurship）、信息管理（Information Systems）、管理学（Management）、市场营销（Marketing）、非营利性机构管理（Nonprofit）、生产管理（Production/Operations）、物流管理（Supply Chain/Logistics）、会计专业（Accounting）、经济学（Economy）、国际商业（International Management Strategy）等学科。

在英国，商科专业主要包括：工商管理（MBA）、商务管理（General Business/Management）、国际商务与管理（International Business and Management）、人力资源管理课程（Human Resource Management）、市场及战略管理（Marketing and Strategy）、风险管理（Risk Management）、商务金融课程（Business Finance）、电子商务（E-Business）、物流管理（Supply and Logistics）、项目管理（Project Management）等学科。

我国正式发布的学科专业门类中，并没有“商科”这一提法。在 2012 年教育部发布的普通高等学校本科专业目录中，第 02 学科门类是“经济学”，第 12 学科门类是“管理学”，这两大学科门类下属的专业，与国外“商科”专业范畴大致相当。

2015 年教育部发布了最新普通高等学校高等职业教育（专科）专业目录，其中第 13 大类为“财经商贸大类”，基本上涵盖了国外“商科”专业范畴，也与我国本科专业目录中的“经济学”“管理学”两大学科门类基本对应。

综上所述，所谓商科专业，在我国主要是指本科专业中的“经管”大类，或专科专业目录中的“财经商贸”大类。

下面以商科专业中的电子商务、市场营销、国际贸易、物流管理、会计、金融投资专业为例，给出高职高专层次的毕业设计选题示例。

2.4.1 电子商务专业选题示例

表 2-1 电子商务企业选题方向及名称

专业方向	选题名称
（1）网店运营方向	① ＊＊＊淘宝（天猫）店铺运营方案策划 ② ＊＊＊速卖通店铺运营方案策划 ③ ＊＊＊微商城运营策划方案 ④ ＊＊＊活动策划方案设计及实施 ⑤ ＊＊＊店铺爆款选择与打造 ⑥ ＊＊＊店铺文案设计及优化 ⑦ ＊＊＊店铺客户转化率提升策略方案设计 ⑧ ＊＊＊企业电子商务代运营项目个案探讨 ⑨ 网店运营主管的素质及技能要求探析——以＊＊公司为例

续表

专业方向	选题名称
（2）网络推广方向	①＊＊＊公司网络营销推广方案策划与实施 ②＊＊＊公司电子商务网站诊断及优化方案设计 ③＊＊＊公司网络推广失效客户诊断及优化 ④＊＊＊公司微信营销方案设计及实施 ⑤＊＊＊淘宝（天猫）平台搜索优化方案设计 ⑥＊＊＊企业 O2O 电子商务方案设计及实施 ⑦生鲜电商 O2O 模式的个案剖析——以＊＊＊企业为例 ⑧农产品网络推广的个案探讨——以＊＊＊公司为例 ⑨网络品牌塑造的个案分析——以＊＊公司为例 ⑩＊＊＊产品推广专员的素质及技能要求——以＊＊公司为例
（3）美工与客服方向	①＊＊＊产品美工设计方法及策略 ②＊＊＊网店视觉营销方案设计及优化 ③网店美工的素质及技能要求——以＊＊公司为例 ④＊＊＊公司在线客服流程的优化设计 ⑤客服专员网络沟通技能提升策略分析——以＊＊＊公司为例 ⑥网络客户异议的种类及处理方式分析——以＊＊＊公司为例 ⑦网络客服的素质及技能要求——以＊＊公司为例
（4）跨境电商、移动商务及其他方向	①跨境电商的发展对＊＊行业的影响分析——以＊＊公司为例 ②跨境电商平台的发展对我国奶制品行业产业的影响分析 ③天猫国际的定位及主流消费群体特征分析 ④移动商务发展对不同年龄消费群体影响分析 ⑤微信朋友圈对大学生学习、生活影响利弊分析 ⑥智能手机对电子商务专业学生学习行为影响分析 ⑦其他与电商专业培养目标、核心业务、主要岗位相关选题

2.4.2　市场营销专业选题示例

表 2–2　市场营销专业选题方向及名称

专业方向	选题名称
（1）公关策划类	①＊＊＊品牌户外活动公关策划方案 ②＊＊＊品牌网络公关策划方案 ③＊＊＊品牌湖南市场年度公关策划方案 ④＊＊＊购物中心开业庆典公关策划方案 ⑤＊＊＊购物中心情人节大型活动公关策划方案 ⑥＊＊＊品牌危机公关策划方案 ⑦＊＊＊品牌＊＊＊公益活动公关策划方案 ⑧＊＊＊企业周年庆典活动公关策划方案 ⑨＊＊＊汽车销售公司新车品鉴活动公关策划方案 ⑩＊＊＊学校校庆（工厂厂庆）公关策划方案

续表

专业方向	选题名称
（2）创业类	① 节能环保类 ② 美容类 ③ 保健类 ④ 旅游类 ⑤ 教育培训类 ⑥ 专项代理类 ⑦ 餐饮类 ⑧ 服饰类 ⑨ 家居类 ⑩ 养老业
（3）市场推广策划类	① ＊＊＊（快消品）产品长沙市场推广策划方案 ② ＊＊＊服务项目（产品）＊＊＊市场的推广策划方案 ③ ＊＊＊餐饮企业＊＊＊市场推广策划方案 ④ 联通 4G 移动业务在＊＊＊大学校园的推广策划方案 ⑤ ＊＊＊连锁餐饮品牌在＊＊＊市场推广策划方案 ⑥ 湖南竞网科技有限公司百度搜索引擎业务在湖南区域市场推广策划方案 ⑦ ＊＊＊网络公司＊＊＊业务＊＊＊市场的推广策划方案 ⑧ ＊＊＊企业＊＊＊品牌在＊＊＊市场的推广策划方案 ⑨ ＊＊＊企业＊＊＊服务在＊＊＊市场的推广策划方案 ⑩ ＊＊＊企业＊＊＊产品在＊＊＊市场的推广策划方案
（4）促销策划类	① ＊＊＊产品＊＊＊市场年度（季度）促销方案 ② ＊＊＊品牌开学季促销策划方案 ③ ＊＊＊酒店新年促销策划方案 ④ ＊＊＊商场换季促销策划方案 ⑤ ＊＊＊品牌开业促销策划方案 ⑥ ＊＊＊商场 X 周年店庆促销策划方案 ⑦ ＊＊＊汽车品牌 2016 年度长沙车展促销策划方案 ⑧ ＊＊＊建材 2016 年湖南家装博览会促销策划方案 ⑨ ＊＊＊品牌与＊＊＊商家异业联盟促销策划方案 ⑩ ＊＊＊品牌网络平台（微商平台）年度促销方案
（5）区域市场开发类	① ＊＊＊化妆品＊＊＊市场开发计划书 ② ＊＊＊家居建材公司＊＊＊市场开发计划书 ③ ＊＊＊服装品牌＊＊＊市场开发计划书 ④ ＊＊＊医药公司＊＊＊市场开发计划书 ⑤ ＊＊＊产品（快消品）＊＊＊市场开发计划书

续表

专业方向	选题名称
（6）渠道管理与开发类	① ＊＊＊公司渠道管理现状诊断与对策分析 ② ＊＊＊公司网络分销渠道开发设计方案 ③ ＊＊＊公司创新渠道开发设计方案 ④ ＊＊＊产品窜货的成因分析与控制方案 ⑤ ＊＊＊公司（产品）020 渠道开发与管理方案

2.4.3　国际贸易专业选题示例

表 2-3　国际贸易专业选题方向及名称

专业方向	选题名称
（1）跨境电子商务方向	① ＊＊＊外贸公司跨境店铺选品方案设计 ② 基于跨境电商背景下的＊＊外贸公司产品出口方案优化 ③ ＊＊＊外贸公司跨境店铺（如阿里国际站、速卖通、ebay、亚马逊、敦煌）优化方案设计 ④ ＊＊＊外贸公司跨境店铺客户维护方案设计 ⑤ ＊＊＊外贸公司跨境店铺订单管理方案设计 ⑥ ＊＊＊外贸公司跨境店铺运营方案设计 ⑦ 跨境电商的发展对＊＊＊行业的影响分析——以＊＊＊公司为例
（2）传统外贸业务方向	① ＊＊＊外贸公司参展方案设计 ② ＊＊＊公司开拓＊＊＊海外市场方案设计 ③ ＊＊＊外贸公司跨境货物清关方案设计 ④ ＊＊＊外贸公司客户资源管理方案设计 ⑤ ＊＊＊外贸公司寻找国外客户渠道方案设计 ⑥ ＊＊＊外贸公司接待国外客户来访方案设计 ⑦ ＊＊＊外贸公司产品出口方案设计 ⑧ ＊＊＊外贸公司外贸跟单业务流程优化方案设计 ⑨ ＊＊＊外贸公司外贸业务争议处理方案设计 ⑩ ＊＊＊外贸公司跨境物流渠道选择方案设计

2.4.4　物流管理专业选题示例

表 2-4　物流管理专业选题方向及名称

专业方向	选题名称
（1）仓储方向	① ＊＊＊企业库存管理优化设计 ② ＊＊＊企业仓储业务流程分析及优化 ③ ＊＊＊企业仓储作业单证设计优化 ④ 企业＊＊＊仓库平面布局优化 ⑤ 企业库存控制策略及方法分析 ⑥ 企业仓储管理问题诊断及改进策略

续表

专业方向	选题名称
(2) 配送方向	① ＊＊＊零售企业物流配送问题研究及对策 ② ＊＊＊物流企业配送流程现状及优化 ③ ＊＊＊物流企业转运中心/配送中心作业流程优化 ④ ＊＊＊物流企业配送中心货物配载优化方案设计 ⑤ ＊＊＊物流企业集中接送货物模式现状诊断及改进策略 ⑥ ＊＊＊物流企业城市（＊＊＊区域）配送体系构建及优化
(3) 物流网络与信息化方向	① 物流企业网络化运营模式优化设计 ② 物流企业新设营业网点流程分析及改进策略 ③ 物流企业的信息化现状与应用分析 ④ 企业物流信息系统应用问题诊断及改进策略
(4) 物流营销方向	① ＊＊＊物流企业物流服务质量管理的对策分析 ② ＊＊＊物流企业呼叫中心服务现状诊断及改进策略 ③ ＊＊＊物流企业客户服务用语规范分析及改进对策 ④ ＊＊＊物流企业目标客户选择与开发策略 ⑤ ＊＊＊物流企业营销策略现状分析与对策 ⑥ ＊＊＊物流公司客服工作流程优化方案 ⑦ ＊＊＊物流企业区域市场开发问题诊断及改进策略 ⑧ ＊＊＊物流企业＊＊＊营业部促销方案设计
(5) 品质管理	① ＊＊＊快递企业时效管理改善方案 ② ＊＊＊物流企业货损管理现状诊断及改进策略 ③ ＊＊＊物流企业货差管理现状诊断及改进策略 ④ ＊＊＊物流公司货物安全管理现状诊断及改进策 ⑤ 营业员（仓管员、客服员）素质及技能要求——以＊＊公司为例
(6) 其他	① ＊＊＊企业物流外包的决策分析 ② ＊＊＊企业物流外包合作现状诊断及改进策略 ③ ＊＊＊物流企业运作模式分析 ④ ＊＊＊物流企业供应链业务实施现状诊断及改进策略 ⑤ ＊＊＊物流企业增值服务现状诊断及改进对策 ⑥ 降低＊＊＊物流企业（运输、仓储、配送等）成本的途径 ⑦ ＊＊＊企业（生产、供应、销售等）物流优化方案 ⑧ ＊＊＊企业物资采购业务流程分析及优化方案

2.4.5 会计专业选题示例

表 2-5　会计专业选题方向及名称

专业方向	选题名称
（1）会计核算方向	① ＊＊＊公司库存现金管理的优化方案 ② ＊＊＊公司的应收账款核算 ③ ＊＊＊公司“营改增”后会计核算优化的方案设计 ④ ＊＊＊企业优化所得税会计处理的方案设计 ⑤ ＊＊＊公司＊＊＊成本核算方法的优化方案设计 ⑥ ＊＊＊公司职工薪酬核算的改进策略 ⑦ ＊＊＊公司固定资产折旧核算的优化方案设计 ⑧ ＊＊＊单位存货计价与核算的改进策略 ⑨ 金蝶 K3 固定资产管理常见问题解决方案设计
（2）财务管理方向	① ＊＊＊公司货币资金管理优化 ② ＊＊＊公司的应收账款管理的改进策略 ③ ＊＊＊公司的存货管理中存在的问题与建议 ④ ＊＊＊企业固定资产管理的改进策略 ⑤ ＊＊＊公司企业所得税的纳税筹划方案设计 ⑥ ＊＊＊公司员工个人所得税的纳税筹划方案设计 ⑦ ＊＊＊企业采购成本控制的优化方案
（3）审计方向	① ＊＊＊高新企业认定业务的审计风险及防范 ② ＊＊＊公司存货业务审计的风险及防范 ③ ＊＊＊公司费用业务审计的风险及防范 ④ ＊＊＊公司应收账款业务审计的风险及防范 ⑤ ＊＊＊公司报表业务审计的风险及防范 ⑥ ＊＊＊公司固定资产业务审计的风险及防范
（4）会计制度设计方向	① ＊＊＊公司财产清查的制度设计 ② ＊＊＊公司＊＊＊内部控制制度的优化方案设计 ③ ＊＊＊单位启用固定资产管理模块的方案设计 ④ ＊＊＊新办企业会计核算制度的设计 ⑤ ＊＊＊公司启用＊＊＊财务软件的实施方案 ⑥ ＊＊＊企业电算化软件实施中存在问题的解决方案 ⑦ ＊＊＊单位启用进销存管理模块的方案设计

2.4.6 金融投资专业选题示例

表 2-6 金融投资专业选题方向及名称

专业方向	选题名称
（1）投资分析方向	① ＊＊＊股票（主板）投资分析报告 ② ＊＊＊股票（中小板）投资分析报告 ③ ＊＊＊股票（创业板）投资分析报告 ④ ＊＊＊基金（股票型）投资分析报告 ⑤ ＊＊＊基金（债券型）投资分析报告 ⑥ ＊＊＊基金（混合型）投资分析报告 ⑦ ＊＊＊基金（特殊型）投资分析报告 ⑧ 沪（上海期货交易所）＊＊＊品种投资分析报告 ⑨ 二波回调在强势个股中的应用条件及操作策略 ⑩ 龙虎榜单资金流向的分析思路与选股策略 ⑪ 组合均线在捕捉个股买卖时点中的运用——以＊＊＊股票为例 ⑫ 高送转个股的挖掘思路与操作策略 ⑬ 运用会计报表预盈预增信息筛选潜力个股的方法解析与操作策略 ⑭ 定向增发个股的投资操作策略 ⑮ 低估值个股挖掘方法与长线投资思路 ⑯ 江恩理论在股票分析中的实践——以＊＊＊股票为例
（2）金融营销方向	① ＊＊＊集合计划产品＊＊＊客户营销推广方案 ② ＊＊＊信用卡＊＊＊市场营销推广方案 ③ ＊＊＊基金产品＊＊＊客户营销推广方案 ④ ＊＊＊理财产品＊＊＊市场营销推广方案 ⑤ ＊＊＊期货资管产品营销推广方案设计 ⑥ ＊＊＊期货及衍生投资品营销策划方案设计 ⑦ 经纪人＊＊＊银行驻点客户开发方案设计 ⑧ 经纪人＊＊＊社区营销方案设计 ⑨ 电话营销证券客户的方法与策略 ⑩ 经纪业务网络营销方案设计及实施 ⑪ 证券公司客户经理银行渠道营销面临的困境及改进方案 ⑫ ＊＊＊证券公司＊＊＊营业部营销渠道拓展现状诊断与对策分析 ⑬ 电话营销在金融产品营销中的利弊分析及改进措施 ⑭ ＊＊＊营业部休眠客户激活的方法与策略 ⑮ ＊＊＊营业部客户服务流程的优化设计 ⑯ ＊＊＊营业部存量客户二次开发的方法与策略 ⑰ ＊＊＊营业部客户构成与佣金贡献分析 ⑱ 互联网背景下＊＊＊金融产品营销方案设计 ⑲ “互联网思维”下期货客户服务优化路径设计

续表

专业方向	选题名称
（3）理财方向	① 新婚家庭＊＊＊理财规划 ② ＊＊＊家庭住房规划 ③ ＊＊＊家庭保险保障规划 ④ ＊＊＊家庭子女教育规划 ⑤ ＊＊＊家庭退休养老规划 ⑥ 中产家庭＊＊＊理财规划 ⑦ 个体工商家庭＊＊＊＊理财规划 ⑧ 公务员家庭＊＊＊理财规划 ⑨ 牛市行情下的投资理财规划 ⑩ 熊市行情下的投资理财规划

2.5　毕业设计任务书的编制

毕业设计作为大学教育最后一个教学环节，是对大学几年学习的总结和提高，是全面培养学生综合素质与实践能力的主要手段，还是学生毕业及学位资格认证的重要依据。毕业设计过程是理论和实际相结合、书本知识与生产实践相结合、学生个体独立学习与团队协作相结合的过程，通过毕业设计将大大提高学生综合素质，为学生走向社会、走上工作岗位打下坚实基础。

学生确定选题后，指导教师根据选题填写好毕业设计任务书，将毕业设计以任务书的形式将具体要求下发给学生。

商科专业毕业设计任务书一般包括题目名称、设计目的、具体任务、成果要求等内容。商科专业毕业设计离不开企业资料的整合和利用，部分内容可以在学校完成。如果选题源自企业，则主要在签订接收设计协议的单位里进行。

2.5.1　毕业设计目的和任务

毕业设计任务书，首先要让学生明确要做什么？想解决什么问题？除了指导老师告知的内容外，对于课题的具体内容或细节问题，应让学生查找一定数量的相关文献并仔细阅读，进行思考后才能明了，才能有提出自己的解决办法的依据，同时还可能发现设计题目中的其他预料外的问题，这些只有在深入思考后才会发现。实际上它也是设计的新颖性或独特性的萌芽，把它整理出来就是设计的开题报告，是技术路线及其实现的规划，包括进度和时间的估计。然后借助自己所学的专业知识，结合实验室的软硬件设备或开发工具，把自己的设计思路加以实现或验证，从中不但巩固了使用设备或仿真软件的知识，也掌握了如何把设计思路变成实物或程序的方法，而且看到了结果，得出了设计究竟是对还是错的实践检验。

反复进行这个过程，不断改进，就能够实现选题的目标。往往设计开始阶段所提的技术指标并不一定合理，有些达不到，有些又太宽松。因此，设计末期的进一步改进工作经常会有意外的收获，使得总体设计更加完善和独特。设计过程的周密和细致是优秀毕业设计的共同特征，也是需要努力遵循的良好的研究方法。

(1) 毕业设计目的

具体而言，毕业设计应达成以下目标：

① 使学生掌握查阅本专业相关文献、技术资料和工具书的方法。

② 掌握开展专业市场调研的方法和步骤。

③ 能通过调研和文献检索，了解课题研究内容在国内外的地位和发展动态。

④ 能根据课题任务和内容，制定合理可行的工作计划，设计务实可行的技术方案，并通过与其他方案比较加以论证。

⑤ 能运行实施或检测，检验所设计的技术方案，并对反馈的结果进行评估和优化。

⑥ 通过毕业设计的训练，使学生具备解决实际问题的能力和独立工作的能力。

⑦ 使学生在思想作风、工作态度、组织纪律和团结协作等方面受到良好的训练。

⑧ 使学生的创意思维和创新能力得到有效提升和强化。

(2) 毕业设计任务

毕业设计任务，是教师对学生在毕业设计过程中所要完成的工作量及具体内容进行的规定。主要包括以下几个方面：

① 指定要阅读的相关文献、技术资料，并撰写一定字数的内容摘要或读书笔记等。

② 指定要访问或调研的专业网站或其他数字资源，并写出相应的调研报告或分析结论。

③ 指定要实地考察或调研的企业类型及数量、访谈的企业专家规模及数量，并收集相应的原始资料、制作相应的原始凭证。

④ 根据前期调研结果，撰写毕业设计初稿。

⑤ 在专业教师指导下，征询 3 位以上市场一线专家或业务骨干意见后，完成毕业设计二稿。

⑥ 再次征求市场专家及指导老师意见，进行方案的修正和完善，最后完成毕业设计定稿。

2.5.2 毕业设计的成果要求

(1) 总体要求

① 毕业设计内容必须文题相符、概念清楚、思路清晰、层次分明。

② 毕业设计方案设计合理、依据可靠，具有一定的社会价值、市场价值或商业价值。

③ 毕业设计提交的相关文档作品必须符合指定的写作规范。

④ 毕业设计作品字数要求在 5 000 ~10 000 字左右。

⑤ 毕业设计必须清楚反映自己的学习心得及探索成果，体现自己的专业能力和实践水平，严禁抄袭。

⑥ 尊重他人的学术成果，养成严谨、求实、诚信的学术作风。在引用文献资料时，必须在引用处做出标注，在设计作品的末尾按引用顺序列出文献资料的出处及详情（作者、资料名称、发表场所、时间、页码等）。

⑦ 在完成毕业设计（论文）期间，对每周所做的工作事项和下周的工作安排都应有详细的记录，并按指定的方式及时提交。

（2）进度要求

① 构思阶段（＊＊＊年＊＊＊月—＊＊＊年＊＊月）：确定选题，撰写毕业设计执行方案。

② 调研阶段（＊＊＊年＊＊＊月—＊＊＊年＊＊月）：完成指定的文献阅读及市场调研工作量。

③ 写作阶段（＊＊＊年＊＊＊月—＊＊＊年＊＊月）：撰写毕业设计初稿、二稿及定稿。

④ 成果总结及答辩阶段（＊＊＊年＊＊＊月—＊＊＊年＊＊月）：撰写毕业设计成果报告书、答辩汇报 PPT。

毕业设计任务书示例如下所示。

＊＊＊学院毕业设计任务书

商学院学院电子商务专业电商 1332 班　学生李亨特　学号 03

一、毕业设计题目：企业内部公众号运营策略分析——以赶集网为例

二、毕业设计地点：学校+企业（北京 58 赶集总部）

三、任务书内容：

（一）目的

随着互联网时代信息的高速发展，移动互联网逐渐走入了人们的视野，承载于手机之上的 APP 也开启了全新的时代。覆盖了 90%以上智能手机的微信，成为人们生活中不可或缺的日常使用工具。截止 15 年第一季度末，微信每月活跃用户已达到 5.49 亿，用户覆盖 200 多个国家、超过 20 种语言。此外，各品牌的微信公众账号总数已经超过 800 万个，移动应用对接数量超过 85000 个，微信支付用户则达到了 4 亿左右。

公众号是微信的主要服务之一，近 80%用户关注微信公众号。企业和媒体的公众账号是用户主要关注的对象，比例高达 73.4%。微信的普及率是相当高的，利用高普及率的微信进行企业信息的推广无疑是最快最便捷的方法。

通过本选的探究，了解微信公众平台的主要类型，洞察企业选择微信公众平台的原因和机理，熟悉选择适合企业微信公众平台的方法和依据，掌握有效运营企业微信公众号的技巧和策略。

（二）任务

1）了解企业为什么选择微信公众平台。

2）微信公众平台种类的有哪些？

3）通过运营 58 赶集订阅号及对比 58 赶集企业号进行深入调研，了解 58 赶集运营微信公众平台方式通过实际的操作，分析企业运营内部公众号的策略。

4）对比其他企业微信公众号，并进行对比分析。

5）对公众号效果进行评估并对存在问题进行分析。

6）公众号优化方案设计。

7）根据前期调研结果，撰写毕业设计初稿。

8）在专业教师指导下，征询3个以上市场专家或业务骨干意见后，完成毕业设计二稿。

9）再次征求市场专家及指导老师意见，进行方案修正和完善，最后完成毕业设计定稿。

（三）成果要求

1. 总体要求

① 毕业设计内容必须文题相符、概念清楚、思路清晰、层次分明。

② 毕业设计方案设计合理、依据可靠，具有一定的社会价值、市场价值或商业价值。

③ 毕业设计提交的相关文档作品必须符合指定的写作规范。

④ 毕业设计作品字数要求在5000字以上。

⑤ 毕业设计必须清楚反映自己的学习心得及探索成果，体现自己的专业能力和实践水平，严禁抄袭。

⑥ 尊重他人的学术成果，养成严谨、求实、诚信的学术作风。在引用文献资料时，必须在引用处做出标注，在设计作品的末尾按引用顺序列出文献资料的出处及详情（作者、资料名称、发表场所、时间、页码等）。

⑦ 在完成毕业设计（论文）期间，对每周所做的工作事项和下周的工作安排都应有详细的记录，并按指定的方式及时提交。

2. 进度要求

① 构思阶段（2015年10月—2015年11月）：确定选题，撰写毕业设计执行方案（开题报告）。

② 调研阶段（2015年11月—2015年12月）：完成指定的文献阅读及市场调研工作量。

③ 写作阶段（2015年12月—2016年4月）：撰写毕业设计初稿、二稿及定稿。

④ 成果总结及答辩阶段（2016年4月—2016年5月）：撰写毕业设计成果报告书、答辩汇报PPT等。

指导教师签名：××× 2015年10月21日
教研室主任签名： 年 月 日
学生签名： 年 月 日

第3章 毕业设计执行方案制定

毕业设计任务下达后，接下来要做的事情，就是制定毕业设计执行的操作方案，也就是所说的毕业设计的开题。它是实施毕业设计选题探究的前瞻性计划和依据，是监控和确保毕业设计作品质量和水准的重要措施，也是磨炼学生课题研究分析能力及专业文档撰写能力的一次有效的实践活动。

3.1 毕业设计执行方案的目的和意义

由专业老师下发的毕业设计任务书，是根据学校发布的毕业设计选题指南，由专业老师主导、结合学生个人实际情况，下达给学生的具体任务及需完成的预期目标。毕业设计执行方案，则是学生个人或团队，对所认领的毕业设计任务给出明确的认定承诺及实施路径，主要回答以下三个方面的问题：

- 计划研究什么课题？
- 为什么要研究这一课题？
- 如何开展这一课题的研究？

只有很好地解答了这三个问题，才能让指导老师或答辩委员会相信，学生选择的毕业设计任务，不仅是有价值、有意义的，其设计和选择的技术路线和研究方法，也是切合实际、科学合理的。

具体而言，毕业设计执行方案的目的有以下几点。

（1）阐述选题价值

以令人信服的证据，让老师相信所选的课题具有相当的新颖性或价值度，或者是行业市场的热点、焦点，或者是学生本人或职业人士的痛点、难点，对这一问题的探究具有一定的社会价值或实践意义。

(2) 展示能力水平

在执行方案中，可通过文献综述或前期基础调研，回顾或评价该选题相关领域的市场动态、发展趋势或最新成果，展示个人或团队对该选题已有足够的了解和探究，已做好充分的准备，完全有能力、有条件如期完成该选题指定的具体任务。

(3) 提供技术路线

通过选择适当的技术手段、操作步骤及解决关键性问题的方式、方法，提供完成毕业设计所需的完整路线图，即技术路线。合理的技术路线可确保项目的顺利实施。

(4) 制订工作计划

通过对整个过程的详细计划，让指导老师确信，项目团队能良好地把握课题进程，并为以后的指导监督提供了重要依据。

3.2 毕业设计执行方案的构成和撰写

毕业设计执行方案或开题报告，主要包括执行方案的题目、选题的依据和意义、拟解决的关键问题、解决问题的技术路线、毕业设计进程安排等内容。

3.2.1 毕业设计执行方案的题目

毕业设计执行方案的题目，最终也就是毕业设计作品的标题，它同毕业设计所要探讨的内容密切相关，是对所要研究内容的高度概括和提炼。

毕业设计执行方案的题目应该准确反映毕业设计的基本思想，能够体现毕业设计研究内容的深度和广度，反映出毕业设计的性质及类型等。因此，题目应简明扼要、科学规范，要用尽可能少的文字，一般不超过 20 个汉字。如某同学提出的题目是“以往京东运营的大局调控及过渡到现在的精细化运营——以保健品为例”，尽管体现了要探究的内容，但行文拖沓冗长，让人不能一目了然。如改为“京东店铺的精细化运营策略探析——以保健品市场为例”，则更为恰当。

3.2.2 毕业设计选题的依据和意义

选题的依据和意义，是指为什么要探究该选题，研究它有什么社会价值及实践意义。一般可以从企业市场需求、个人及专业发展需要等方面进行阐述。

对选题依据和意义的分析，主要包括选题缘起及选题价值两个方面的内容。

选题的缘起：根据什么、受什么启发而选择这一选题开展研究。

选题的价值：选题的研究及相关成果，对本地区经济社会及企业市场运营能带来的价值，或对本专业的教育教学及科学研究能带来的价值及作用等。

对选题依据和意义的阐述，关键是要具体翔实、指向明确，不能空喊口号、乱贴标签。以下是某同学毕业设计选题“企业内部公众号运营策略分析——以赶集网为例”的毕业设计执行方案中对选题依据及意义的描述：

随着互联网时代信息的高速发展，移动互联网逐渐走入了人们的视野，承载于手机的 APP 也开启了全新的时代。覆盖了 90%以上智能手机的微信，成为人们生活中不可或缺的日常使用工具。截至 2015 年第一季度末，微信每月活跃用户已达到 5.49 亿，用户覆盖 200 多个国家、超过 20 种语言。此外，各品牌的微信公众账号总数已经超过 800 万个，移动应用对接数量超过 85 000 个，微信支付用户则达到了 4 亿左右。

再看关注比例方面，29.1%的用户关注了自媒体、25.4%的用户关注了认证媒体、20.7%的用户没有关注任何公众号、18.9%的用户关注了企业商家、5.9%的用户则关注了营销推广类账号。

可以说，公众号是微信的主要服务之一，近 80%用户关注微信公众号。企业和媒体的公众账号是用户主要关注的对象，比例高达 73.4%。

微信公众号用途方面，用户关注公众号主要目的是获取资讯的占 41.1%，其次是方便生活的占 36.9%和学习知识的占 13.7%。

通过初步调研可以看出，微信的普及率是相当高的，利用高普及率的微信进行企业信息的推广无疑是最快、最便捷的方法。

为什么选择微信公众平台？微信公众平台有哪几种？怎样选择适合企业的微信公众平台？如何运营好微信公众号？这是本选题需要探究的问题。

显然，上述内容对选题缘起及价值的描述过于空泛、不着边际，可改写为以下简练精当、直击要害的内容表述：

随着移动互联技术的迅猛发展，手机 APP 应用日益普及，目前微信覆盖率已高达 90%。公众号是微信的主要服务之一，近 80%微信用户已经关注了公众号。企业和媒体公众账号是用户主要关注的对象，比例高达 73.4%。

本选题以作者在赶集网开展的内部公众号运营顶岗实习体验为依据，探究企业公众号运营优化策略，以期为相关企业组织带来更有利、更快捷、更具时效性的新型管理方式。

3.2.3 毕业设计拟解决的关键问题

选题既有价值，也有意义，但毕业设计过程中，具体要解决什么问题，要解决的关键问题有哪些，这是毕业设计执行方案中必须要回答的问题。

以“企业内部公众号运营策略分析——以赶集网为例”选题来说，要解决的关键问题大致可以分为概念界定、环境分析、业务优化三大方面。

（1）概念界定类问题

- 什么是公众号？
- 公众号有哪些类型？
- 什么是企业公众号？

- 什么是企业内部公众号？

(2) 环境分析类问题

- 哪些企业使用公众号？
- 企业公众号的市场渗透率如何？
- 哪些企业使用内部公众号？
- 目前企业使用公众号的效果如何？

(3) 业务优化类问题

- 赶集网企业内部公众号运营现状如何？
- 赶集网企业内部公众号运营存在的主要问题有哪些？
- 赶集网企业内部公众号运营的优化策略有哪些？
- 如何制定赶集网企业内部公众号运营优化方案？
- 如何实施赶集网企业内部公众号运营优化方案？
- 如何评估赶集网企业内部公众号运营优化方案？

一个毕业设计选题，有大量的、系统的甚至复杂的问题要解决，作为在校学生，资源能力有限，不可能面面俱到，只能在有限的时间内，抓住关键问题，力求有所突破，争取提供最大的社会价值或市场价值。

3.2.4 毕业设计的技术路线

毕业设计的技术路线是为解决毕业设计的具体问题、达成毕业设计最终目标，由设计者拟订的操作步骤及方法路径，主要包括设计方案的具体步骤、解决关键性问题的技术手段等。技术路线可以采用流程图或示意图的方法加以说明，并结合必要的文字予以解释，如图 3-1 所示。

当然，以上的技术路线可能是对应于一个体量庞大的选题，一般的商科类专业毕业设计的技术路线，既可以用流程图说明，也可以用文字直接描述。以“企业内部公众号运营策略分析——以赶集网为例”选题为例，其技术路线的文字描述如下：

步骤一 文献调研：上网查阅公众号运营相关资料，阅读最新书籍资料，归集相关文档资料，撰写内容摘要及读书笔记。

步骤二 公众号调研：关注多个公众号并深入了解分析，尝试自己运营一个公众号方便了解公众号后台管理情况。

步骤三 拟订策划方案：根据前期调研结果，拟定 58 赶集网内部公众号运营方案。

步骤四 方案运营实践：根据策划方案，对 58 赶集网内部公众号进行运营实践，记录相关数据，保存过程资料。

步骤五 方案总结优化：对运营成效进行总结，对运营方案进行优化。

步骤六 撰写毕业设计方案：企业内部公众号运营策略分析——以赶集网为例。

步骤七 毕业设计成果总结：编制成果报告书、答辩汇报 PPT 等。

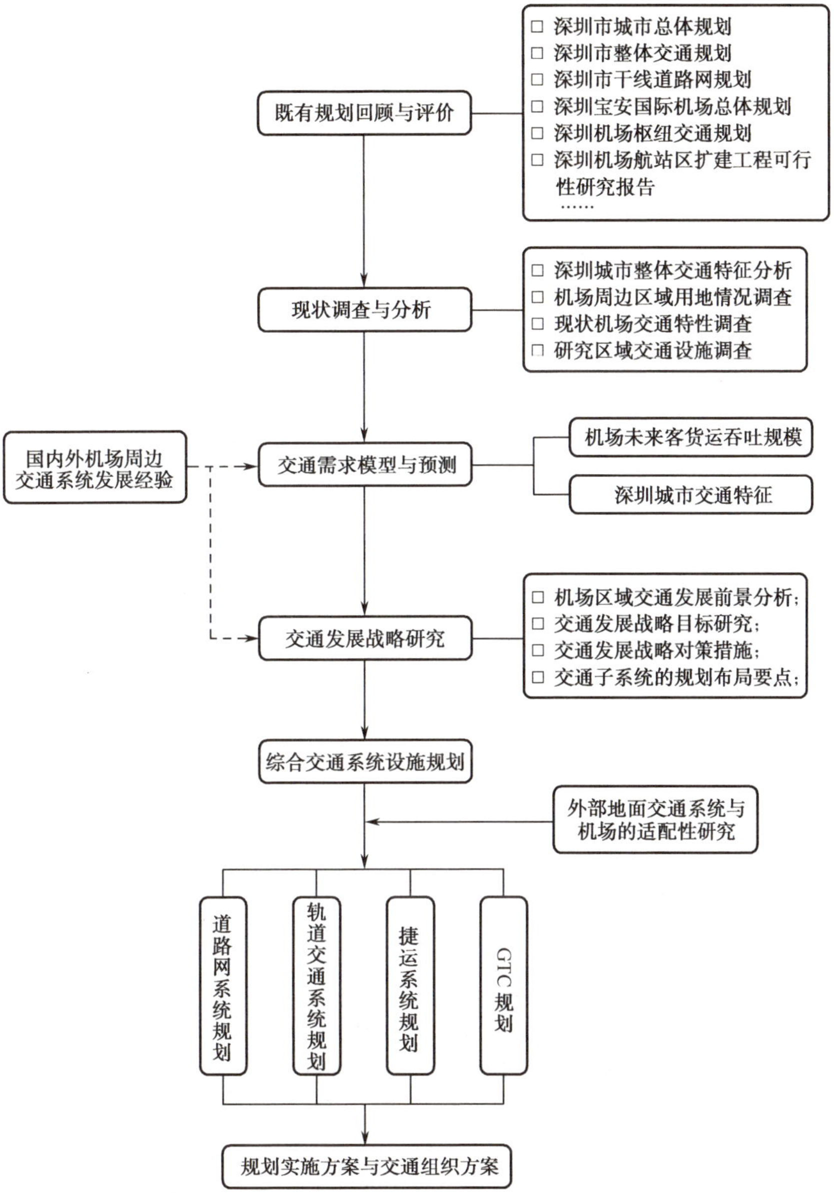

图3-1　深圳机场综合交通规划方案设计

3.2.5　毕业设计的进程安排

毕业设计是学生在校期间要完成的大型作业，任务重、时间长、要求高，有必要在时间安排及执行顺序上进行全盘考虑。因此，毕业设计执行方案中要清楚地说明任务与时间的分段，如资料收集、实地调研什么时间做，初稿写作、毕业设计定稿什么时间进行；成果提炼、答辩准备什么时间必须完成等。某同学毕业设计选题“企业内部公众号运营策略分析——以赶集网为例”的毕业设计执行方案示例如下所示。

＊＊＊学院毕业设计执行方案

<u>　商　</u>学院　<u>　电子商务　　</u>专业　　　2015 年　12 月　25　日

设计题目	企业内部公众号运营策略分析——以赶集网为例				
学生姓名	＊＊＊	学号	1318053＊＊＊	指导教师	＊＊＊

1. 选题的依据和意义

随着移动互联技术的迅猛发展，手机 APP 应用日益普及，目前微信覆盖率已高达 90%。公众号是微信的主要服务之一，近 80%微信用户已经关注了公众号。企业和媒体公众账号是用户主要关注的对象，比例高达 73.4%。

本选题以作者在赶集网开展的内部公众号运营顶岗实习体验为依据，探究企业公众号运营优化策略，以期为相关企业组织带来更有利、更快捷、更具时效性的新型管理方式。

2. 拟解决的关键问题

① 企业为什么选择微信公众平台？

② 微信公众平台有哪几种？

③ 怎样选择适合企业的微信公众平台？

④ 如何运营好微信公众号？

3. 毕业设计的技术路线

步骤一　文献调研：上网查阅公众号运营相关资料，阅读最新书籍资料，归集相关文档资料，撰写内容摘要及读书笔记。

步骤二　公众号调研：关注多个公众号并深入了解分析，尝试自己运营一个公众号方便了解公众号后台管理情况。

步骤三　拟订策划方案：根据前期调研结果，拟定 58 赶集网内部公众号运营方案。

步骤四　方案运营实践：根据策划方案，对 58 赶集网内部公众号进行运营实践，记录相关数据，保存过程资料。

步骤五　方案总结优化：对运营成效进行总结，对运营方案进行优化。

步骤六　撰写毕业设计方案：企业内部公众号运营策略分析。

步骤七　毕业设计成果总结：拟定成果报告书、答辩汇报 PPT 等。

4. 毕业设计的日程安排

任务	开始时间	结束时间	阶段成果
确定选题	2015 年 10 月	2015 年 11 月	毕业设计任务书
制订方案	2015 年 11 月	2015 年 12 月	毕业设计执行方案
完成设计	2015 年 12 月	2016 年 4 月	毕业设计作品
成果总结	2016 年 4 月	2016 年 5 月	成果报告书、 答辩汇报 PPT

续表

5. 指导教师的意见及建议： 方案可行，同意执行。 签名：＊＊＊ 2015 年 12 月 15 日

注：① 此表前四项由学生填写后交指导教师签署意见，否则不得开题；

② 此表作为毕业设计评分的依据。

第4章 毕业设计专题制作

面对知识爆炸的时代，各个学科领域发展并延伸出的知识与技能日新月异，让人目不暇接。由老师在课堂上单向传授现有知识的传统教学模式，已经无法适应当前瞬息万变的信息时代，也难以满足学生学习发展需要。

商科专业毕业设计专题制作，不仅仅是要制做出一个设计方案，还要求学生根据已经确定的技术路线，通过毕业设计专题制作过程，强化所学专业知识，训练解决问题的能力、收集资料的能力、实务应用能力、知识的整合与表达能力等，以便将来能够从容面对新挑战、快速适应新环境。

(1) 解决问题的能力

在完全开放的环境中，学生自主寻找问题，然后收集、分析资料，再对选定的主题进行研究和探索。当发生问题时，学习者（或小组）必须独立思考，寻找解决问题的方法，进而解决问题。不同于传统纸笔测验或口头问答，专题制作相关问题与答案的广度与深度都加深了，老师也由教授者转换为指导者，甚至旁观者。解决问题的过程正是培养学习者独立学习、主动学习的过程。

(2) 收集资料的能力

网络资料浩瀚无边，应有尽有。身处资讯发达的时代，如何收集、整理相关资料，寻找和选择我们所需资讯，是一项非常重要的技能。通过专题制作，从文献资料收集、网络市场调研、企业实地考查开始，逐步掌握收集资料、过滤资讯、遴选高价值信息的各种技巧。

(3) 实务应用能力

运用所学专业知识技能，利用现有设施、设备条件，经过必要的分析判断及推理归纳，设计出合理的解决方案，再进行可能的实施调整与优化，从而验证所学的专业知识，让学生贴近市场需求，了解业界状态。

(4) 知识整合与表达能力

专题报告的撰写，要完整呈现专题制作的过程与结果，应综合相关文献资料，将市场调查及企业考察的数据和资料进行整理，并得出必要的分析结论和独到的个人观点。另外，专题制作期中与期末的口头报告，也可以训练学习者表达与反馈思考的能力。这种书面报告与口头报告的能力，也是学生未来发展所需的。

不同的毕业设计选题，解决问题的技术路线会有所不同。但一般性商务专题的制作，都要经过文献资料收集与整理、网络市场调研与分析、企业现场考察与实践、毕业设计专题写作等环节，如图 4-1 所示。

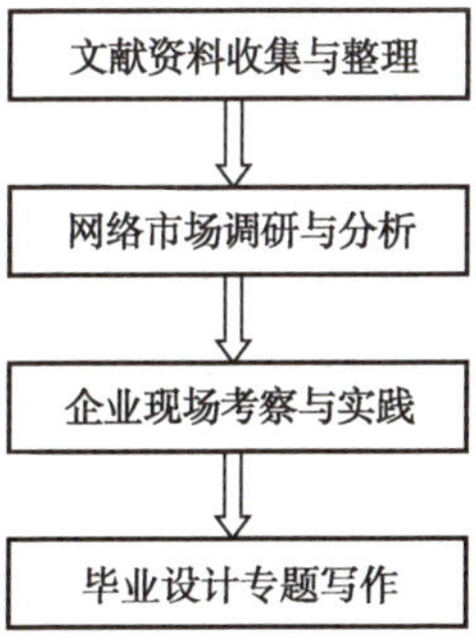

图 4-1　毕业设计专题制作的一般流程

4.1　文献资料收集与整理

文献资料是科学研究的出发点，也是构建毕业设计专题这一创造性成果必不可少的物质基础。没有文献就没有科学继承与开拓创新，文献的检索与应用也是一个大学生必须具备的基本素质。

在毕业设计专题制作过程中，非常关键的工作就是根据选题的需要，充分收集与主题相关的资料，用以拓展思路、启发灵感，并同时对资料进行整理，从中挑选出真实的、典型的、新颖的资料为自己所用。

4.1.1　文献资料的价值

国家标准《文献著录准则》对文献的定义：“文献是记录有知识的一切载体。”它是将信息和知识用文字、图像、符号、声频等技术手段记录在一定的物质载体上。人们通常理解的文献是指图书、期刊、典章所记录知识的综合，是记录、积累、传播和继承知识的最有效手段，也是人们获取知识最基本、最主要的来源，更是开展科学研究及创造性劳动不可或缺的物质基础。

1. 文献资料的意义

(1) 详尽地占有文献资料是毕业设计写作的前提

没有素材或缺少资料，任何研究和探索工作都无法深入开展。文献资料的收集和整理过程，也就是深入研究并取得进展的过程。毕业专题的制作，其实质就是以事实为依据，通过观察、比较、分析、综合，从中找出规律性的东西，并上升到理论的高度，形成一般性的结论和建议，这便构成了一篇比较完整的毕业设计。

(2) 文献资料本身是构成毕业设计的基本要素

毕业设计作为一种学术文章，除了选题要科学和有价值外，在写作中要尽量用事实说话，以理服人。所以，足够详尽的、有说服力的文献资料，是毕业设计专题的重要组成部分。台湾健行科技大学毕业设计专题《供应链安全认证个案探讨》，其中第二章即是“文献探讨”，对“安全供应链定义”“导入安全供应链过程”，以及“台湾推动安全供应链的现况”进行文献综述，如图 4-2 所示。

供应链安全认证个案探讨

目　录

摘要 2

第一章　绪论 7

第一节　研究背景 7

第二节　研究目的 9

第三节　研究方法 10

第四节　研究范围 12

第二章　文献探讨 14

第一节　安全供应链（AEO）定义 14

第二节　导入 AEO 过程 18

第三节　台湾推动 AEO 的现况 20

第三章　个案探讨 25

第一节　公司简介 25

第二节　AEO 导入过程 27

（一）　认证程序 27

（二）　具备 AEO 四大要素 28

图 4-2　《供应链安全认证个案探讨》目录（局部）

2. 文献资料的作用

(1) 了解前人成果

人们拟对某一选题进行研究时，首先要进行文献资料的搜集、调研和整理，了解已经有哪些人曾进行过这方面的工作、做了些什么工作、是怎么做的、做到什么程度、还存在什么问题等。

（2）了解进行中的工作

自己所要开展的项目，可能是别人也正在进行的。通过文献研究，可以直接或间接地了解到该项目目前研究进展情况，从而避免低水平的重复研究工作，同时可以站在更高的高度进行研究。进行细致周密的调查后，才能制定切实可行的实施方案和设计规划。

（3）扩大知识面

从一般性课程的学习直接转换到综合性很强的毕业设计专题制作时，学生往往会感到无所适从，这需要有一个过渡的过程，其中最为有效的就是查阅文献。这一过程不但可以进一步拓展专业视野，丰富知识积累，还可以让自己深入理解开展专题制作的目的和意义。

（4）避免低水平重复和走不必要的弯路

同样的选题，如果已经有人做过扎实的基础研究，自己仍然从基础性工作做起，势必造成低水平重复。对于某些选题，虽然目前尚无丰硕成果，但别人已做过类似的研究，有过一些失败的教训，通过文献查阅了解后，可以避免走不必要的弯路。

例如：毕业设计题目为“××物流企业配送流程现状及优化”，在资料收集时可以搜集到的资料有“物流企业配送中心发货流程优化分析”“M 物流公司物流配送问题研究”等，如图 4-3 所示。可通过期刊网查阅一些学者研究的成果，将他们是怎样研究的、使用的研究方法、研究的重点等进行整理，用本子或者卡片进行记录，撰写内容摘要或读书笔记。

物流企业配送中心发货流程优化分析

我国的制造业已经发展到了相当的规模，作为制造业与消费者衔接的核心——配送中心越来越发挥着举足轻重的作用。本文以江苏华商物流服务有限公司配送中心为例，通过调研分析，针对华商配送中心的发货流程进行问题挖掘，力图建设一套合理的发货作业流程，以期为华商物流发货作业改造提供参考。

《合作经济与科技》　2015年 第12期　　下载次数（55）| 被引次数（）

M物流公司物流配送问题研究

现代经济的迅速发展，社会需要的日益增加，导致物流业快速稳定的向前推进和发展。打破了传统物流业的服务模式，由过去的单一储存、运输向多元化服务过渡，服务内容多样化，服务水平提升，为不同的客户提供不同需要。物流公司是以完成客户服务而赚取经济效益的，这就涉及到运营成本问题，用最少的运营成本来满足客户需求，来为公司赚取最大的利益...

辽宁大学　硕士论文　2012年　　下载次数（981）| 被引次数（2）

图 4-3　在期刊网上检索与选题相关的文献

（5）避免无效或侵权性行为

通过文献检索可以得知该选题是否有人完成，倘若已有人取得成绩，则可以将精力投入到别的选题上。这样既避免了侵权，又不会造成人力和财力的浪费。

3. 文献资料收集的原则

文献资料收集与整理，要遵循定向、真实、新颖、充分、及时和读思结合的原则，具体表现在以下几个方面。

(1) 选择突出选题的资料

要围绕选题选择资料，要舍弃那些与选题无关或关系不大的资料，要选择能充分表现选题，并能反映事物本质的典型资料。

(2) 选择真实、准确的资料

选用的资料真实与否，直接影响毕业设计的质量。只有真实、准确的资料，才可能得出正确可靠的结论。所以，在收集资料时，对每条资料的真实性、准确性都要进行判断，摘录的资料一定要注明出处。

(3) 选择新颖、前沿的资料

如果毕业设计选用的资料过于陈旧老套，就不可能反映新问题、提出新观点，自然也难以体现时代特色及市场前沿，写不出有实践意义和市场价值的优秀作品。

4.1.2 文献资料的来源和种类

1. 资料收集的渠道

商科专业毕业设计的写作，要善于有针对性地收集各类高价值的参考资料。从资料收集的渠道来说，主要有以下四种。

第一，学校图书馆纸质图书的检索。一般大学的图书馆，都有数以十万计的纸质图书。在这些正式发表的图书及期刊资料中，查阅与毕业设计选题相关的资料，可以获得大量权威的高价值信息。

第二，往届校友的优秀毕业设计作品。自己学校的校友，或其他学校相同或相关专业毕业生的优秀毕业设计作品，通过学校的馆藏资料或网络数据库，一般也可以检索到与自己选题高度相同或相近的优秀作品，这当然具有极大的参考价值和借鉴意义，值得认真阅读。

第三，网络平台的资料收集。互联网是人类社会最发达的大脑及资源宝库。任何选题，采取恰当的方法，在互联网上总可以找到相关信息，有时甚至是最新动态的一手资料。甚至还可以在网络平台发放调查问卷，以获得自己需要的关键数据和资料。

第四，企业实地调研考察收集资料。商科毕业设计，如果缺乏应有的市场色彩和企业元素，是不可能产生有实践价值的解决方案的。通过校友资源或同学的介绍，真真正正地访问3~5家企业，对自己所要研究探讨的选题进行针对性的调查分析，是我们走向社会、融入市场最关键的一步，也是产生优秀毕业设计作品的前提和基础。

2. 资料的种类

毕业设计所需资料，根据来源及性质不同，可分为第一手资料和第二手资料。

- 第一手资料：作者直接从现实生活中获取的资料，习惯上称之为“直接资料”或“活资料”，主要源于收集者本人的见闻、采访、调查和实习，因而具有客观真实、可信度高的特点。
- 第二手资料：作者通过社会交际和传媒工具所获得的资料，也称之为“间接资料”，包括从他人言谈、转述中获得的资料，从期刊、报纸、杂志、电视、电影及网络媒体中获得的资料。通过一定的载体公开发布的文献一般都是第二手资料。

根据文献的印刷出版形式不同可以分为：图书、期刊和特种文献。

- 图书：凡篇幅达到 48 页以上，并构成一个书目单元的文献称为图书。
- 连续性出版物：包含期刊（含核心期刊）、报纸、年度出版物。
- 特种文献：专刊文献、标准文献、学位论文、科技报告、会议文献、政府出版物、档案资料、产品资料、年鉴和地方志等。

4.1.3　文献资料的检索

在中国知网等期刊数据库中，可以按照文献内容特征标记的检索途径来检索，有分类目录检索、关键词检索等方式，还可以根据作者、单位、参考文献及篇名来检索。另外，纸质图书资料或往届校友的毕业设计作品可通过图书馆进行检索。

1. 常用检索系统检索

常用的中文检索系统主要包括以下几个：

- 中国知网（CNKI），网址：http：//www. cnki. net/；
- 中国学位论文全文数据库，网址：中国重要会议论文全文数据库；
- 中国重要报纸全文数据库，网址：http：//www. cnki. net/；
- 万万数据平台，网址：http：//www. wangfangdata. com. cn/；
- 超星数字图书馆，网址：http：//book. chaoxing. com/；
- 维普咨询（主导产品：中文科技期刊数据库），网址：http：//www. cqvip. com/；
- 中国人大复印报刊全文数据库，网址：http//ipub. zizx. org/；
- 读秀学术搜索，网址：http：//www. duxiu. com/；

下面以中国知网为列，进行数据库检索方法的介绍。

(1) 分类目录检索

对于文献的科学分类体系，世界各国都有自己编制的分类法。按分类目录或分类索引来检索文献时，首先要熟悉科学分类法，确定自己所研究的主题或所需要的资料属于什么“类”，然后查明代表该类的符号和数字，再按此分类号检查分类目录或分类索引，按此途径便获得所需文献的线索。例如，在中国知网“文献全部分类”中，可以查找“信息科技”“经济与管理科学”等类别的文献，如图 4-4 所示。

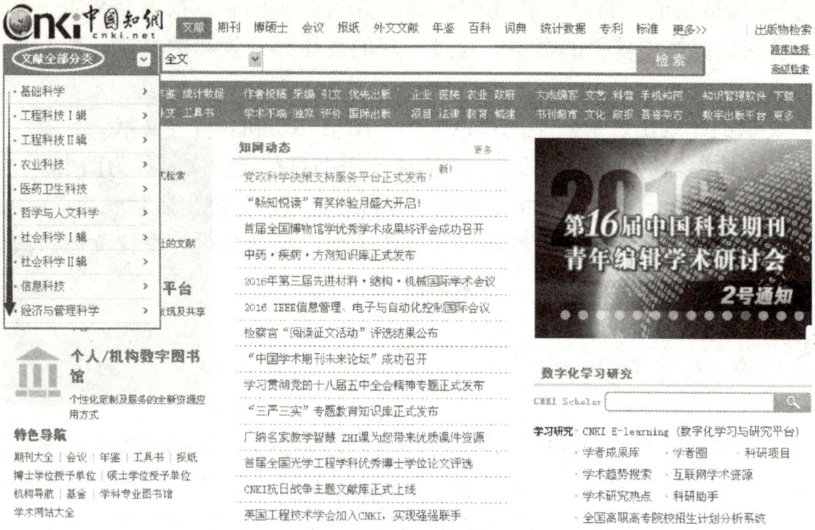

图 4-4　中国知网的“文献全部分类”

（2）关键词检索

关键词是指从文献的篇名、正文文献中选出的、具有实意的、能反映文献内容的词汇。由于关键词更接近于习惯使用的专业词汇，因此，通过关键词途径进行文献查阅一般更为灵活。在中国知网中以“网店运营”为关键词进行检索，检索结果如图 4-5 所示。

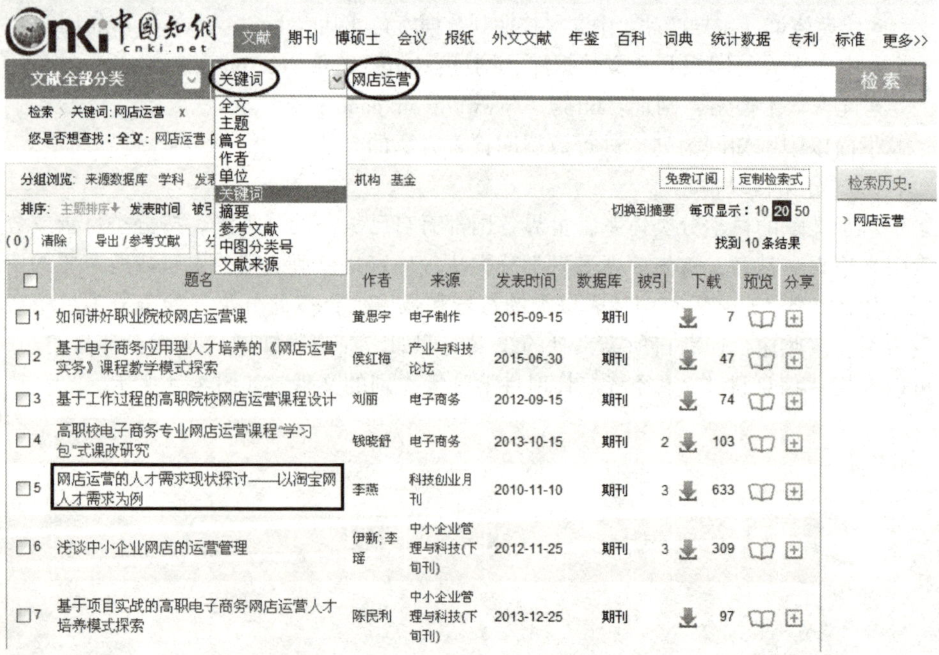

图 4-5　中国知网中以“网店运营”为关键词的检索结果

2. 纸质图书检索

大学图书馆收藏了大量的常规图书，一般可以通过图书馆网站查询。例如，长沙民政职业技术学院为了加强图书馆为学院教、学、研提供服务的功能，方便读者借阅书籍，特别推出图书信息查询服务。教师和学生们可以在网络上查询自己需要的图书及库存情况，以方便纸质图书的借阅，如图 4-6 所示。

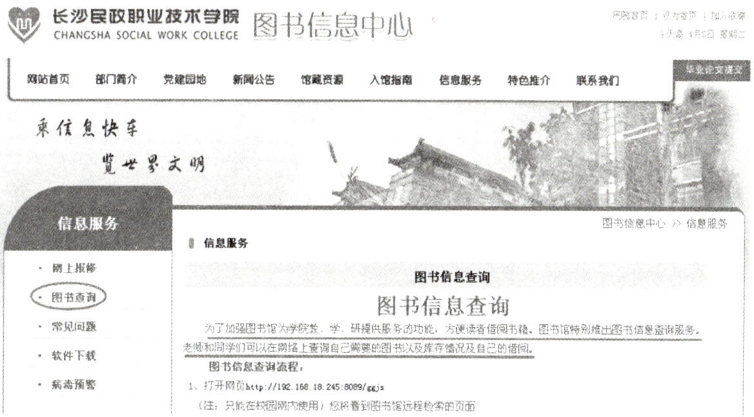

图 4-6　大学图书馆的图书信息查询系统

3. 往届毕业设计作品检索

对于绝大多数专业而言，图书馆中收藏的往届毕业生的优秀毕业设计（论文）作品，具有很高的参考价值，很多院校图书馆网站都会提供下载阅读的入口。例如，登录长沙民政职业技术学院图书信息中心，单击“论文提交入口”栏目，进入“百图非书资源系统”界面，在该界面选择“专题浏览”栏目，选择“电子商务”专业，可以浏览该专业往届毕业设计作品，在列表中选择感兴趣的文档进行下载或阅读，如图 4-7～图 4-10 所示。

图 4-7　长沙民政图书信息中心

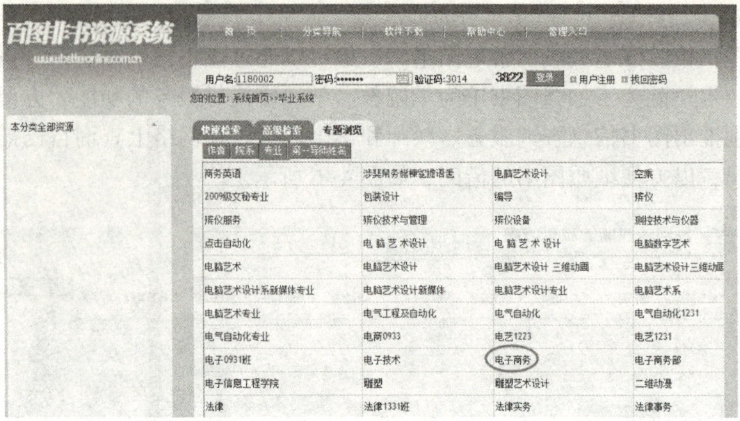

图 4-8 “专题浏览”栏目

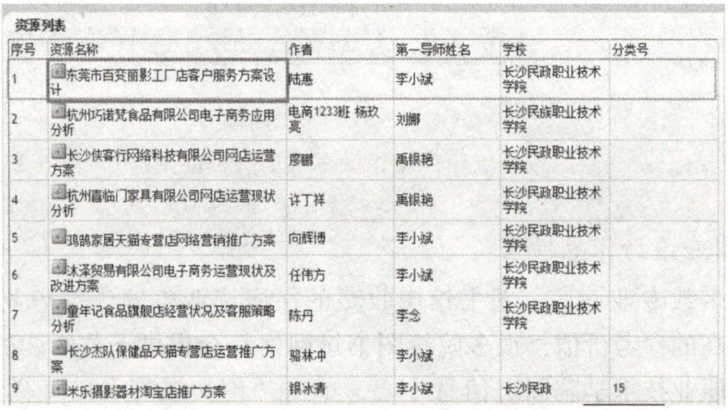

资源列表

序号	资源名称	作者	第一导师姓名	学校	分类号
1	东莞市百变丽影工厂店客户服务方案设计	陆惠	李小斌	长沙民政职业技术学院	
2	杭州巧诺梵食品有限公司电子商务应用分析	电商1233班 杨玫亮	刘娜	长沙民族职业技术学院	
3	长沙侠客行网络科技有限公司网店运营方案	廖鹏	禹银艳	长沙民政职业技术学院	
4	杭州喜临门家具有限公司网店运营现状分析	许丁祥	禹银艳	长沙民政职业技术学院	
5	鸿鹄家居天猫专营店网络营销推广方案	向辉博	李小斌	长沙民政职业技术学院	
6	沐泽贸易有限公司电子商务运营现状及改进方案	任伟方	李小斌	长沙民政职业技术学院	
7	童年记食品旗舰店经营状况及客服策略分析	陈丹	李念	长沙民政职业技术学院	
8	长沙杰队保健品天猫专营店运营推广方案	骆林冲	李小斌		
9	米乐摄影器材淘宝店推广方案	银冰清	李小斌	长沙民政	15

图 4-9 电子商务专业毕业设计作品列表

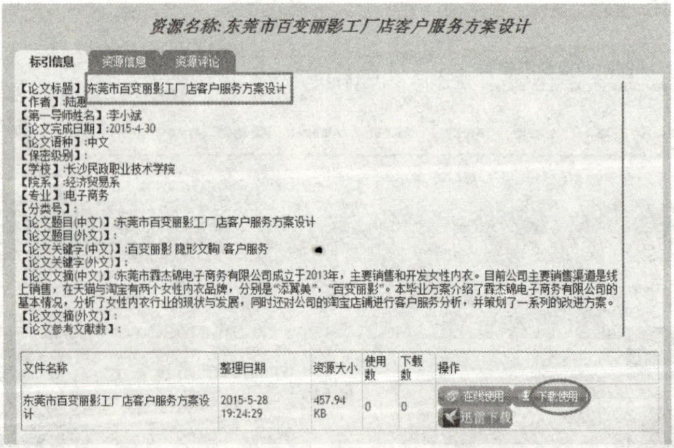

图 4-10 阅读和下载往届毕业设计作品

4.2　网络市场调研与分析

互联网已经成为全人类最大的图书馆，毕业设计专题的制作，当然离不开互联网平台的使用。网络市场的调研，应根据商科专业毕业设计专题制作的需要，对特定专业领域的问题，利用互联网平台，有针对性地访问某些行业、企业网站，浏览一些专业资讯网站、网络社区或微信公众号等网络信息平台，收集、整理相关资料，分析、研究相关数据和信息。除此之外，还可以利用搜索引擎检索最新市场资讯、了解实时动态。网络市场调研方便易操作，没有时空限制，具有实时、共享、交互、可控的特点。

4.2.1　网络信息基础

1. 网络信息资源的特点

(1) 信息存取自由，内容包罗万象

与传统信息资源相比，互联网信息资源的首要特点是具有广泛的可存取性。网络信息的自由存取，导致了网络信息的空前繁盛。一般而言，凡是人们能够想到的学科、主题、领域，大都存在丰富的网络信息；凡是人们所能遇到的产品和服务方面的疑惑，在互联网上大都可以找到解决方案。

(2) 真假优劣混杂，鉴别难度加大

网络信息虽然广泛、丰富，却缺乏有效的组织管理和质量控制，呈现出无限、无序、优劣混杂的发展状态。正如有些学者所指出的那样："网络最大的优势，同时也是它最薄弱之处，那就是任何人、任何机构都可以随时在网络上发布信息"。网络使用者们越来越明显地感觉到信息过载所引起的困惑和无所适从，人们对获取高质量网络信息的期望日益高涨。人们希望所获得的信息是有效的、可靠的、权威的、相关的、适用的。在目前这种网络信息的产生和传播机制还难以根本改变的情况下，互联网对人们在信息的查询搜索、评价鉴别、组织管理等方面的能力都提出了更高的要求。

2. 网络信息资源的主要种类

(1) 根据网络信息发布者身份进行分类

① 大学信息：通过某大学网站的主页，一般可以了解该大学院系设置、专业建设、师资力量、科研实力、联系方式等信息。另外，在大学的 IP 范围内，用户可以免费获得大学的教育资源，如教学课件、电子图书、付费数据库等。

② 政府机构信息：政府机构网站一般提供政策性文件和相关法律条文等信息。

③ 企业信息：网络是企业进行商业宣传的最佳空间。用户通过企业网站可以了解产品、服务、人员、规模及联系方式等信息。另外，还有一些专门提供信息服务的

网络公司，如四大门户网站和电子商务网站等。

④ 学术组织信息：通过学术组织的网站，可了解该组织的工作议程和学术观点，了解某行业的最新动态，还可能找到高质量的相关论文。

⑤ 图书馆信息：图书馆网站是网上优质信息的提供者，他们购买了许多价格不菲的数据库，如学术期刊、会议论文、电子图书、学位论文等文献，内容几乎涵盖了科学研究和知识学习的所有领域。

⑥ 个人、普通大众信息：个人网站、个人博客、新闻组、BBS 等是个人、普通大众发布信息的重要渠道，也是互联网信息的重要来源。

近年来，中国互联网正在进入 Web2.0 时代，个人或普通大众不再被动，已然成为互联网信息的制造者、发布者、传播者。对于普通网民来说，在微博和 SNS 等新兴应用的影响下，用户越来越习惯于快速、简单、互动性和社交性强的信息互动方式。

值得注意的是，由于网络信息发布者身份和地位的不同，他们的立场、观点和价值取向也会有所差异，发布信息的目的更是千差万别。因此，对通过网络渠道获取的信息，首先应明确信息的来源，然后再对信息的可信度、价值度进行必要的分析和判断。

一般而言，只要能想象到的内容，在互联网上，大都可以找到。因此，通过互联网获得帮助，已经成为一种常态，成为很多人的第一选择。

在学术研究、方案设计、定义描述、问题求解等方面，越来越多的人利用互联网来获得支持，越来越多的主流媒体和正式场合，也采用或接受来自互联网的资讯。但是，在使用这些信息之前，必须提醒自己：这些信息是否存在误导？是否专业、权威？是否规范、可靠？另外，在正式行文中，如果引用来自互联网的信息，一定要清楚注明采集信息的时间、作者、文章名、具体网址等有关参数，为信息的价值判断提供必要依据，让阅读者可以方便地再次检索到该信息，并做出自己的价值判断——这既是学术道德的规范和要求，也是提高分析、鉴别能力的有效途径。

（2）根据网络信息性质进行分类

① 网络新闻：网络新闻主要来自各大门户网站，主要有新浪、凤凰、搜狐、腾讯、网易等，它们代表了主流的网络媒体新闻。网络新闻和博客都属于网络媒体，专注做网络新闻的主要是各大门户网站，它们代表主流媒体新闻；博客/个人门户的兴起则代表了草根（即普通网民）话语权的释放，博客/个人门户已成为网上新闻的重要来源之一。目前，各大门户网站几乎都开设了博客专栏。

② 网络商务信息：网络商务信息是指存在于互联网上的、与商业交易相关的信息资源。根据其产生的来源大致可以分为以下三类。

- 电子商务网站发布的商务信息：B2B 网站，如阿里巴巴、环球资源、海虹医药、中国制造、慧聪、金银岛、中国化工等；B2C 网站，如当当网、卓越亚马逊、PPG 等；C2C 网站，如淘宝网、eBay 易趣、拍拍网等。这些网站发布的供求信息是直接为实现商业交易服务的，所以又称为直接商业信息。
- 行业、专业网站发布的商务信息：这些网站从不同行业或专业的角度提供行业产品知识和相关贸易知识，因而也成为人们学习产品知识、了解行业动态、搜索供求信息的重要场所。

- 企业网站发布的商务信息：不仅海尔、格兰仕等大型企业建有自己的网络门户，越来越多的中小企业也正在建立和完善自己的企业网站。这些网站可能作为营销型站点，发布与商业交易相关的产品、企业、行业等资讯，也可能直接发布商品的供求信息，是人们开展网络贸易的重要信息来源。

(3) 根据网络信息资源类型进行分类

目前，互联网上可供下载的信息资源主要有以下三种类型。

① 文档、超文本文件和图片：文档的类型主要有 Word 文件、PDF 文件、PPT 文件等，这些格式的文献数量很多，内容丰富完整，具有很好的使用价值。超文本文件是按超级链接进行组织的网页文件，具有跳转查阅功能。互联网上的图片资源十分丰富，格式以 gif 和 jpg 为主，常用的搜索引擎如百度、谷歌等都具有专门的图片搜索功能。

② 应用程序：互联网上可供下载的应用程序一般都是一些小程序，可以通过迅雷、Flashget 等软件下载，使用非常方便。

③ 多媒体文件：互联网上的多媒体文件主要是 ram 文件和 mov 文件，分别由 RealPlay 和 Quick Time 播放器播放，主要用于在线实时收看。另外，互联网上的 mp3 文件体积小巧，是一种十分重要的记录高质量音乐的文件。

4.2.2　搜索引擎基础

在互联网发展初期，网站相对较少，信息查找比较容易。随着互联网信息的爆炸式增长，普通网络用户要想找到所需的资料如同大海捞针般艰难，为满足普通大众信息检索的需求，以搜索引擎为重要载体的专业搜索网站便应运而生了。

搜索引擎（Search Engines）是一个对互联网上的信息资源进行搜集整理，并提供查询的系统，包括对信息的搜集整理（后台——数据库）和提供用户查询（前台——网页查询界面）两个方面功能。

1. 搜索引擎的主要种类

搜索引擎按其工作方式主要可分为五种：全文搜索引擎、目录索引、元搜索引擎、集合式搜索引擎及垂直搜索引擎。

(1) 全文搜索引擎

全文搜索引擎是名副其实的搜索引擎，国外具有代表性的有 Google、Inktomi、AltaVista、Teoma 和 WiseNut 等，国内具有代表性的有百度（Baidu）。全文搜索引擎通过从互联网上提取各个网站的信息（以网页文字为主）来建立数据库，并从中检索与用户查询条件匹配的相关记录，然后按一定的排列顺序将检索结果返回给用户。

(2) 目录索引

目录索引，顾名思义就是将网站分门别类地存放在相应的目录中，因此用户在查询信息时，可选择关键词搜索，也可按分类目录逐层查找。如果按关键词搜索，返回的结果与搜索引擎一样，也是根据信息关联程度排列网站，只不过其中人为因素要多一些。如果按分层目录查找，某一目录中网站的排名则是由标题字母的先后顺序决定（也有例外）。

目录索引虽然具有搜索功能，但从严格意义上来说算不上是真正的搜索引擎，而仅仅是按目录分类的网站链接列表而已。用户完全可以不用进行关键词（keywords）查询，仅靠分类目录也可找到需要的信息。目录索引中最具代表性的莫过于大名鼎鼎的雅虎（Yahoo）（如雅虎的分类频道），其他著名的还有 Open Directory Project（DMOZ）、LookSmart、About 等，国内的搜狐、新浪、网易等搜索引擎也都属于这一类。

例如，使用新浪的目录索引查找“清华大学”，可通过“教育”→“国内院校.985 高校”→“清华大学”的路径进行查找，如图 4-11 和图 4-12 所示。

图 4-11　新浪网“教育．国内院校．985 高校”栏目

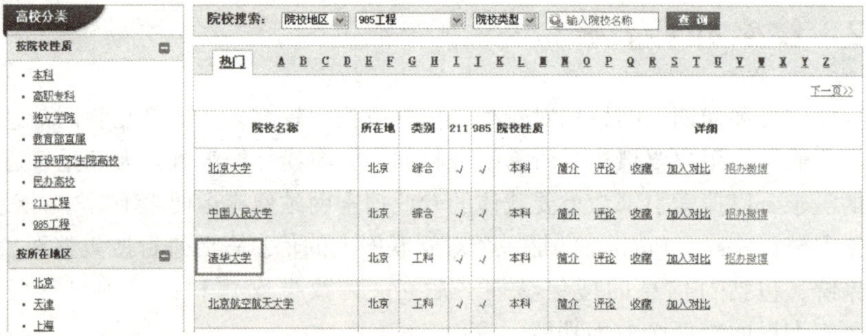

图 4-12　新浪网“高校分类”栏目下“清华大学”链接

（3）元搜索引擎

元搜索引擎（Meta Search Engine）是一种调用其他独立搜索引擎的引擎，也称为“搜索引擎之母”（The Mother Of Search Engines）。在这里，“元”（meta）为“总的”“超越”之意。元搜索引擎将用户的检索提问同时提交给多个独立的搜索引擎，同时检索多个数据库；根据多个独立搜索引擎的检索结果进行二次加工，对检索结果去重、排序后，再将整理后的结果返回给用户。相对元搜索引擎，可被利用的独立搜索引擎被称为“源搜索引擎”（Source Engine）或“搜索资源”（Searching Resources），整合、调用、控制和优化利用源搜索引擎的技术称为“元搜索技术”（Meta-Searching Technique），元搜索技术是元搜索引擎的核心。

元搜索引擎可分为中文元搜索引擎、英文元搜索引擎和多元搜索引擎等几种。中文元搜索引擎的代表有搜魅网（www.someta.cn）、新牛搜索（www.ccniu.com）和圣搏搜索（www. seekle. cn）等。

搜魅网集合了百度、Google、搜狗、雅虎等多家主流搜索引擎的结果，提供网页、资讯、网址导航等聚合查询，如图 4-13 所示。另外，搜魅网突破了元搜索引擎没有自己的蜘蛛的瓶颈，提供了网站查询的功能。

图 4-13　搜魅元搜索引擎界面

（4）集合式搜索引擎

该搜索引擎类似元搜索引擎，区别在于它并非同时调用多个搜索引擎进行搜索，而是由用户从提供的若干搜索引擎中选择，因此称它为集合式搜索引擎，如生物谷（www. bioon. com/multisearch. htm）集合式搜索引擎，其操作界面如图 4-14 的示。

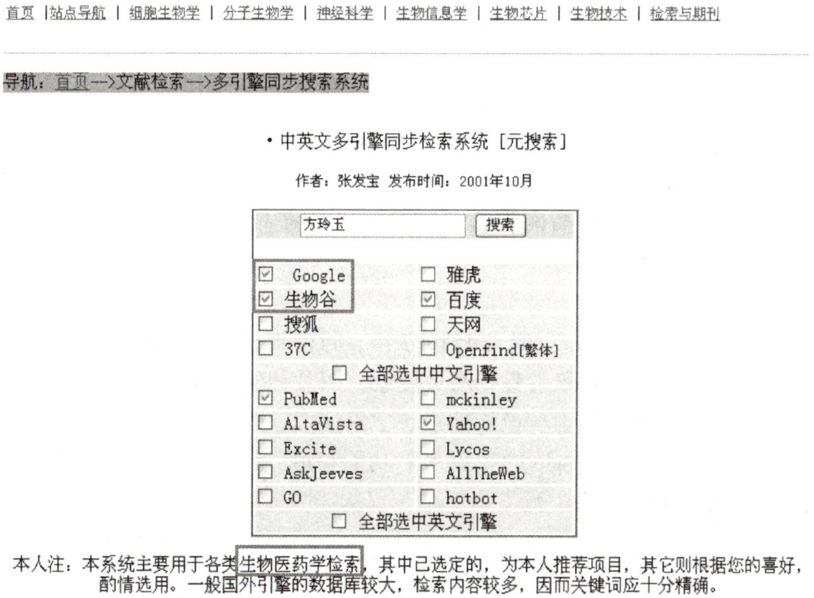

图 4-14　生物谷集合式搜索引擎

(5) 垂直搜索引擎

垂直搜索引擎是2006年后逐步兴起的一类搜索引擎，不同于通用的网页搜索引擎，垂直搜索专注于特定的搜索领域和搜索需求，为用户提供更好的用户体验。相比通用搜索动辄数千台检索服务器，垂直搜索需要的硬件成本低、用户需求特定、查询的方式多样。垂直搜索引擎现在已经日益融入了人们的生活，如提供机票搜索而知名的去哪儿网、以视频搜索见长的优酷网等，如图4-15所示。

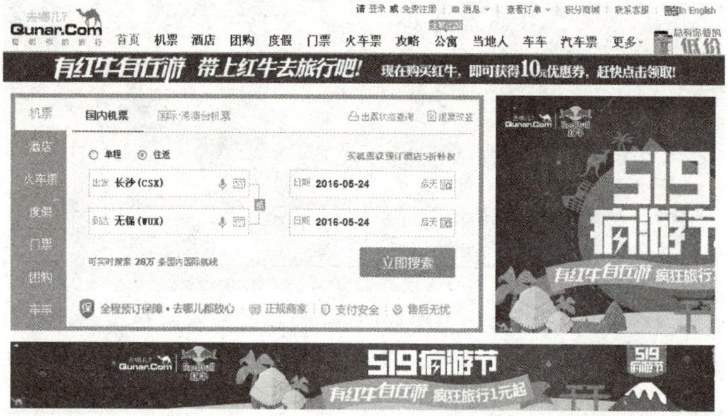

图4-15 提供机票、酒店等垂直搜索的去哪儿网首页（2016年5月）

2. 常用搜索引擎

(1) 百度

百度（www. baidu. com），是全球最大的中文搜索引擎、最大的中文网站，目前稳居中国搜索引擎流量第一的位置。目前百度提供的搜索服务有：以网络搜索为主的功能性搜索；以贴吧为主的社区搜索；针对各区域、行业所需的垂直搜索；mp3搜索；以及门户频道、IM等，全面覆盖了中文网络绝大部分的搜索需求。

(2) 搜搜

搜搜（www. soso. com）是腾讯旗下的搜索引擎网站，于2006年3月正式发布并开始运营，目前已成为中国网民首选的三大搜索引擎之一。搜搜在打造一个个性化、社区化、智能化、移动化的创新搜索平台、提供良好的用户体验方面，创造了自身独特的价值。搜搜目前提供包括网页搜索产品、社区产品、垂直搜索产品、客户端产品、无线产品6大产品线。

(3) Google

Google（www. google. com）成立于1997年，目前被公认为是全球规模最大的搜索引擎。Google提供的搜索服务主要有网页搜索、图片搜索、视频搜索、地图搜索、新闻搜索、购物搜索、博客搜索、论坛搜索、学术搜索、财经搜索。

除了搜索服务之外，Google的“更多”功能频道，还提供了网络、移动、企业等应用服务，如图4-16所示。

图 4-16　Google 提供的“更多”产品与服务（2016 年 5 月）

（4）搜库

搜库（www. soku. com）是由中国著名视频网站优酷于 2010 年 4 月上线推出的专业视频搜索引擎，提供优酷站内视频及全网视频的搜索功能，它致力于为用户提供全功能、覆盖全网的视频搜索服务，创造更精准、更快速、更优质的搜索体验，最快速帮助用户找到最想看的视频，如图 4-17 所示。

图 4-17　搜库视频搜索首页（2016 年 5 月）

4. 2. 3　网络市场调研

即使对网络信息的形态和搜索引擎的特点有了详尽的了解，要高效、务实、有针对性地进行网络市场信息的收集，仍然不是一件简单的事情。下面通过一个具体的案例，来探讨通过搜索引擎来调研的操作方法。

如湖南某高校电子商务专业学生，根据毕业设计专题制作的要求，需要撰写所在省市中小企业电子商务应用现状的调研报告。为了完成这一调研项目，可将该任务分解为以下调研步骤：

- 搜索调研报告范文，了解调研报告的格式和体例；
- 搜索中小企业的定义和划分标准；
- 搜索湖南中小企业的相关网站；
- 搜索湖南中小企业相关网站中与电子商务相关的网页资讯；
- 访问 B2B 平台，调查湖南省中小企业电子商务应用状况；
- 访问湖南省典型中小企业网站，掌握企业电子商务应用第一手资料；
- 利用学术搜索功能，学习并借鉴他人的研究成果；
- 整理所收集的资料，完成报告大纲及正文的撰写。

1. 格式文档的搜索

要了解调研报告的撰写规范和要求，可以通过“调研报告”或“调查报告”等关键词在不同搜索引擎上进行查找，如百度、Google 及搜搜等搜索引擎。现在以“调研报告”为关键词进行“网页”搜索，各主要搜索引擎返回的前 3 条记录如图 4-18~图 4-20 所示。

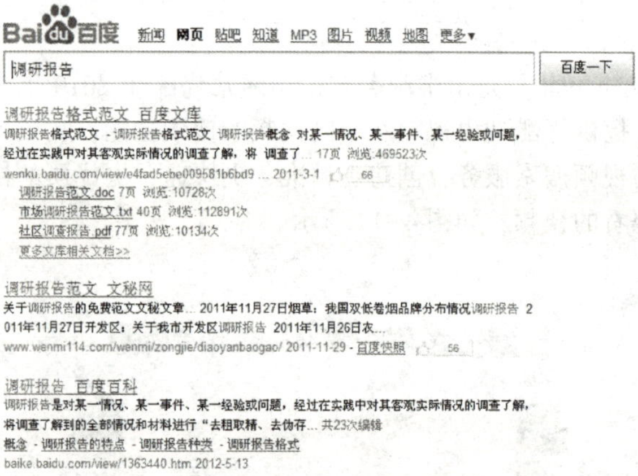

图 4-18　百度返回的前 3 条记录

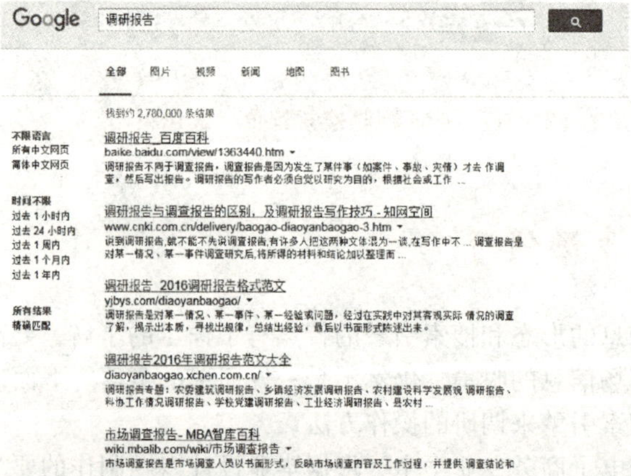

图 4-19　Google 返回的前 3 条记录

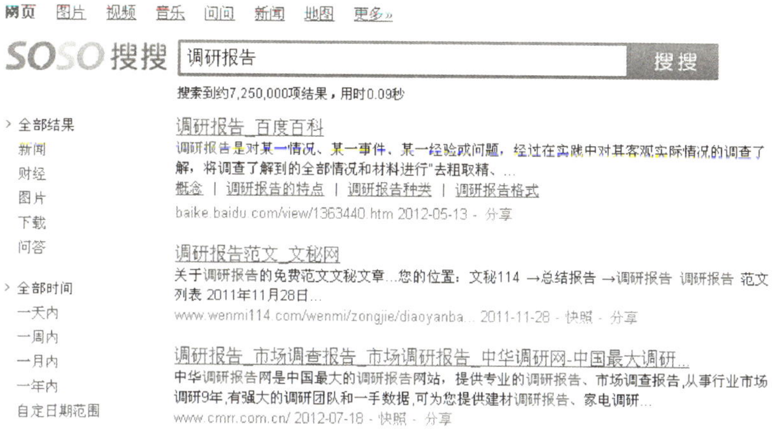

图 4-20　搜搜返回的前 3 条记录

分析不同搜索引擎的返回结果，我们发现，要搜索完整、规范的文本，雅虎这种基于人工分类目录式搜索引擎的质量是最好的，不但可以找到免费提供的完整范文，还可以找到价值高的付费报告，无关页面较少。前面三种基于数据库的搜索引擎，返回的结果很可能只是网页文件内容中出现了“调研报告”这几个字符，信息的有效性不高。总体而言，搜索结果差强人意。

作为调研报告范文，最好是一个完整的 Word 格式的调研报告文档，因而希望所有搜索结果都是完整、全面、符合要求的。实际上，针对这一需求，搜索引擎均可提供良好的解决方案。通过搜索引擎的“高级功能”或“帮助系统”，我们会发现，每个搜索引擎都有自己的语法，不但可以搜索“指定格式”的文件，还可以在“指定站点”或对“特定标题”的网页进行搜索等。

很多有价值的资料，在互联网上并非是普通的网页，而是以 Word、PowerPoint、PDF 等格式存在。百度支持对 Office 文档（包括 Word、Excel、PowerPoint）、Adobe PDF 文档、RTF 文档进行全文搜索。要搜索这类文档，很简单，在普通查询词后面加上“filetype:”文档类型限定即可。“filetype:”后可跟 DOC、XLS、PPT、PDF、RTF 等文件格式。例如，查找张五常关于交易费用方面的经济学论文，可搜索“交易费用 张五常 filetype：doc”；然后单击结果标题，即可直接下载该文档。

如果要搜索电子商务方面的调研报告，则文档内容的关键词可选择“电子商务”，且文档标题中应含有“调研报告”，文档格式则以 Word 格式为主。通过搜索引擎高级功能的使用，或将“电子商务 intitle：调研报告 filetype：doc”表达式提交给百度、Google 搜索引擎，返回结果页面（前 3 条记录）如图 4-21 和图 4-22 所示。

对于百度、Google 这种功能强大的搜索引擎，如果掌握了它的使用技巧，或使用高级搜索功能，甚至有可能搜索到出乎意料、近乎完美的信息资料。

图 4-21　百度对 DOC 文档的搜索结果

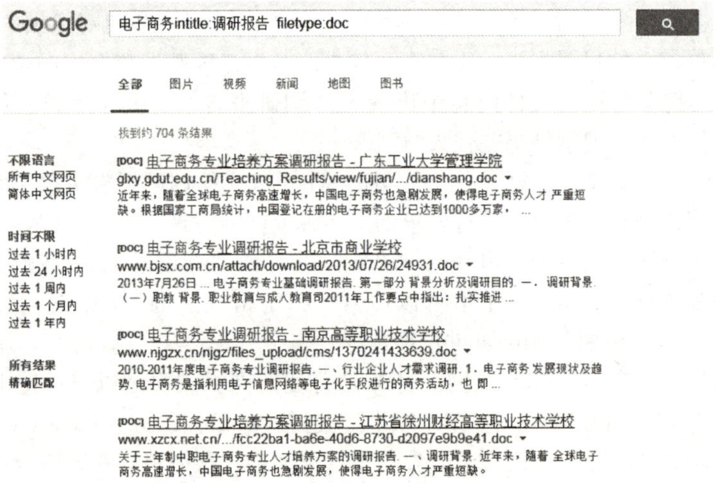

图 4-22　Google 对 DOC 文档的搜索结果（2016 年）

2. 标准文献的检索

要对中小企业进行调查，首先必须明确什么是中小企业。当然，我国大、中、小企业的划分标准，只能由相关政府权威部门发布。通过互联网找到这类信息并不难，关键是选择合适的关键词和搜索引擎。考虑将“中小企业 定义 划分 标准”作为关键词，而实际上，只要讲到中小型企业的定义，就会涉及它的划分标准，所以，只要以“中小企业 定义”作为关键词进行搜索即可。

3. 特定站点的查找

对于“湖南中小企业”这一主题，可以选择搜索相关网站或者搜索有关新闻或资讯，应根据搜索引擎的功能特点，选择合适的搜索类型。为了找到与“湖南中小企业”相关的站点，可以考虑以“湖南 中小企业”为关键词，在百度“网页”中搜索，与主题“湖南中小企业”匹配度较高的网站主要有“湘企网”“湖南中小企业网”，返回结果如图 4-23 所示。

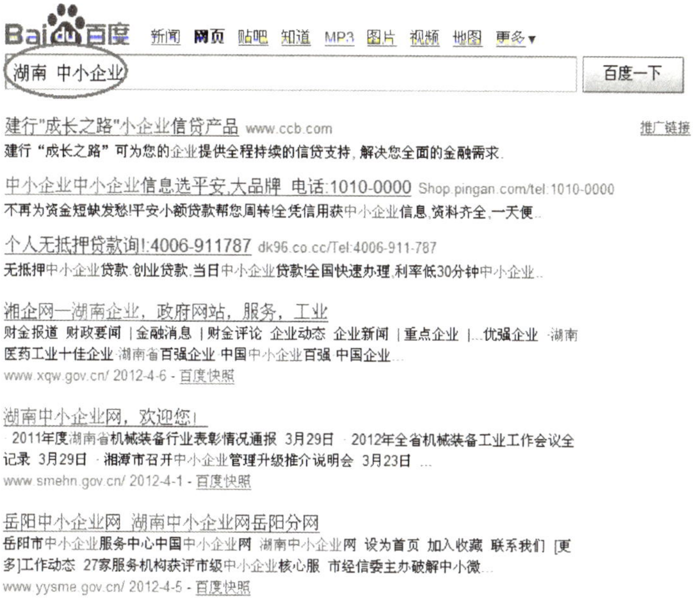

图 4-23　百度返回结果页面（2012 年）

4. 站内标题文档的检索

（1）把搜索范围限定为特定站点——site

有时候，如果知道某个站点中有自己需要的东西，就可以把搜索范围限定在这个站点，以提高查询效率。具体操作步骤：在查询内容的后面加上“site：站点域名”。例如，在天空网下载软件，就可以这样输入“msn site：skycn. com”。注意，“site：”后面的站点域名不要带“http：//”；另外，“site：”与站点名之间不留空格。

（2）把搜索范围限定为网页标题——intitle

网页标题通常是对网页内容提纲挈领式的归纳。把查询内容范围限定在网页标题中，有时能获得良好的效果。具体操作步骤：把查询内容中特别关键的部分放在“intitle：”之后。例如，搜索林青霞的写真时，可以输入“写真 intitle：林青霞”进行查询。注意，“intitle：”与后面的关键词之间不留空格。

上述几个网站定位为服务湖南本地的中小企业，通过将搜索范围限定到指定网站，搜索这几个网站内标题中包含“电子商务”的所有网页，能迅速找到所需信息。

下面以“湘企网（www. xqw. gov. cn）”为例，搜索该网站中网页标题中包含“电子商务”的所有网页，搜索表达式为“intitle：电子商务 site：xqw. gov. cn”，或者在百度高级搜索中进行设置，如图 4-24 所示，返回结果页面如图 4-25 所示。

通过对上述搜索结果的浏览和分析，可大致了解湖南省电子商务发展现状方面的有关资讯。当然，这里搜索到的信息并不全面，还可以到其他湖南中小企业相关网站、政府网站或行业网站去做进一步的调研，或者通过学术文档的搜索，了解他人在这方面的研究情况。

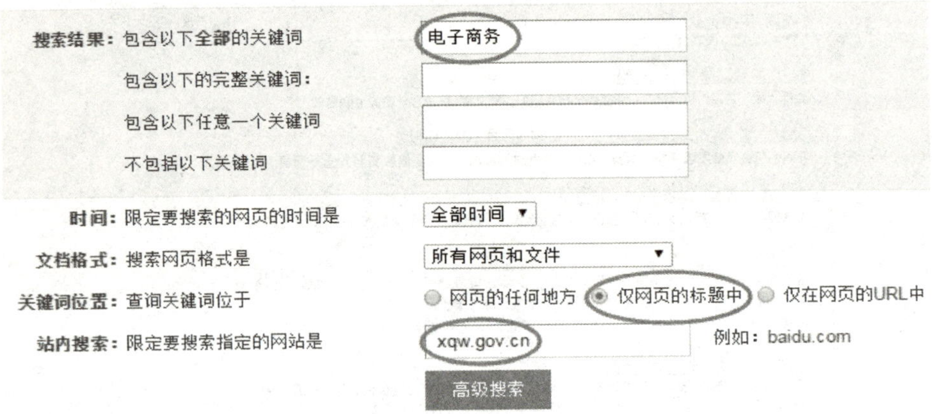

图 4-24　百度的高级搜索设置（2012 年）

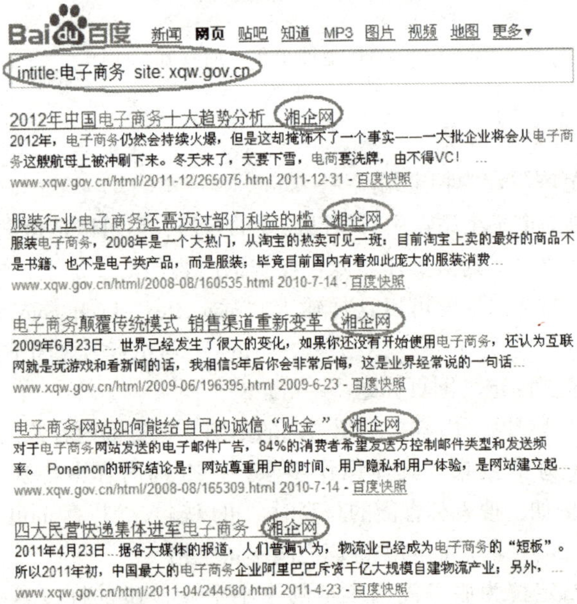

图 4-25　以“电子商务”为关键词在湘企网的网页标题中搜索结果（2012 年）

5. 第三方平台调研

中小企业电子商务的开展，大多从利用第三方电子商务平台开始，如阿里巴巴、慧聪网、中国制造网等。由于阿里巴巴在中国电子商务市场占据重要地位，可尝试用阿里巴巴国内站的注册用户数、付费用户（诚信通用户）数、诚信通用户占注册用户数量的百分比（转化率）等参数，来大体反映一个地区电子商务的成熟度和应用水平。当然，除了阿里巴巴，还可以对慧聪网等其他 B2B 电子商务平台、甚至 C2C 电子商务平台进行调研，以追踪中小型企业电子商务的发展动态。

利用阿里巴巴平台，以“湖南”为关键词进行搜索，对“湖南”地区的“诚信通”用户搜索结果页面如图 4-26 所示。

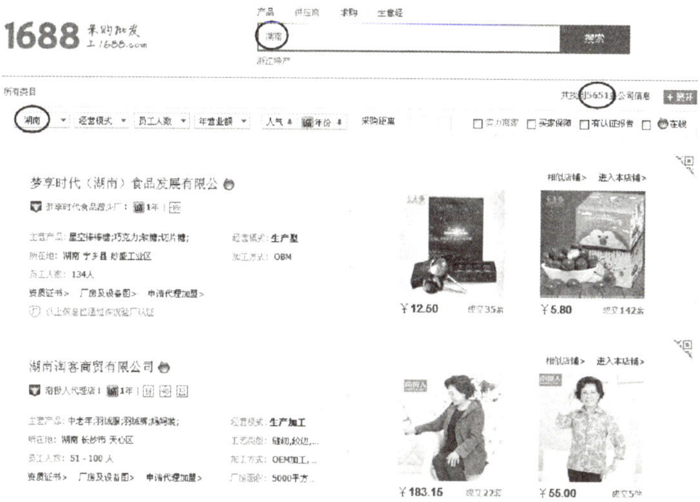

图 4-26 阿里巴巴国内站湖南诚信通用户的搜索结果（2016 年）

6. 企业网站调研

2016 年 4 月，通过对阿里巴巴网站的调研发现，位于湖南诚信通企业排名前三的企业分别是株洲市斯特实业有限责任公司、湖南华升洞庭麻业有限公司 和株洲美特优硬质合金有限公司，它们使用诚信通服务的年限多达 14 年，如图 4-27 所示。通过对这些企业站点的访问发现，这些企业不仅在阿里巴巴上建有自己的诚信通商铺，而且还建有自己的企业站点，以塑造自身的网络品牌，拓展企业的网络销售渠道，推广企业的产品或服务。通过对这些企业站点的调研发现，中小型企业而言，电子商务给具有浓郁地方特色产品的生产厂家提供了良好的推广平台和广阔的市场空间，如“浏阳烟花”“益阳电子”“株洲合金”等。

以这些调研结果为线索，进一步搜索本地区比较成功的中小企业电子商务应用案例，为撰写调研报告收集更多有价值的一手资料。

7. 行业网站调研

权威行业门户网站，拥有庞大的行业数据，行业垂直网站专注于某一业务领域。因此，通过行业网站可以收集到特定主题的相关资料。下面介绍商科专业常用的几个行业资讯网站。

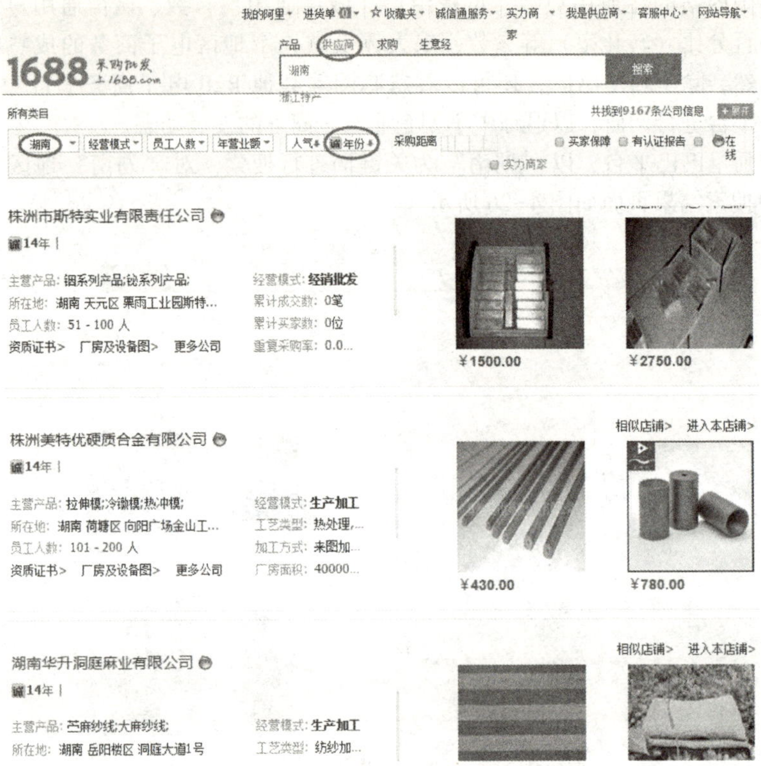

图 4-27　阿里巴巴国内站湖南诚信通排名 TOP5 用户

(1) 艾瑞网

国内最早进行网民行为研究和网络广告监测的市场研究机构，艾瑞咨询集团（iResearch）拥有国内数据累积时间最长、规模最大、最为稳定的各类数据库，通过多种指标研究帮助行业建立评估和衡量的标准。其中网民行为研究涵盖家庭办公用户、网吧用户以及无线手机网民用户等各种应用平台；广告投放监测涵盖网络品牌广告、无线品牌广告、搜索关键词广告等多种媒体类型和多种广告形式。艾瑞市场咨询（iResearch）目前的主要服务产品有 iUserTracker（网民行为连续研究系统）、iAdTracker（网络广告监测分析系统）、iUserSurvey（网络用户调研分析服务）、iDataCenter（网络行业研究数据中心）等。

通过艾瑞网可以找到最新的市场研究报告，如图 4-28 所示。

(2) 中国物流与采购网

中国物流与采购网由中国物流与采购联合会、中国物流学会主办，如图 4-29 所示。主要栏目有联合会快讯、行业资讯、物流专家、论文荟萃、政策法规、热点讨论、教育培训、物流会展、物流规划、采购园地、科技评奖、企业认证、企业黄页、会员注册、市场信息、人才招聘、商品超市、名词解释等。其中联合会快讯、行业资讯、物流专家、论文荟萃、政策法规等栏目，具有相当的知名度与影响力。

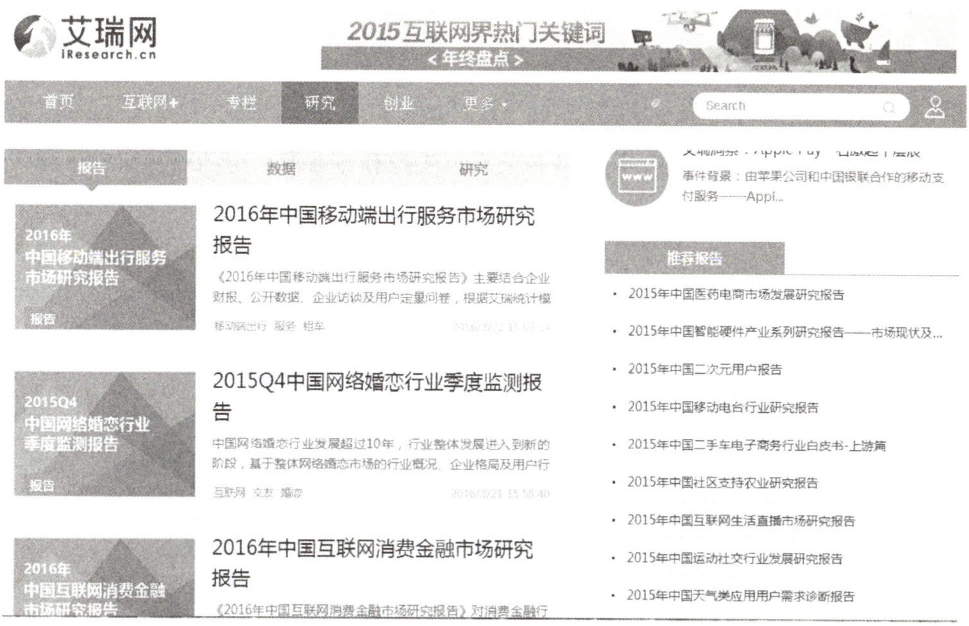

图 4-28　艾瑞网及其发布的市场研究报告

(3) 腾讯网

腾讯公司成立于 1998 年 11 月 11 日，把为用户提供“一站式在线生活服务”作为战略目标，提供互联网增值服务、移动及电信增值服务和网络广告服务。通过即时通信 QQ、腾讯网、腾讯游戏、QQ 空间、无线门户、搜搜、拍拍、财付通等中国领先的网络平台，腾讯打造了中国最大的网络社区，满足互联网用户沟通、资讯、娱乐和电子商务等方面的需求。

图 4-29　中国物流与采购联合会官网

企鹅智酷（http：//re. qq. com）是腾讯科技频道深度研究性栏目，是互联网产业趋势研究、案例与数据分析专业机构，拥有“深度报告”“数据调研”“智酷分析”三档原创子栏目，以及“开放平台”这一中国科技商业领域的智慧汇聚平台，如图4-30所示。企鹅智酷依托腾讯公司海量用户基础和大数据优势，不断优化分析模型和判断力，紧扣热点趋势，提供具备大数据支撑和专业洞察力的行业研究报告产品。目前发布的商业研究报告、深度调研分析，影响力触达互联网与传统行业的多个层面。如针对电子商务专业毕业设计选题“企业内部公众号运营策略分析”，内容涉及微信公众号运营，就可以在腾讯企鹅智酷查到最新的研究报告，如图4-30所示。

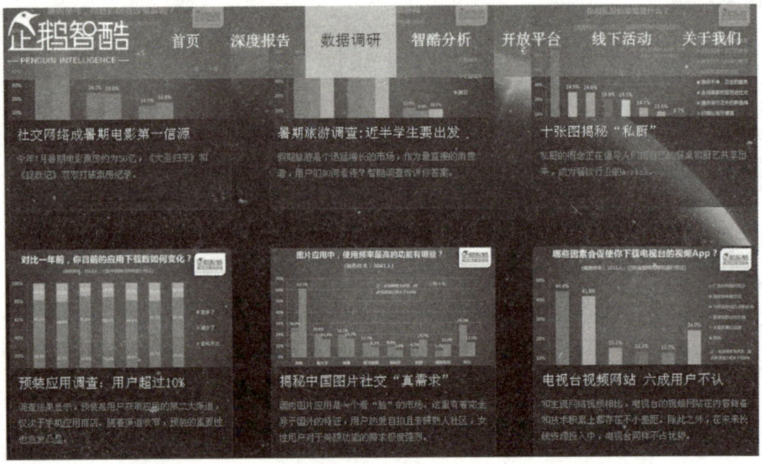

图4-30　企鹅智酷的“数据调研”频道

4.3　企业现场考察与实践

毕业设计专题制作中一个非常重要的步骤就是企业实地考察。毕业设计专题的制作，要根据选题的需要选择若干企业，进行细致的调查研究。企业实地考察是一手资料的重要来源。实践出真知！不能忽略实地调研，也不能为了节省时间缩短调研时间。在企业现场的所见所闻，在一线岗位的体验感悟，是最真实、最有价值的写作素材，其作用和价值是其他任何途径无可取代的。调研越充分、越深入，毕业设计写作就会越充实、越顺畅，毕业设计过程的获得感、成就感就会越强烈。

4.3.1　企业调研的途径

1. 深入实习单位和实习岗位进行调研

商科类专业毕业设计多偏重于实践，大部分选题都可以在实习单位和实习岗位进行设计并实施。例如，流程优化设计、活动促销方案设计、市场推广方案设计等。这些毕业设计选题都可以从实习单位和实习岗位获得一手的数据、一手的资料，这些都是毕业设计最有力的写作依据。

利用毕业顶岗实习，按照自己选题的方向，观察产品的开发流程、设计工艺、销售方式和市场需求状况，体验实践工作中解决问题的方法策略，再将发现问题、解决问题的经验和心得在毕业设计中进行总结和归纳，这样就有可能产生既有实践意义又具理论价值的优秀作品。

例如，在第三方物流公司实习的物流管理专业的学生，可在某个营业部观察不同时段的促销方案，在方案实施的过程中具体分析托运量数据的变化、客户的类型、货损货差等资料来判断促销方案的效果，以此来提出更好的解决方案。这些数据的来源可以通过公司的 OA 系统进行查询获得。

2. 访谈企业导师和企业管理人员进行调研

学生可以依据自己毕业设计选题的写作难点和重点，直接、快速地咨询相关专家、导师和一线工作人员，从中获得最准确、有价值的重点信息和成功经验。

4.3.2 企业调研的方法

调查法是科学研究中常用的基本研究方法，也是毕业设计中必不可缺少的研究方法。它综合运用历史法、观察法等方法，结合问卷、谈话、个案研究、测验等科学方式，对毕业设计中的问题进行周密的、系统的规划，并对调查搜集到的大量资料进行分析、综合、比较、归纳，从而得出有价值的科研结论，为我们提供毕业设计所需要的真实数据。

调查中要注意几个问题：

- 要明确目的。调查是为了获取资料还是发现问题，要有的放矢，不能乱抓一气，浪费时间。
- 确定调查对象，要有典型性和代表性，否则所得价值会比较小；
- 拟定调查提纲，可以少走弯路，节约时间。

常用的调查法有问卷调查法和访谈调查法。

1. 问卷调查法

问卷调查法实施步骤为问卷设计、问卷发放与回收、问卷结果统计，问卷结果统计值即为实验结果。因为问卷调查法较为便捷、节约时间，资料也较容易收集整理和统计分析，若采用不记名调查，对于隐私话题也较容易取得可靠资料，是社会科学的常用的研究方法。

问卷调查法又可依据问卷问题设计方法，分为限制式问卷和开放式问卷。限制式问卷即受测者不可随意回答，必须在研究者预先编制的几个答案中选择一个；而开放式问卷则在问题范围内说出结果即可。若采用问卷调查法，还需注意以下几个问题：

- 问题类型是否适合使用问卷？
- 问题的项目是否混不清，让受测者不容易回答？

- 问题是否涉及社会禁忌，令受测者隐瞒，不敢正面回答？
- 问题是否产生暗示作用，引导受测者选择某个答案？
- 问题是否超出受测人的知识能力？

设计问卷首先要设计标题（题目），标题应该与研究目的相呼应。再来，应清楚描述“填写问卷标语”，包括称谓、研究目的、回答问题的要求、对有关问题的解释等，并标明研究单位（或研究者）的联络讯息。

2. 访谈调查法

访谈调查法包括个别访谈或集体访谈两种方式，因为访谈的回答式、讨论式等特性，采用此种方法，调研人必须保持虚心求教的心态并详细记录，才能获得较真实、深入的资料。另外，访谈过程录音或影像，必须要先取得被访谈者的同意。

个别访谈是访谈对象是单个人情况下的访谈，也就是专访法。一般来说，选择这种方式的访谈，访谈对象要考虑其典型意义和特殊意义，即普遍性和特殊性。访谈者一般事先要做好比较充分的准备，如向被访者了解哪些问题？哪些需要核实？哪些可以引用等。个别访谈是限于访谈人与被访者之间的信息传递，回答者不会受到访谈外的第三人的影响。在使用这种方法收集资料时，要注意一次访问时间不宜太长，有时可能要反复若干次，访谈的内容可以宽泛些，不要局限在既定的主题上。在谈话过程中，要一边记、一边想、一边判断。谈一次，总结一次、分析一次，并指出新问题，这样就越谈越深，资料也就越来越多，便于后期的分析、提炼、概括。

集体访谈则是多人同时作为被访对象参与访谈，由访谈者收集资料的方法，即座谈会法，它是收集资料的最简单易行又可靠的方法。实践证明，运用座谈会法收集资料时，参加的人数不宜太多，一般7~10人较合适。座谈前访谈者应事先将所有参加座谈的人员名单、座谈的具体内容、要求、举办时间、地点等通知参加座谈的所有对象。

由于座谈法是访谈者与被访谈者间、被访谈者相互间的多层次互动，因此它所获得的资料较其他访谈方式获得的信息更广泛，而且由于相互启发、相互核对、相互修正，使获得的资料更完整准确。

4.4 收集资料的处理

通过前面的文献资料收集、网络市场调查及企业现场考察，已经收集了大量的资料，有历史资料和现实资料、典型资料和一般资料，还有具体案例资料及综合性资料等。

资料处理的过程，就是要将这些资料从无序变为有序，从零散变为系统，使之条理化、系统化，便于在写作中发挥作用。因此，资料的处理，不仅是分析研究问题的开端，也是撰写毕业专题必要的准备。

资料处理的过程，也是对资料“再加工”的过程，通过反复阅读、分析思考，准确判断资料的性质和价值，去粗取精、去伪存真，使之变为自己的有用资料。资料处理一般可以分为鉴别取舍、归纳分类、形成结论三个环节。

4.4.1　资料的鉴别与取舍

在收集资料的过程中，尽管遵循一定的原则，但是获得的资料可能还是零散的、驳杂的，甚至是过时的、谬误的。一些资料可能并不具有普适性，价值不大，应当予以剔除。而且，随着认识的深入，某些表面上看来似乎很好的资料可能会失去价值，而另一些资料的潜在价值又会被发掘出来。因此在阅读资料的过程中，要认真核实、分析、比较，从中选择有价值的资料。

1. 资料取舍的原则

(1) 辨析资料的适用性

选择资料的依据，只能是符合毕业设计所要阐明的主题。什么资料可以用、什么资料不能用，都要格根据毕业设计主题来确定。所选资料必须要符合主题，不能牵强附会，也不能将所有资料统统塞进文章。

(2) 辨析资料的真实性

资料的真实性直接关系到毕业设计的成败，只有从真实可靠的资料中才能得出科学合理的结论。首先，要尊重客观实际，避免先入为主的思想，选择资料不能夹杂个人的好恶与偏见，不能破坏资料本来的客观性；其次，选择资料要有根有据，采集的第一手资料要有来历，选取的第二手资料要与原始文献认真核对，以求得最大的准确性；再次，要对资料的来源加以辨别，弄清原作者的背景及写作意图，并加以客观分析与评价。

(3) 辨析资料的典型性

资料的典型性，是指这种资料对于它所证实的观点具有充分的代表性。如某校2006 级房地产专业的一篇题为《关于 XX 市限价房问题的分析》的毕业论文，为了从投资类消费者的角度分析限价房对房地产的影响，该文用了一段资料：以购买某小区限价房为例，售价为每平方米 5068 元，建筑面积 80 平方米的限价房售价 40.544 万元。5 年后卖出。假设 5 年后该地段普通商品住房价格为每平方米 8000 元，两者价格差为 23.456 万元（即 8000＊80−5068＊80），则需要缴纳的土地收益等价款为 8.2096 万元（即 23.456＊35%）。再加上购买住房的各种原始费用和成本，以及装修费用，对于投资类的消费者而言利润空间不会很大。而且，5 年的时间，存在较大的投资风险，机会成本很难计算，所以有时可能得不偿失。这样就有效地抑制了限价房的投资需求。这段资料虽然不多，却具有不可辩驳的逻辑力量。

2. 资料鉴别的方法

分析法，就是对资料进行具体、细致的分析研究，以鉴别资料真伪的方法。分析法主要是分析资料的逻辑关系，看其中是否有矛盾或不合理的地方，考查其科学性，凡资料中出现矛盾或不合理的地方，即认定为不可用资料。

核查法，就是查证、核实，以确定资料是否真实、准确的方法。由于毕业设计所取得的资料，以间接资料居多，在判断是否具有普遍性、典型性这些问题上必须查证核实。核查法主要是从资料的来源、收集人员的条件、采用的方法、收集的时间和地点去考查资料的可靠性和准确性。

比较法，就是将多方面收集来的同一类资料进行比较、核对、复查，以确定资料的正误、优劣。在比较过程中，有时会发现相关资料存在出入或矛盾，就可以判定这部分资料是可疑的，应该继续跟踪搜索同类资料，资料充足后再作判断。

4.4.2 资料的归纳与分类

在对资料进行了鉴别并做出取舍后，所得的资料还是零乱的、无序的。这时就要进行全面的归纳与分类，使其系统化、条理化。当然，这种分类不必太严密，它主要由个人的主观需求而定，一般采用观点分类法和项目分类法。

观点分类法，就是以一个观点为统领，把与这个观点相关的论点、论据、论证方法与手段等资料汇总，形成一个观点资料系列。这个方法可以对各种资料的认识和理解条理化、系统化，激发写作者对问题的积极思考，同时把零散的客观资料人为地构成一个思想体系的轮廓，便于人们在资料的纵横比较分析中，探求事物间的差异和内在联系，易于从感性认识上升为理性认识。

项目分类法，就是按照资料内容的属性分项归类。整理资料时可按选题研究进程分成几个项目，也可按资料的种类进行分类，即纵向法和横向法。

总之，分类要从写作的实际出发，其目的是为了阅读和写作的方便。

4.4.3 初步形成论点和论据

对资料进行归纳和分类不只是为了使其系统化、条理化，更重要的是在此基础上，初步形成毕业设计的论点和论据。

毕业设计的论点不是凭空臆造、主观想象出来的。不能先定论点，再找适合自己论点的资料。论点来自丰富的资料，产生于对资料深入细致的分析和研究。因此，在为自己的毕业设计确立论点时，必须利用科学的立场观点，通过逻辑思维方法，按照自己选定的题目，对累积的大量相关资料进行分析和研究，经过从感性认识到理性认识、从具体到抽象、从个别到一般、从现象到本质的认识发展过程，发掘资料的本质意义，找出其中带有规律性的东西，在此基础上提出自己的论点。

毕业设计的论点可分为中心论点和分论点。中心论点是对毕业设计选题中所研究的问题提出的总的主张、总的观点，是统领全篇内容的基本观点。一篇毕业设计中只能有一个中心论点。分论点是为了阐明中心论点，围绕着中心论点在毕业设计各个部分所提出的论点，它可以有多个。

在确定毕业设计的论点后，还要通过讲道理、摆事实来阐明论点，使别人接受该主张和观点，承认该研究成果。讲道理、摆事实就离不开论据，论据是证明论点的理由和根据，也是说明观点的资料。在毕业设计的写作过程中，常用的论据，一类是事实论据，一类是理论论据。前者以历史或现实及统计数字作为证明观点的论据，后者以自然科学理论和社会科学理论等系统科学知识作为证明观点的论据。无论是哪一类论据，都应该对它进行深入分析和研究，在全面占有资料的基础上进行选择，而后确定论据，绝不可信手拈来。

从表面上看，论点、论据的形成似乎游离于资料的整理外，其实不然。两者之间有着必然、本质的联系。整理资料并不只是简单地对资料进行分类、取舍等，其实质是通过大量资料的分析和研究，逐步明确毕业设计的论点、论据。所以说，形成论点、论据，在资料整理过程中具有十分重要的意义，是整理资料的一个目的，它直接影响到毕业设计写作的进程。

在资料整理过程中初步形成的论点、论据，可能还存在一定的问题，仍需要反复的研究，需要不断深化认识。只有这样，才可能形成新颖、正确并有意义的论点，以及确定、真实、典型、充足的论据。

4.5　毕业设计专题写作

毕业设计篇幅较长，撰写时一般先拟定提纲，再撰写初稿，最后修改定稿。

4.5.1　提纲的拟订

毕业设计提纲的编写一般要经过选题研究、构思提纲这两个步骤。

1. 选题研究

毕业设计的构思，要从研究选题入手。选题的研究要注意以下两个方面的问题。

(1) 通过对毕业设计选题的研究，要弄清楚选题的来龙去脉

一个毕业设计，总要对某个方面的问题进行较深入的探讨。要写这个问题，应当对它做一些研究，进而形成自己的体系和观点。经过认真研究，查阅有关文献、资料，翻阅相关期刊、专著，进行网络调研和实地考察后，对这一选题的历史和现状、理论和实践、发展和动态、观点和看法、建议和结论，都已经心中有数了，写作提纲也就可以逐步形成。

(2) 通过选题的研究，要激发创造性思维

毕业设计专题制作，也是一种科学研究的实践和锻炼。科学研究特别关注创新思维和创造精神。人类总是在前人已经达到的水平上前进。如果对一个选题的研究，没有任何创新和突破，只是别人劳动成果的简单重复，那就毫无意义。虽然毕业设计不可能奢求重大的理论建树或实践突破，但作为大学期间最重要的个人创作，毕业设计总该有一些个人的创造、个人的思想、个人的观点！创造精神从何而来？只能来源于对选题的深入研究。对选定的主题研究清楚了，见解和观点，就会自然萌发出来。

2. 构思提纲

写作提纲的构思，就是将零乱的思想梳理清楚、组织成篇。毕业设计提纲的梳理可以从以下两个方面入手。

（1）根据客观事物变化发展规律来构思

要做到循序渐进、有条不紊。有些人之所以面对大量的资料理不出头绪、写不成提纲，就是因为没有理清资料间的内在联系和规律，一旦摸清楚了“条理”“规律”，就能理清思路。

如台湾健行科技大学的毕业设计专题“企业供应链安全认证个案探讨”，根据对企业供应安全认证案例的分析研究的逻辑线索，从研究背景（绪论）入手，通过文献探讨、个案探讨等方面内容的客观阐述，最后提出个人的改善建议及分析结论，设计作品内容明晰、主题突出、结构严谨，同时也体现了一定的创新性和创造性，如图 4-32 所示。

《企业供应链安全认证个案探讨》写作提纲

第一章　绪论........*
- 第一节　研究背景........*
- 第二节　研究目的........*
- 第三节　研究方法........*
- 第四节　研究范围........*

第二章　文献探讨........*
- 第一节　AEO 定义........*
- 第二节　导入 AEO 过程........*
- 第三节　台湾推动 AEO 的现况........*

第三章　个案探讨........*
- 第一节　公司简介........*
- 第二节　AEO 导入过程........*
  - （一）认证程序........*
  - （二）具备 AEO 四大要素........*
  - （三）四阶文件........*
  - （四）内部稽核........*
  - （五）海关申请流程........*

第四章　改善与建议........*

第五章　结论........*

图 4-32　台湾健行科技大学毕业设计写作大纲实例

（2）根据写作意图和要表达的选题主题来构思

展开思路，构建文章，要服从写作意图，要从表现主题出发。文章的布局、前后顺序、穿插分合、开头结尾，都要有助于主题的实现。

如某大学电子商务专业毕业设计选题“天猫店铺客户转化率提升方案设计与优化——以＊＊＊专营店为例”，作者的意图是要研究“客户转化率提升的方法、策略及路径”，写作大纲就应当以此为主题来编写。而作者的大纲初稿明显没有突出这一主题，显得非常散乱，如图 4-33 所示，经过调整，进一步突出“客户转化率提升”这一主题，结构就比较严谨，如图 4-34 所示。

1.了解客户需求的方式有哪些……**
　1.1 售后评价……**
　1.2 与客服、仓库等人员的有效沟通……**
　1.3 网络或实地问卷调查（换位思考）……**
2.如何把握不同客户群体的需求差异……**
3.如何合理选品……**
　3.1 选款产品质量、利润空间、潜在价值、现有动态评分的考量……**
　3.2 把握行业类目动态，选符合时机，符合趋势的产品……**
　3.3 选款产品的关联状况、包装价值、搭配价值……**
4.产品线开发优化……**
　4.1 以点带线、以线带面，优化开发选款产品品线……**
　4.2 调整补充不足，修补漏洞……**
　4.3 打造、采购特定的新品扩充产品线……**
5.客户转化率提升实践……**
　5.1 选款——素描铅笔 8 件套……**
　5.2 了解客户需求，把握需求差异，引领客户需求……**
　5.3 新品上市，突出对比，做好内功……**
　5.4 直通车辅助推广引流，打造爆款……**
　5.5 猫客专享，顺应平台趋势，提升 APP 流量转化占比……**
　5.6 有好货，达人购模块的合理推广……**
　5.7 成效对比……**
6.总结……**

图 4-33　“天猫店铺客户转化率提升方案设计与优化”毕业设计写作大纲初稿

1.　网店现状分析……**
　1.1 远升办公专营店基本介绍……**
　1.2 接手初期所处行业排名层级……**
　1.3 店铺接手初期销售概况……**
2.　网店客户转化率提升策略分析……**
　2.1 了解客户需求并把握不同客户群体的需求差异……**
　2.2 根据客户需求与定位合理选品……**
　2.3 结合网店现有的营销工具拟定营销方案推款……**
　2.4 以品带线，以线带面优化开发产品线……**
3.　网店客户转化率提升方案实施及优化（以马利素描 8 件套为例）……**
　3.1 市场需求量分析及选品……**
　3.2 选品推广方案设计与实施……**
　3.3 选款品线优化及开发……**
　3.4 效果评估与优化（店铺 3 月运营小结）……**
4.　总结……**

图 4-34　“天猫店铺客户转化率提升方案设计与优化”毕业设计写作大纲定稿

4.5.2　初稿的撰写

在充分占有资料的基础上，经过对资料的整理、分析及加工创造，已经初步形成毕业设计的相关论点、论据。根据已经拟定的写作提纲，就可以开始初稿的写作了。毕业设计的写作，常用的方法有以下两种。

（1）按照提纲顺序撰写

一般情况下，在绪论部分提出问题，在本论部分分析问题，在结论部分解决问题。按照提纲撰写，可以一气呵成，写完初稿后，再检查、核实、补漏；也可以边写作，边思考，边修改；遇到问题，解决后再继续写下去，随着写作的深入，发现对前面的内容不满意，也可以随时纠正和修改。这样写完的初稿，初步的修改也基本完成了。

(2) 对每个模块各个击破

把毕业设计分在若干个相对独立的部分或章节，一个部分一个部分地起草，将各部分写完后，再考虑统筹和衔接，这样既能兼顾局部和细节，又可以总揽全局，让作品形成一个有机整体。

4.5.3 初稿的修改和定稿

“玉不琢，不成器”。好的作品，都是千锤百炼的结果。毕业设计的制作，是一件非常严肃的事情；毕业设计作品，是一篇具有一定学术价值的文章。一般情况下，初稿只能算是半成品，还需要反复修改、精雕细琢。

1. 修改的目的

① 提高作品质量。由于受思想认识水平和语言文字表达能力的限制，初稿在内容的结构、观点的表达、主题的突出、语言的流畅等方面，一般都会有较大的改善空间。初稿修改的主要目的，一是提炼标题，使主题更突出、观点更鲜明，二是精炼文字，使语言更流畅、表述更准确。

② 提高写作能力。毕业设计专题的制作过程，是对写作能力的集中锻炼和综合训练。写作能力的提高，除了多写、勤改，别无他法。不少人思维敏捷、能说会道，由于不重视文章的写作及修改，一旦写作起来却结构松散、语句啰唆，明显力不从心、词不达意，其成果和思想难以传播和推广，最终会极大地妨碍个人和事业的发展，非常可惜。毕业设计作品，集中体现了大学生的思想水平、见识格局及写作能力，应该成为自己大学生涯中最亮丽的一张名片。为此，一定要通过毕业设计作品的修改完善来锻炼自己、提升自己。

③ 对个人与社会负责。毕业设计作品，一般要在大学存档入库，经受时间和历史的检验，成为后人的借鉴和模板。有些优秀的作品，还可能获得公开发表和推广。这都会产生广泛而持久的社会影响。如果其中稍有差错，就可能在读者和社会上产生不良影响，也会严重影响个人声誉和形象。从这种意义上来说，毕业设计作品的修改加工，就是要最大限度地减少差错，打造个人良好品牌形象，对社会、对自己负责任。

2. 常见的问题

学生的毕业设计作品，常见的问题主要有以下几种。

① 题目不妥。有的题目过大，超出在校学生所能驾驭的范围；有的题目过小，不能准确概括作品的内容；有的题目过于陈旧，不能恰当体现作品的特色和创新，有的题目过长，不够精练。

② 观点不当。主要表现为观点平庸，缺乏创见；人云亦云，了无新意；面面俱到，空洞肤浅；主观片面，不够严谨；零星散乱，缺乏逻辑等。

③ 佐证乏力。主要表现为有理无据，缺少佐证；论据不足，牵强附会；资料失实，不能自圆其说；没有论据，妄下结论等。

④ 语言不精。主要表现为用词不当，不够准确；话语冗长，不够简练；语句空洞，缺乏内涵；语意含混，层次失当；逻辑混乱，缺乏条理等。

⑤ 格式失当。主要表现为标题的层次、序号及标点的使用不规范；引文和加注不规范等。

针对毕业设计作品中存在的问题的性质和多少，修改工作可以分为大改和小改。大改就是发现论文观点不够完善、行文结构不够严谨、资料证据不够充分或过于累赘，这些方面的修改涉及文全局，需要“动大手术”。小改则是在初稿论点、框架结构基本不变的情况下，针对个别词句、个别资料、段落的起承转合及注释上进行修缮与更正。

3. 修改的范围

① 修正论点。论点是毕业设计作品的核心思想，是从资料的研究和剖析中提炼出来的核心观点，是作者对所研究主题的重要判断。有些论点，在写作之初可能并不十分明确，随着写作过程中对资料发掘的不断深入，一些以前在构思阶段不曾想过的新问题、新思想会不断涌现，可能会补充、完善、调整甚至冲击原有的写作构想。这些新见解、新观点，可能难以形成完整的总论点、总构想，那就有必要重新整理思路，从庞杂的观点中重新提炼出一个更具概括性的总论点，并对各个小论点、分论点进行调整、修改或删除。论点错误的，要更正；论点片面的，要补充；论点模糊的，要明确；论点芜杂的，要删减；论点肤浅的，要深化；论点陈旧的，要更新。最后实现论点的严谨、明确和统一。

② 调整结构。首先要看结构是否完整，标题、摘要、前言、绪论、本论、结论、注释及参考文献是否齐全。其次检查正文部分层次、段落是否围绕中心论点展开，层次间逻辑是否严密，各部分过渡、衔接是否得当等。总之，结构调整要从大处着眼，抓主要矛盾，使全篇结构严谨、完整统一、首尾呼应。

③ 增删资料。资料是论点的来源，也是论点成立的基础。资料与论点要力求和谐统一。修改资料，要先查阅资料是否真实、可信、准确；再根据论点的要求进行增删。资料单薄，要充实加强；资料杂乱，要删减序化；资料陈旧平淡，要更新替换。

④ 锤炼语句。毕业设计作为习作性的学术文章，要求用词准确、语法严密。在语句的修改上要斟字酌句、力求精准。首先对字词要选择推敲，杜绝错别字，选用更精准备的词语。其次要重视对句段的修改，语法关系复杂的长句，要尽量修改得简短有力，长句与短句要搭配使用，句与句之间的逻辑关系一定要顺畅，做到表述清楚、语意明确、说服力强。

4. 作品定稿

定稿就是对毕业设计作品进行最后的修改，对内容、格式及文字表述进行最后定夺，将“半成品”加工成“成品”。当然，以后根据作品发表或成果推广的需要，还可以进行相应的调整。定稿的制作主要包括以下几个方面。

① 设计作品标题。

② 编制作品目录。使人粗略浏览就能了解到大致内容。目录要标明页码，以方便阅读。

③ 撰写内容摘要。摘要是将作品的主要观点提炼出来，要让作品的特色亮点、成果创新一目了然。

④ 敲定正文内容。

⑤ 列出参考文献。

⑥ 撰写致谢话语。

第5章

毕业设计写作规范

高职商科毕业设计既是对学生专业技能的一次全面评价，也是对学生实务能力的一次综合训练，学生在撰写毕业设计时只有遵循行文规范，掌握科学研究的方法，才能为走上工作岗位后撰写类似方案或研究报告打下坚实的基础。

5.1 毕业设计的主要框架

毕业设计一般由前置部分、主体部分和后置部分三个部分组成。前置部分一般由封面、摘要、关键词和目录组成，主体部分由引言、正文和结论组成，后置部分由参考文献、致谢和附录组成，如图5-1所示。

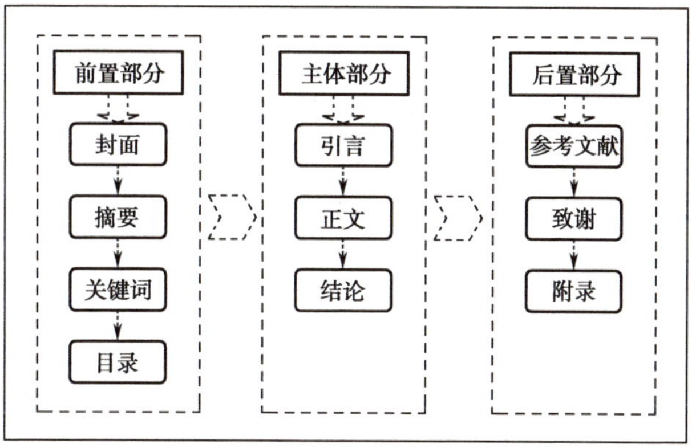

图5-1　毕业设计作品的主要框架

5.1.1 毕业设计的前置部分

1. 封面

封面是毕业设计的门面，呈现毕业设计文本的关键信息，具体应体现四个方面内容。

- 标题：标题又称题目，是以最恰当、最简明的词语反映毕业设计中最核心的内容，应简短明了、一目了然，以体现毕业设计的专业范畴和设计的内容，标题的字数一般不超过 20 个字。
- 类型：标明毕业设计的类别，高职学生的毕业设计一般分产品设计、工艺设计、方案设计等类别，商科专业学生以方案设计类为主。
- 署名：标明毕业设计学生姓名及指导教师姓名。
- 专业：标明毕业设计作者主修专业名称。

毕业设计封面一般由学校统一样式，作者应按学校具体要求，将封面上的有关信息填写准确、完整、清晰，如图 5-2 所示。

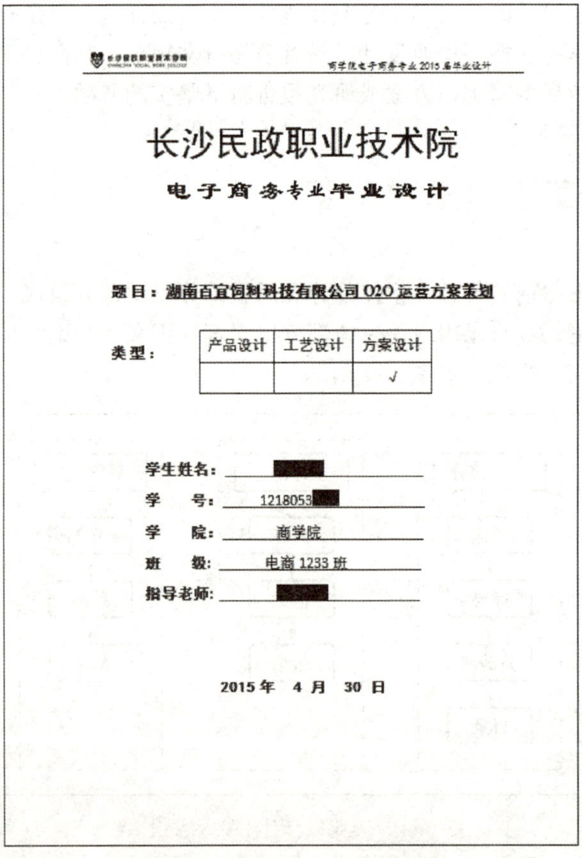

商学院电子商务专业2015届毕业设计

长沙民政职业技术院

电子商务专业毕业设计

题目：湖南百宜饲料科技有限公司 O2O 运营方案策划

类型：

产品设计	工艺设计	方案设计
		√

学生姓名：[redacted]

学　　号：1218053[redacted]

学　　院：商学院

班　　级：电商 1233 班

指导老师：[redacted]

2015 年　4 月　30 日

图 5-2　毕业设计作品封面样例

2. 摘要

摘要是毕业设计不加注释和评论的简短陈述，是毕业设计基本思想的缩影，应以第三人称陈述。摘要具有短、精、完整、不加评论四个特点，其内容一般应说明毕业设计的工作目的、研究思路、设计过程和最终结论等，重点是结果和结论。

摘要虽短，内容却十分重要。阅读毕业设计的人，一般先看摘要，由此了解本篇毕业设计的范围，对所阐述的问题有明确的认知。好的摘要往往能引人入胜，激发读者阅读全文的欲望。同时，摘要也可以独立使用，当它被索引刊物或论文摘要收录后，读者即使不读正文也能知其大概。

摘要中一般不用图、表，也不采用非公用的符号、术语和非法定的计量单位。摘要页置于中文题名后，中文摘要一般为 300 字左右汉字，摘要应包括关键词。

摘要的写作应精炼、扼要，一般在毕业设计完成后编写摘要，一篇几百字的摘要要反复修改几遍，方才能反映出毕业设计的核心内容及观点、结论。在写作摘要时需注意以下几点：

①用简练、概括的书面语进行表达，摘要内容不能展开说明。

②客观陈述，不加主观评论。

③侧重成果概括及创新点提炼，以引发读者的兴趣，或加深读者的印象。

④避免与前言部分雷同。

如“酒店微信公众号运营现状及优化”毕业设计作品中的摘要表述如下。

在新型社交媒体日渐普及的今天，酒店如何契合大众新需求，采用专业的营销管理手段，在微信公众平台上，形成有特色的微信营销方式，推广其产品与服务，这是业界面临的一个重要问题。本毕业设计在查阅酒店营销模式与微信营销相关理论的基础上，就酒店微信公众号进行了抽样调查，选取了 150 多家酒店微信公众号作为样本，分析了酒店微信公众号运营现状，并就酒店微信营销中存在的问题进行了深入剖析，在此基础上提出酒店公众号运营优化的策略与建议。

3. 关键词

关键词是表述全文主题内容信息的单词或术语，一般选取 3~6 个词作为关键词，关键词位于摘要下方，另起一行，左对齐。关键词间用分号分隔，最后一个词后不用标点符号，如有可能，尽量用《汉语主题词表》等提供的规范词。

如“湖南百宜饲料科技有限公司 O2O 运营方案策划”毕业设计作品中摘要及关键词表述如下。

摘要：随着互联网的高歌猛进、随着物流行业的发展、随着年轻一代越来越多地参与到终端客户市场，“饲料”和“电商”这两个词被越来越多地提起来。湖南百宜饲料科技有限公司意识到电子商务的重要性，想通过互联网先线上展示后线下交易的方式来打造一种新型的营销模式。本方案依据饲料行业的发展特点、趋势及湖南百宜公司现状，创新营销模式，完整地设计出了湖南百宜饲料 O2O 电子商务发展策略。通过这种新型的营销模式实现降低成本、还利养殖户，最终实现提升公司业绩的目的。

关键词：饲料；O2O；运营；电子商务

4. 目录

目录作为毕业设计的提纲，是毕业设计各组成部分的小标题，文字应简明、扼要。目录一般按毕业设计的章（一级标题）、节（二级标题）、小节（三级标题）编写，在排版时，目录需另起一页排在摘要页后，由毕业设计的章（一级标题）、节（二级标题）、小节（三级标题）、参考文献、致谢、附录等的序号、标题名称和页码组成，以“……”连接标题名称与页码。如“湖南百宜饲料科技有限公司 O2O 运营方案策划”毕业设计作品的目录部分，如图 5-3 所示。

长沙民政职业技术学院 CHANGSHA SOCIAL WORK COLLEGE　　商学院电子商务专业 2015 届毕业设计

目　录

图 5-3　毕业设计目录格式样例

5.1.2 毕业设计的主体部分

毕业设计的主体部分即正文，撰写形式因毕业设计所针对的专业领域不同而有所差异，一般由引言、正文及结论等部分组成，正文字数应在 5000 字左右。此外，有的毕业设计还有一个结束语部分。

1. 引言

引言又称绪论、前言或概述，是写在毕业设计前面类似序言或导言作用的作为毕业设计的概述，提出文中要研究的问题，引导读者阅读和理解全文。引言作为毕业设计的开端，以简短的篇幅，介绍毕业设计的写作背景、目的、缘起、提出研究要求的现实情况及相关领域前人所做工作和研究的概况，说明本人聚焦的领域与前人所做工作的关系，研究热点、存在的问题及探索的工作意义，从而引出主题引导读者。

引言是为论文的写作立题，其目的是引出下文，在毕业设计引言写作时，可以从以下四个方面加以注意。

① 说明毕业设计的主题、范围及目的。

② 说明本毕业设计探究的起因、背景及相关领域理论基础或现有状况及未解决的问题。

③ 预期的结果或探索的意义。

④ 引言一般不分段，长短视毕业设计内容而定。

如“企业仓储管理问题与对策分析——以＊＊＊快运公司＊＊配件仓库为例”毕业设计的引言表述如下。

仓储管理是对仓库或仓库中储存的物资进行管理，是仓储单位为了充分利用仓储资源、提供高效的仓储服务所进行的计划、组织、控制和协调。仓储管理在物流管理中占据着核心的地位，是现代物流中不可缺少的重要环节，能对货物进入下一个环节前的质量起保证作用，是加快商品流通、节约流通费用的重要手段。合理的仓储管理将全方位地提升企业竞争力，降低生产成本，提高资源效率，推动企业发展。物流企业应如何加强仓储管理？本毕业设计以＊＊＊快运公司＊＊配件仓库为例进行阐述，通过找准＊＊＊快运公司＊＊配件仓库仓储管理中暴露的问题，有针对性地提出改进方案，以适应物流行业的高效率、低成本的要求，优化配置仓储资源，有效提高＊＊＊快运公司＊＊配件仓库竞争实力。

2. 正文

正文是毕业设计的主体，是毕业设计的核心部分，占据主要篇幅。在正文部分，学生要运用各种实证探究方法，分析问题、论证观点，反映自己的专业学识、技术技能，以及分析问题、解决问题的能力。

正文部分的写作应条理清晰、层次分明、推导正确、结论可靠；毕业设计方案必须实事求是、客观真切、准确完备、合乎逻辑、层次分明、简练可读。本论部分一般包括问题的提出、解决方案的论证、核心设计及论述等内容。

（1）选题的提出

任何一项研究或开发都有其专业基础，问题的提出主要阐述该研究的专业背景及在相应专业领域中的发展进程和未来可能发生的变化，尤其是近年来的发展趋势和最新成果。通过与国内外本专业领域研究成果的比较和评论，说明自己所聚焦的选题符合当前研究方向并有所创新，能解决行业、企业在某一领域或特定岗位及业务环节中的问题，并提出流程优化或技术更新等方案，目的是使读者进一步了解选题的意义。

(2) 解决方案的论证

在明确所需解决的问题，并对相关文献进行评述后，自然要提出自己解决问题的思路和方案，写作时应把握好两个关键点：一要通过比较，显示自己方案的价值所在，二要让读者了解方案的创新之处。

(3) 核心设计与论述

前面两个部分的篇幅一般较短，而接下来的核心设计或论证的篇幅相对较长。在这个部分，要对毕业设计的研究内容，包括理论分析、总体设计、核心观点、实现手段等进行详细论述，要做到脉络清晰、有理有据，为毕业设计的结论奠定基础。

3. 结论

结论是毕业设计的最后总结，是全文的思想精髓和文章价值的体现，表达设计者对所探究选题的见解和主张。设计者可以对自己的工作做出客观评价，也可以对毕业设计过程中涉及的重要问题做出讨论或进行展望。阐述时要实事求是、简单明了，篇幅不宜过长。

结论的撰写一般应注意以下三个方面。

① 高度概括说明解决了什么问题、建立了什么方法、发现了什么规律、有何创新等。

② 指出毕业设计作品的实用价值或应用前景，对本方案的创新性、创造性做出简要的评价。

③ 指明本方案的不足之处或未予解决的问题，以及解决这些问题的可能关键点和方向。

5.1.3 毕业设计的后置部分

毕业设计的后置部分包括参考文献、致谢和附录三个部分。一份完整的毕业设计方案，不仅离不开这三个部分，而且必须符合学术文体的撰写规范，此处特别考验毕业设计者能否严格遵守规范性、严谨性的原则。

1. 参考文献

参考文献是毕业设计不可缺少的组成部分，它反映毕业设计的取材来源、资料的广博程度及资料的可靠程度。在毕业设计文案中所引用的观点、方法，应在正文中进行标注，并将参考文献另起一页，各篇文献按正文中标注的序号依次列出。所列出的文献，应当是设计者亲自阅读或引用的正式发表的文献资料，不能转录他人论文后面列出的参考文献。一般要参阅 10 篇及以上文献资料，设计者才能创作一篇有一定质量保障的毕业设计作品。

(1) 参考文献的类型及标志

参考文献著录格式根据《中华人民共和国国家标准 GB/T 7714-2005》的规定，以单字母方式标志各类参考文献类型，如表 5-1 所示。

表 5-1　参考文献类型标志

类型	论文集会议录	学位论文	期刊	汇编	专著教材	报纸	报告	标准	专利	参考工具
文献标志	C	D	J	G	M	N	R	S	P	K

对于当今信息资源越来越丰富的互联网，很多直接从网上引用的电子公告、数据库、计算机程序等电子类文献的参考文献，一般以双字母作为文献类型标志，如表 5-2 所示。

表 5-2　电子参考文献类型标志

类型	电子公告	计算机程序	数据库
电子文献标志	EB/OL	CP	DB

(2) 参考文献的格式及书写规则

① 期刊文献

[序号] 作者 . 论文题名 [J] . 刊物名，出版年份，卷号（期号）：论文在刊物中的起始页码-终止页码 .

例：[1] 高曙明 . 自动特征识别技术综述 [J] . 计算机学报，1988，21（3）：281-288.

② 专著（教材）文献

[序号] 作者 . 书名 [M] . 版本项 . 出版地：出版社，出版年：起始页码-终止页码 .（注：如版本是第一版的不用标注）

例：[4] 方玲玉 . 客户服务与管理——项目教程 [M] . 第二版 . 北京：电子工业出版社，2014：102-110.

③ 学位论文文献

[序号] 作者 . 论文题名 [D] . 保存地：保存单位，年份 .

例：[3] 张和生 . 地质力学系统理论 [D] . 太原：太原理工大学，1998.

④ 新闻报纸文献

[序号] 作者 . 文章题名 [N] . 报刊名，出版日期（版次）.

例：[6] 谢希德 . 创造学习的新思路 [N] . 人民日报，1998-12-25（10）.

⑤ 报告类文献

[序号] 作者 . 报告题名 [R] . 报告地：报告会主办单位，年份：起始页码-终止页码 .

例：[10] 冯西桥 . 高等教育管理的决策分析 [R] . 长沙：中南大学高等教育研究所，2002：8-11.

⑥ 国际、国家标准文献

[序号] 标准代号 . 标准名称 [S] . 出版地：出版者，出版年：起始页码-终止页码 .

例：[1] GB/T 16159-1996. 汉语拼音正词法基本规则 [S] . 北京：中国标准出

版社，1996：41-45.

⑦ 电子文献

[序号] 作者 . 电子文献题名 [EB/OL] . 电子文献出处或可获得地址，发表或更新日期 .

例：[21] 姚伯元 . 毕业设计（论文）规范化管理与培养学生综合素质 [EB/OL]：中国高等教育网教学研究，2005-2-2.

⑧ 各种未定类型的文献

[序号] 主要责任者 . 文献题名 [Z] . 出版地：出版者，出版年：起始页码-终止页码 .

例：[12] 张永禄 . 唐代长安词典 [Z] . 西安：陕西人民出版社，1980：10-15.

以上各类参考文献，如果作者有多位的，只写到第三位，其后作者写“等”，英文作者超过 3 人写“et al”（正体）。

2. 致谢

毕业设计是在指导教师及企业导师的指导下完成的，在毕业设计的撰写过程中可能同其他人有合作关系，或者在资料搜集、调查统计、实证探究中得到有关单位专家、老师、朋友、同学的帮助，在毕业设计结束时应表达感谢之情。用词应平实诚恳，切忌溢美浮夸。这不仅是一种礼貌，也是对他人劳动成果的尊重，更能体现诚信实务的专业品质。

下面是一位学生作品的致谢，仅供参考。

致　谢

历时 4 个月的毕业设计成为我大学生涯最难忘、最有价值的一段时光。首先我要感谢 XXX 老师，我的毕业设计作品离不开他的精心指导，从选题指导、执行方案的拟订、毕业设计的架构、修改，一直到最终定稿，倾注了 XXX 老师的大量心血。在顶岗实习期间，我要感谢我的企业导师 XXX 先生，在设计方案的日趋完善中给我很多启发，在他的指点下，我的毕业设计作品质量更高。我还要感谢 XXX 老师……

毕业设计的顺利完成，离不开各位老师的关心和同学们的协助，在此表示诚挚的感谢！

3. 附录

对于一些不宜放入正文、但作为毕业设计又不可缺少的组成部分或有主要参考价值的内容，可编入毕业设计的附录中，例如，所设计的调查问卷、自编的网页源代码、相关附表（图纸）及其他与毕业设计相关的有关资料等。

附录依次排列顺序为附录 A、附录 B 等。附录中的图标公式另行编排序号，与正文分开。

5.2 毕业设计的文本格式

为了使毕业设计规范统一，几乎所有学校对毕业设计文本都做了明确、具体的要求，设计者应按照具体要求和模板进行格式的调整，使毕业设计作品规范、得体、美观。

5.2.1 页面设置

毕业设计采用 A4 纸张（21cm×29.7cm），页边距上下均为 2cm，左为 3cm，右为 2cm。页码置于页底边，居中，如图 5-4 所示。毕业设计文案一般单面打印。

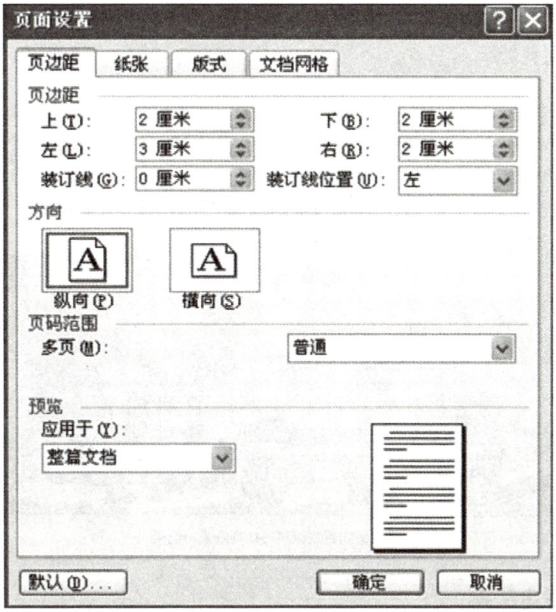

图 5-4 毕业设计正文页面设置格式

5.2.2 间距设置

段前、段后均为 0 行，行距为 21 磅，一级标题上下均空一行，二、三级标题上空一行。中文摘要及关键词、毕业设计主体部分均需另页起。

5.2.3 页眉及页码设置

毕业设计各页均设置页眉，采用宋体五号，内容为“XXX 学院 XXX 专业 XX 届毕业设计”，为了简约、美观，可以在页眉中设置学校标志、标准字。

页码从绪论（引言）开始按阿拉伯数字连续编排，摘要、目录等前置部分单独编排无需页码。页码设置在正文页底，居中，一般使用第 X 页，共 X 页的格式。如图 5-5 所示。

长沙民政职业技术学院 CHANGSHA SOCIAL WORK COLLEGE　　商学院电子商务专业 2015 届毕业设计

一、湖南百宜饲料科技有限公司简介

（一）公司概况

1、公司概况

湖南百宜（www.baiyifeed.com）成立于 2001 年，是以饲料研发与产销服务、农牧电子商务服务、种猪养殖等为主要业务的农业产业化集团，2013 年产值达到 7 亿元。湖南百宜饲料科技有限公司是国家级高新技术企业、湖南省著名商标、湖南省农业产业化龙头企业，公司总部位于湖南省浏阳市永安镇制造产业园，紧邻黄花机场，距长沙星沙城区 20 公里。

图 1 湖南百宜饲料科技有限公司全景

2、主营业务

湖南百宜饲料科技有限公司旗下法人独资公司，百宜公司以生产产、供应、销售猪饲料为主营业务。的致力于农村电子商务的推广与发展。2014 年成立的湖南百宜云商科技有限公司为湖南百宜饲料科技有限公司旗下法人独资公司，以百宜云系列猪饲料产品的互联网推广销售为主营业务。目前湖南百宜云商科技已建设好了百宜饲料阿里巴巴批发商城（http://baiyifeed.1688.com）、百宜饲料淘宝商城（http://baiyifeed.taobao.com）、百宜饲料天猫旗舰店（http://baiyicwyp.tmall.com）及百宜饲料微信商城（微信公众号：百宜饲料）等多家网络店铺，是国内首批运用互联网推广销售饲料产品的企业，在全国饲料电商界享有盛誉，百宜云系列产品得到广大消费者的赞誉，是网络知名产品。

第 1 页 共 26 页

图 5-5 毕业设计页眉及页码设置

5.2.4 字体设置

在毕业设计文案中不同的结构部分，对字体的设置不同。

1. 中文摘要格式设置

中文摘要及关键词在前置部分中应单起一页，具体格式要求如下：

摘要标题："摘要"两个字中间空两个字符，黑体四号、居中；

摘要正文：段落首行缩进两个字符，宋体小四号，内容在 300 字左右。

关键词：3~6 个，中间用分号分开，宋体小四号，加粗。

2. 目录格式设置

（1）目录的基本格式

目录标题："目录"两字中间空两个字符，黑体三号、居中；

目录内容：内容包含正文一、二、三级标题、参考文献标题、致谢标题、附件标题，第一层标题宋体四号，第二、三层标题宋体小四号，要求页码正确无误并对齐，目录一般控制在 1 页为宜，为了排版美观起见，建议适当调整行距。

（2）目录的生成办法

第一步，设置标题格式。选中文章中的所有一级标题，在格式菜单"样式与格式"列表中点击"标题 1"，仿此步骤将二、三级标题的格式设置为"标题 2""标题 3"。

第二步，自动生成目录。把光标定位到"目录"二字下的第二行左侧（目录二字下空一行），执行菜单命令"插入——引用——索引和目录"，打开"索引和目录"对话框，在对话框中单击"目录"选项卡，进行相关设置后，单击"确定"按钮，文章的目录自动生成。

第三步，目录格式调整。在目录区域点击鼠标左键，此时出现灰色标记，再点击鼠标右键，选择"段落"，在选项卡中可对目录行距进行调整。

（3）目录的更新办法

当毕业设计正文因修改导致标题内容或页码有变化时，在目录页中点击鼠标右键，选择"更新域…"，在弹出窗口中选择"更新整个目录"，确定后即可自动生成新目录。更新后如不符合行间距格式，可按照上述目录生成办法的第三步操作，进行手动设置。如果只需更新页码，在目录区域单击鼠标右键，选择"更新域"中"只更新页码"，执行操作后将自动更新页码。

3. 正文格式设置

正文中标题字体设置如表 5-3 所示。

表 5-3 标题设置

标题级别	层次代号	字体
一级标题	1.	顶格，小三号，黑体
二级标题	1.1	顶格，四号，黑体
三级标题	1.1.1	顶格，四号，楷体

正文首行缩进 2 个字符，内容均为宋体小四号，一级标题上下均空一行，二、三级标题上空一行。

4. 参考文献格式设置

参考文献须另页，参考文献标题为黑体四号、居中设置；参考文献按正文中标注的序号依次列出，一般是顶格书写，字体设置为宋体五号。文献的书写格式严格参照前面的范式，此处不再赘述。

5. 致谢格式设置

“致谢”中间空 2 个字符，黑体四号、居中。致谢内容首行缩进 2 个字符，宋体小四号，书写内容可参照前面的范式。

5.2.5 图表设置

1. 图的格式

① 图的标题包括图序和图名，正文中所有图必须列明标题，并通篇统一编号，如图 1、图 2；如果全文篇幅较长可按章编制，如图 1-1、图 1-2 或图 1. 1、图 1. 2。

② 图序应在正文中先引出，以先见文字说明后见图为原则布置图在文中的位置，如正文中提及“见图 1”或“如图 1 所示”，随后配置该图，图文要相符。

③ 图序、图名位于图的正下方位置，标题与图要放在同一页内，不能跨接两页。

④ 图序、图名常用宋体小五号字体，图注常用宋体六号字体。

2. 表的格式

① 表的标题包括表序和表名，正文中所有表必须列明标题，并通篇统一编号，如表 1、表 2；如果全文篇幅较长可按章编制，如表 1-1、表 1-2 或表 1. 1、表 1. 2。

② 表序应在正文中先引出，以先见文字说明后见表为原则布置表在文中的位置，如正文中提及“见表 1”或“如表 1 所示”，随后配置该表，表文要相符。

③ 表序、表名通常位于表的正上方位置，如果表格较长出现跨页，跨页的表格要保留表头，并在右上角注明“续表”。

④ 表内数字，有单位的须注明单位。

⑤ 表序、表名常用宋体小五号字体，表内文字常用宋体六号字体，表注常用宋体小五号字体。

常用表格主要有两种形式，三线表和密封表，如表 5-4 和表 5-5 所示。

表 5-4　三线表

x/cm	I/mA	v/（m · s^{-1}）	h/m	p/MPa
10	30	2. 5	4	110
12	34	3. 0	5	111

表 5-5　密封表

x/cm	I/mA	v/（$m \cdot s^{-1}$）	h/m	p/MPa
10	30	2.5	4	110
12	34	3.0	5	111

5.3　毕业设计装订要求

5.3.1　毕业设计的装订顺序

封面：采用学校统一格式，注意封面各项信息要填写完整，注意对齐，正式定稿后的毕业设计封面一般使用白色铜版纸。

摘要：中文摘要和关键词单独一页。

目录：单独成页，建议一页为宜，可根据页面饱满度自行调整行距，力求美观、得体。

毕业设计正文：按前面有关毕业设计文本格式要求进行排版。

参考文献：单独一页。

致谢：单独一页。

附录(可选)。

5.3.2　毕业设计打印规范

毕业设计文本一律采用 A4 纸张输出，文稿审核无误后进行胶装。

第 6 章

毕业设计成果总结

毕业设计耗时数月才完成定稿，接下来的成果总结也十分关键。成果总结，就是要对毕业设计全过程进行及时、深刻、系统而全面的总结，具体包括成果报告书的撰写、答辩 PPT 的展示、毕业设计成果空间展示及与答辩相关的所有工作。

6.1 毕业设计答辩流程

毕业设计答辩流程通常由提交相关纸质资料、拷贝和调试答辩 PPT、上台汇报、提问与解答、评定成绩等环节构成。

6.1.1 学院组建答辩小组

毕业答辩时间、地点及答辩小组的人员由二级学院（系部）统一安排，专业教研室负责，以专业为单位分开答辩。根据参与毕业答辩人数的多少，学院安排 3 ~ 5 名专业教师组成答辩评审小组（最少 3 人），指定组长 1 名。答辩小组的职责是：提早调试电脑及投影设备、设计答辩流程、安排答辩顺序、签署答辩意见、评定答辩分数等。

6.1.2 学生提交纸质资料

在答辩前，学生需要按照学校的要求，提交纸质资料，包括：毕业设计作品、成果报告书、毕业实习鉴定表（要求实习单位盖章）、就业协议（已就业的同学，由就业单位盖章)、毕业生反馈信息表（各学校不完全相同，主要是针对本专业开设课程体系、毕业生在实习单位的表现、人才需求情况填写的意见、建议和跟踪反馈信息，以促进专业的改进为目的)、毕业答辩评定表中由学生填写的部分等。

6.1.3　拷贝和调试答辩 PPT

答辩 PPT 是重要的专业资料，需要长期保存，因此在答辩前要将答辩 PPT 拷贝到指定电脑规定的文件夹中，并确认可以正常播放。

在学生拷贝 PPT 时，答辩小组应翻看学生提交的纸质资料，特别是毕业设计作品，初步了解选题内容，做到心中有数，以便提问时能够有的放矢。

6.1.4　上台汇报及答辩

以学生个人或项目团队为单位，根据 PPT 汇报提纲，学生上台逐项讲解毕业设计作品的基本内容，陈述汇报时长一般为 5~10 分钟。如果是团队完成的项目，则成员都要上台，由小组长介绍成员及其分工情况，然后各个成员向答辩小组汇报自己所做的工作和主要收获。也可由小组长代表全体成员讲解毕业设计过程，但回答老师的提问时，可以由其他成员负责解释。

由于答辩时间有限，汇报过程不必面面俱到，而应该分配好时间，按照提出问题——分析问题——设计方案——解决问题的逻辑顺序，重点讲清楚“要解决一个什么问题”“是怎么做的”“结果怎么样”三个问题，这是毕业设计过程的关键，也是老师最关心的问题，还是评定成绩的重要依据。

6.1.5　教师提问与学生解答

学生汇报完，答辩小组的老师会根据学生提交的毕业设计作品、成果总结报告、汇报 PPT 内容陈述等进行提问，通常是 2~5 个问题，让学生回答。一般老师会指定最合适的人来解答。回答问题时，语言要精练，解释要清楚，不宜过分展开。常见的问题有以下几种：

你们为什么要选择做这个项目？

这个项目的难点是什么？你是怎么解决的？

你做的方案跟别人相比，有什么不同？

你觉得这个项目还存在什么不足？

你们的项目实际应用效果怎么样？

项目做完后，你有什么收获？

……

6.1.6 毕业设计成绩评定

学生答辩完成后，答辩小组根据作品质量、汇报过程、答辩情况、实习情况及网络展示情况，经集体讨论后综合评定每名学生的成绩，书写答辩意见，并全体签名确认。

目前大部分学校都是采用等级制进行成绩评定的，一般有优秀（有比率限制）、良好、合格、不合格四个等级，每个项目小组的成员成绩可以不一样。未参加答辩者、未实习者、资料不全者、一无所知者、违反实习单位纪律造成不良后果者，可以评定为不合格。

6.2 毕业设计评价标准

在撰写成果报告书前，有必要了解毕业设计的评价标准。毕业设计，是牵涉到学校、专业及学生多方面主体的全局性、系统性工作，这里主要从对学生的评价出发，探讨商科专业毕业设计作品的评价标准。对学生作品的评价，一般从设计任务、设计实施、作品质量三个方面来开展。

6.2.1 设计任务的评价

对设计任务的评价，主要从专业性、实践性、工作量三方面进行。

1. 专业性

毕业设计选题必须符合本专业培养目标；设计任务能够集中体现商科专业学生进行市场分析、信息检索、方案设计、资源利用、专题制作、创新创意及团队协作等专业素养及能力培养要求，有助于培养学生综合运用所学专业知识和专业技能，创造性解决专业领域实际问题的能力。

2. 实践性

毕业设计选题应贴近行业、企业、市场实际，或是来源于业务现场的真实项目；项目的选取具有一定的综合性和典型性，代表行业领域的主流需求。

3. 工作量

毕业设计，毕竟是在校学生的作品，设计项目难易程度要适当，完成设计作品的时长应符合本专业特点。另外，同一选题，每年最多不超过 3 名学生同时使用，每位学生尽量独立完成 1 个设计项目。

6.2.2 设计实施的评价

对毕业设计实施过程的评价，主要从可行性、完整性、可靠性三方面进行。

1. 可行性

毕业设计方案完整、规范，科学规划设计任务的实施，能确保项目顺利完成；毕业设计的技术原理、理论依据和技术规范选择合理。

2. 完整性

设计项目启动、设计任务规划、资料查阅、设计方案拟定、设计方案修订、设计成果成型等基本过程及其过程性结论记录完整。

3. 可靠性

毕业设计的技术标准运用正确，分析、推导逻辑性强；有关参数计算准确，中间数据翔实、充分、明确、合理；引用的参考资料、参考方案等来源可靠。

6.2.3 作品质量的评价

对毕业设计作品质量的评价，主要从科学性、规范性和完整性、实用性三方面进行。

1. 科学性

毕业设计作品充分应用了本专业新知识、新技术、新理念、新方法，是对三年所学专业知识的综合运用，符合人才培养方案中就业岗位的技能要求，同时要素完备，表达准确。

2. 规范性和完整性

毕业设计作品完整体现任务书的规定要求。毕业设计作品相关表述符合行业标准的要求，成果报告书全面总结毕业设计的过程、收获、作品特点等。

3. 实用性

毕业设计作品是在大量阅读前人文献的基础上，针对具体问题而设计的创造性解决方案，因此作品要有一定的创意，有创新、有突破，可以有效解决企业市场或现实生活中的实际问题，具有较强的社会价值和实践价值。

明确了毕业设计的评价标准后，对成果报告书的撰写，就可以做到有的放矢。

6.3 成果报告书的撰写

毕业设计成果报告书，属于科技成果报告的一种。科技成果报告格式有行文式或表格式两种，它们均有统一规范，报告者可按一定格式，逐项填写。

毕业设计成果的总结，要根据毕业设计评价标准，抓住关键环节来进行。毕业设计成果报告书，一般采用表格形式，其目的是帮助除作品完成人外的读者，能更好地了解毕业设计的主要内容及特点，这也是评价毕业设计作品质量的重要依据。

一份完整的成果总结报告，除作者及作品基本信息外，一般还包括毕业设计实施过程、作品特色与亮点、作品社会价值及主要用途、作者收获及体会等总结性内容，如图 6-1 所示。

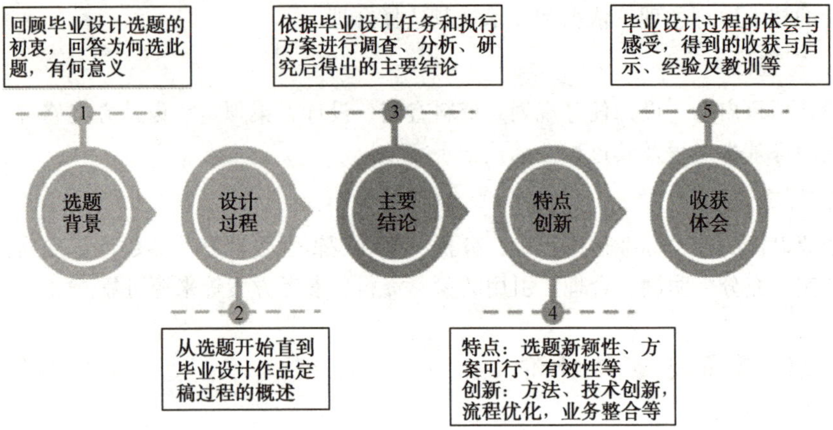

图 6-1　毕业设计成果报告书内容框架

6.3.1　设计过程总结

在组织“毕业设计过程”文字描述时，依据毕业设计执行方案中拟解决的关键问题与毕业设计的技术路线，对查阅文献资料、开展调查研究，处理数据及统计分析到运用专业技能解决问题，形成阶段性的成果，得出初步结论，直至完成毕业设计定稿的全过程进行简要介绍，篇幅控制在 300 字左右。对设计过程和总结要有一定的概括性，力求文字简练，语言平实、逻辑清晰，特别是文献搜集、资料查阅、实证调研、信息筛选、方案研讨与修改次数等进行如实描述，并尽可能用具体数据说明，以增强毕业设计过程性工作的真实性和说服力。如“湖南百宜饲料科技有限公司 O2O 运营方案策划”选题，对毕业设计实施过程总结如下：

本项目在×××老师指导下，前期在学校与百宜饲料罗总等负责人进行了两次洽谈，然后对公司总部及分销网点进行了两轮现场考察，之后本人在百宜公司顶岗实习半年。在此期间，本人进一步对饲料行业现况及公司实际需求进行了深入剖析。在公司各方的协助下，初步制定并实施了公司的 O2O 电子商务运营方案，经过半年的在线推广及持续优化，取得了显著的经营成效，得到了公司各方的高度评价。本人也由此正式入职，并担任公司 O2O 运营主管一职。

6.3.2　作品特点总结

毕业设计作品的特色及创新是毕业设计成果总结的核心部分，是衡量毕业设计质量高低的关键点。因此，对作品特色和亮点的提炼，要画龙点睛、直击核心，能让人印象深刻、过目难忘，也便于他人对你的毕业设计工作有一个公正客观的评价。如

"湖南百宜饲料科技有限公司 O2O 运营方案策划"选题，对毕业设计方案特色亮点总结如下：

本方案通过竞争对手及目标客户的深入剖析，结合农牧电商现状及特定目标客户互联网使用习惯，在实地调查与现场考察的基础上，创新地设计了"线上产品展示推广+线下各地设立农村信息服务站"的农牧电商 O2O 模式。该方案较好地把目前新兴的 O2O 电商策略运用到饲料加工经销企业的经营管理实践，取得了显著成效，推动了行业发展。

6.3.3　价值及用途总结

总结毕业设计任务和执行方案，进行调查、分析、研究后得出主要结论，或者对毕业设计方案运行实施产生的成效，带来的社会价值及主要用途等方面进行总结。如"湖南百宜饲料科技有限公司 O2O 运营方案策划"毕业设计选题，对项目成果成效结如下：

本方案创新地设计出了湖南百宜饲料科技有限公司 O2O 电子商务发展方案。在该 O2O 模式中，湖南百宜公司通过阿里巴巴、淘宝、微信店等网络平台，线上展示其网上销售的饲料，在全国各地线下设立农村信息服务站，由农村信息服务站引导周围的养殖户进行代购，这种模式较好地把目前新兴的 O2O 电商策略运用到具体的农牧行业中，适用了农牧电商现阶段的特点。截至 2015 年 6 月，湖南百宜饲料已在全国建设好了 150 多家农村信息服务站，通过网络电商平台结合线下服务站，年销售饲料近千万吨。

6.3.4　收获及体会总结

主要从毕业设计过程的体会与感受、得到的收获与启示、产生的经验及教训等方面进行概括性总结。如毕业设计过程运用到哪方面的专业理论和专业技能？在哪些方面加深了认识和理解？对自己感触最深的是哪些课程和专业技能？在你完成毕业设计过程中，又遇到哪些难题和困难？收获了哪些经验和教训？明白了哪些做人、做事的道理等。以"湖南百宜饲料科技有限公司 O2O 运营方案策划"选题为例，对收获与体会的总结如下：

在毕业设计的完成过程中，得到了×××老师和×××董事长的精心指导，从选题确定到资料查找，从方案设计到运营实施，他们一直都耐心地给予我指导和帮助，让我在电子商务专业知识的理解、O2O 实战运营能力的提升，以及专业文档的写作等方面，都有了极大的提高。同时，他们的敬业精神和责任感，也给我留下了深刻的印象。

6.3.5　成果报告书实例

以下是"湖南百宜饲料科技有限公司 O2O 运营方案策划"毕业设计选题的成果

报告书实例，如表 6-1 所示。

表 6-1 毕业设计成果报告书样例

学 院	商学院	专业	电子商务	班 级	电商 1233 班
学生姓名	×××	学号	22 号	指导教师	×××
毕业设计题目	湖南百宜饲料科技有限公司 O2O 运营方案策划			毕业设计类型	方案设计
1. 毕业设计过程的简要说明 本项目在×××老师指导下，前期在学校与湖南百宜饲料×××董事长及公司负责人进行了两次洽谈，然后对公司总部及分销网点进行了两轮现场考察，之后本人在百宜公司顶岗实习半年。在此期间，本人进一步对饲料行业现况及公司实际需求进行了深入剖析。在公司各方的协助下，初步制定并实施了公司的 O2O 电子商务运营方案，经过半年的在线推广及持续优化，取得了显著的经营成效，得到了公司各方的高度评价。本人也由此正式入职，并担任公司 O2O 运营主管一职。					
2. 作品的特色与亮点 本方案通过竞争对手及目标客户的深入剖析，结合农牧电商现状及特定目标客户互联网使用习惯，在实地调查与现场考察的基础上，创新地设计了“线上产品展示推广+线下各地设立农村信息服务站”的农牧电商 O2O 模式。该方案较好地把目前新兴的 O2O 电商策略运用到饲料加工经销企业的经营管理实践，取得了显著成效，推动了行业发展。					
3. 作品的社会价值及主要用途 本方案创新地设计出了湖南百宜饲料科技有限公司 O2O 电子商务发展方案。在该 O2O 模式中，湖南百宜公司通过阿里巴巴、淘宝、微信店等网络平台，线上展示其网上销售的饲料，在全国各地线下设立农村信息服务站，由农村信息服务站引导周围的养殖户进行代购，这种模式较好地把目前新兴的 O2O 电商策略运用到具体的农牧行业中，适用了农牧电商现阶段的特点。 截至 2015 年 6 月，湖南百宜饲料已在全国建设好了 150 多家农村信息服务站，通过网络电商平台结合线下服务站，年销售饲料近千万吨。					
4. 毕业设计的体会与收获 在毕业设计的完成过程中，我得到了×××老师和×××董事长的精心指导，从选题确定到资料查找，从方案设计到运营实施，他们一直都耐心地给予我指导和帮助，让我在电子商务专业知识的理解、O2O 实战运营能力的提升，以及专业文档的写作等方面，都有了极大的提高。同时，他们的敬业精神和责任感，也给我留下了深刻的印象。					

注：本表一式两份，一份院部留存，一份存学生档案。　　　　教务处制

6.4 答辩汇报 PPT 制作

毕业设计答辩 PPT 的制作，以成果报告书内容为线索，主要从选题背景、设计过程、主要结论、特色创新、体会收获等方面进行设计，并以此为汇报陈述的依据。

在答辩阶段，每位学生陈述和答辩时间一般在 10~15 分钟左右。在短短的几分钟内，要对几个月的毕业设计工作进行充分展现，让参加答辩的老师及学生对毕业设计有一个全面的了解，并让他们留下深刻印象，前提是要进行充分的准备，确保总结到位、观点鲜明、思路清晰、逻辑严谨、图文并茂、引人入胜。

6.4.1　答辩汇报 PPT 封面制作

毕业设计答辩汇报 PPT 的设计，既可以在网络上选择合适的模板下载，也可以自行设计个性化 PPT 版式。无论选择何种方式，都需要考虑答辩 PPT 的展示效果，切忌使用单调的白底黑字，而应进行必要的艺术设计，如使用模式图、流程图，或在标题和正文中增加下划线，在适当的位置插入学校、院系的 LOGO 等，让 PPT 版式不再单调、乏味等。

PPT 封面就像店铺门面一样，给人关键的第一印象。好的 PPT 封面，能吸引观众眼球，并激发他们了解下面内容的兴趣，带领观众顺利进入汇报主题及演讲节奏。毕业设计答辩 PPT 的背景和版式应做到简约、得体、庄重，内容展示应包括毕业设计标题、毕业设计团队或作者名称、专业年级、指导教师姓名及职称、答辩时间等，如图 6-2 所示。

图 6-2　毕业设计答辩汇报 PPT 封面样例

6.4.2　答辩汇报 PPT 提纲制作

毕业设计答辩汇报提纲，要起到提纲挈领的作用。汇报提纲不是毕业设计作品的目录摘录，两者之间有联系，但区别也很大。毕业设计作品目录是毕业设计作品各级标题的索引，而PPT提纲是答辩汇报的一个纲要，应按照汇报的思路，对汇报内容进行逻辑化编排及序化。

毕业设计汇报提纲的制作，常用的形式有图表式、条目式及阶梯式，如图6-3至图6-5所示。

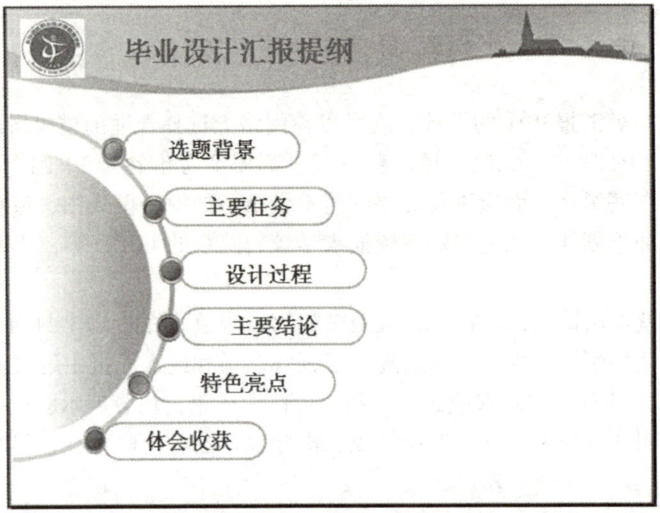

图6-3　毕业设计答辩PPT汇报提纲样例（1）

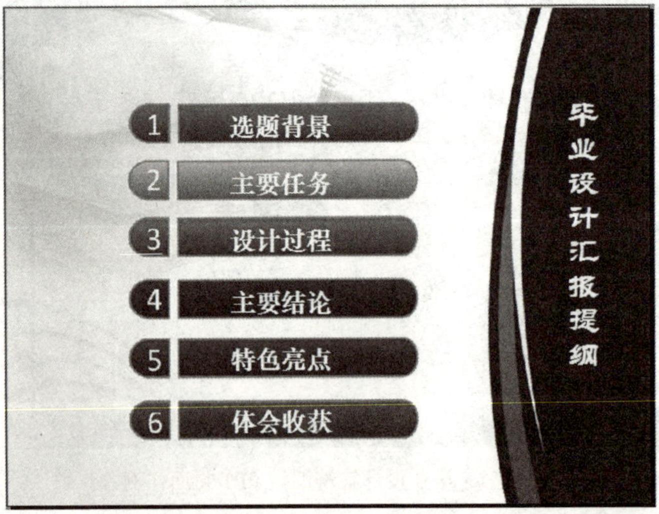

图6-4　毕业设计答辩PPT汇报提纲样例（2）

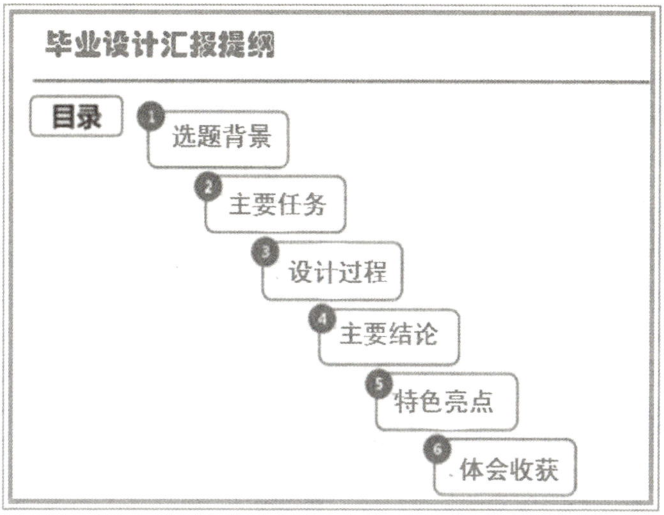

图 6-5　毕业设计答辩 PPT 汇报提纲样例（3）

6.4.3　答辩汇报 PPT 内容组织

答辩汇报 PPT 内容无须照搬毕业设计文本，在样式美观、风格统一的前提下，可进行内容的合理设计，以突出要表达的主题，给受众留下深刻印象。

1. 选题及研究背景的 PPT 制作

在选题及研究背景方面，应尽量简练，一般 2~3 张 PPT 为宜，但信息量要充足，其目的是介绍选题的意义、研究背景、现状，总结当前存在的不足，最终目的是引出自己聚焦的问题。

2. 主要任务、设计过程、主要结论的 PPT 制作

毕业设计的主要任务、设计过程、主要结论，这是汇报陈述的主体内容，应细致梳理和重点讲述，务必让听众了解你究竟“要做什么”“如何做的”“做得怎样”。考虑到汇报时间只有 5~10 分钟，这部分内容以设计 4~5 张 PPT 为宜。

3. 特色创新、体会收获的 PPT 制作

商科专业毕业设计的最终目标：让学生面对真实的商务市场环境，针对专业领域内有价值、有挑战性的选题，合理设计解决问题的技术路线，创造性地提出问题解决方案，并卓有成效地展示毕业设计成果，从而全面提升学生综合运用所学基础理论和基本技能分析并解决本专业范围内的一般商务问题的能力。

所以，最后对毕业设计“特色创新”“体会收获”的总结非常关键，应起到画龙点睛的作用。通过“特色创新”“体会收获”的总结汇报，要让教师清楚无误地判定毕业设计的教学目标是否实现，学生是否具备综合运用所学知识技能，创造性地解决

一般商务问题的能力。这部分内容应言简意赅，2~3 张 PPT 即可。

4. 致谢 PPT 页面制作

在毕业设计答辩汇报结束前，可用 1 张 PPT 专门致谢，这是作为学生应有的礼貌。致谢的内容可以与毕业设计文本的致谢内容相同，如果致谢内容较多，则尽量精简。用短短的几句话，表达对指导教师、所在专业及院校、企业相关人士的感激之情。致谢应发自内心，切忌矫揉造作，如图 6-6 所示。

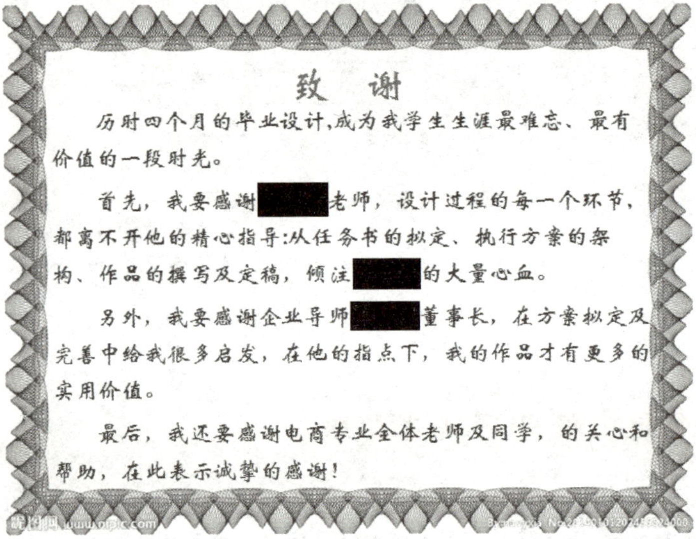

图 6-6　毕业设计答辩致谢页 PPT 样例

6.4.4 PPT 制作注意事项

在完成 PPT 内容制作后，一份完整的毕业设计展示文案即将呈现，但在最终的展示上还需进行风格的统一与细节的润饰，以突出展示的效果。

① 在毕业设计答辩展示中，应考虑陈述时间的限制，毕业设计成果汇报 PPT 控制在 10~15 张为宜，过多过少皆不合适。

② 答辩 PPT 的模板，除封面及目录外，主体内容应尽可能地统一风格，注意字体颜色要与背景形成鲜明的反差，确保投影效果清晰。

③ PPT 上切忌使用大段文字，内容要简明扼要，尽量做到图文并茂，采用恰当的字体及行距。行距不可太密，字体尽量控制在两种左右，字体大小控制在 20~30 磅，文字颜色不超过 3 种。

④ 为了突出答辩 PPT 的展示效果，可优先采用图表来展示毕业设计内容，做到能用图表的地方尽量用图表。在答辩 PPT 的空白处可以插入与主题或内容相关的插图或小动画进行美化，以突出视觉效果。

6.5　毕业设计网络展示

近年来，随着互联网在教育教学领域的深入应用，各级教育行政主管部门也在着力构建网络化的毕业设计质量监管体系。如湖南省教育行政部门要求各高职院校建立毕业设计网络展示专栏，并对各学校毕业设计工作及学生作品质量进行一定比例的抽查。下面以世界大学城平台为例，简单介绍毕业设计的网络展示。

6.5.1　学生专栏的制作

目前，湖南等地高职院校均为在校学生配发实名制的大学城网络空间账号，师生利用大学城空间平台实现及时交互，使课堂教学得到有效延伸。通过毕业设计空间专栏的建设，方便设计过程及作品成果的展示，让教师指导与学生制作的全过程得到有效的展示，呈现清晰的脉络，为确保毕业设计质量提供有效支持。

毕业设计与顶岗实习，是毕业实践教学的两个重要环节，也是学生必修的两门综合性课程。在大学城学生空间栏目设计中，建议设立“××届毕业实践专栏”，为便于浏览和检查，一般将此专栏置于左侧菜单顶部。栏目下设“毕业设计专栏”“顶岗实习专栏”两个子栏目，如图 6-7 所示。

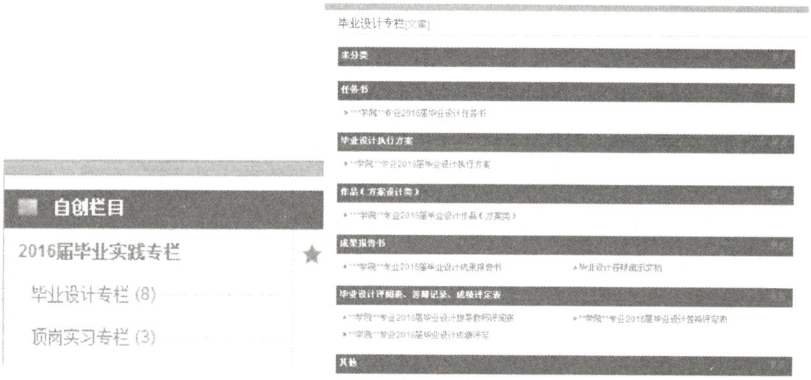

图 6-7　学生毕业实践专栏样例

1. 建立学生毕业设计专栏

毕业设计过程，主要包括毕业设计任务书的下达、制作毕业设计的执行方案（说明书）、撰写毕业设计方案（作品）、完成毕业设计成果总结报告、制作答辩 PPT 等关键环节。因此，在空间展示中，在毕业设计专栏下，要进一步设立“毕业设计任务书”“毕业设计执行方案”“毕业设计作品”“毕业设计成果报告书”“毕业设计评阅、答辩记录、成绩评定”等子栏目。然后，根据毕业设计的实际进程，把握好每项工作的时间节点，如期上传相应资料，全面展示毕业设计的过程及成果，毕业设计专栏建设基本规范如图 6-7 所示。

2. 建立学生顶岗实习专栏

一份好的毕业设计作品，离不开真实的商务市场环境及业务岗位实际工作体验。很多学校的毕业设计是要求学生在毕业顶岗实习中完成的。

顶岗实习专栏可下设“顶岗实习过程”和“顶岗实习总结”两个子栏目。顶岗实习过程可以将顶岗实习的工作经历和体会以周志形式撰写、发布，供指导老师查阅点评；顶岗实习总结可以将实习总结、实习鉴定等相关资料上传到专栏。顶岗实习专栏样例如图 6-8 所示。

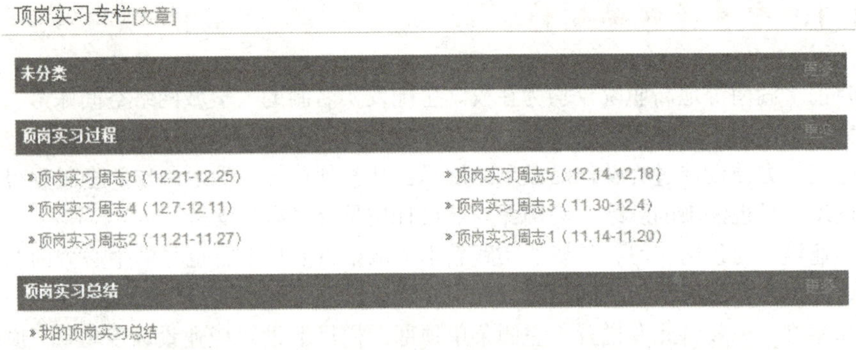

图 6-8　学生顶岗实习专栏样例

6.5.2　教师专栏的制作

在学生进行毕业设计网络展示的同时，指导教师也应开设相应专栏，在大学城空间建立“××届毕业实践指导教师专栏”专栏，下设“毕业设计专栏”和“顶岗实习专栏”两个子栏目，如图 6-9 所示。

1. 建立指导教师毕业设计专栏

在“毕业设计专栏”下，可设立“指导过程”“成果列表”两个子栏目，主要展示毕业设计的指导进程及内容，包含毕业设计工作计划、指导过程记录、答辩记录与成绩评定、指导工作总结等内容，如图 6-9 所示。

在指导教师的毕业设计专栏中，应特别建立所带学生的毕业设计成果列表，按专业、班级、学号、姓名、毕业设计题目等项目列表，并在毕业设计作品名称上建立超链接，该链接指向该学生的毕业设计专栏。可用表格化方式呈现作品列表，以方便他人浏览和访问，如表 6-2 所示。

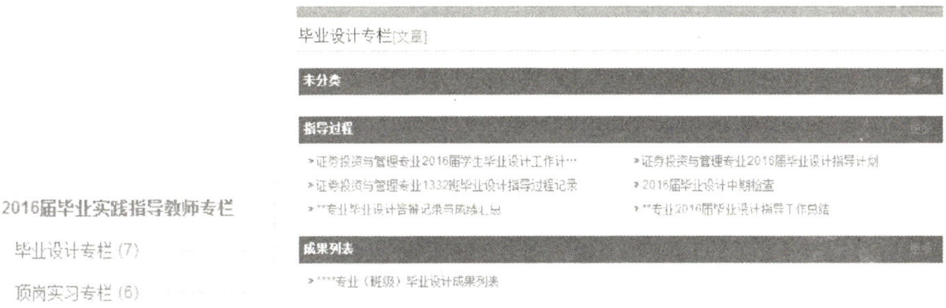

图 6-9　指导教师专栏设计样例

表 6-2　电子商务专业毕业设计成果列表

专业	班级	学号	姓名	毕业设计题目	指导教师
****	****	****	****	毕业设计作品名称 （链接到学生毕业设计专栏）	**** （链接到指导教师毕业设计专栏）

2. 建立指导教师顶岗实习专栏

指导教师的顶岗实习专栏下，可以开设“顶岗实习管理”“顶岗实习指导”“顶岗实习总结”等子栏目。

在“顶岗实习管理”栏目，可上传学院、专业有关顶岗实习的管理制度文件及任务安排等内容，以便于方便学生查阅。

在“顶岗实习指导”栏目，可上传指导学生的有关记录及过程性信息。

在“顶岗实习总结”栏目，可上传教师对年度毕业实习工作的分析报告及工作总结等内容文本。如图 6-10 所示。

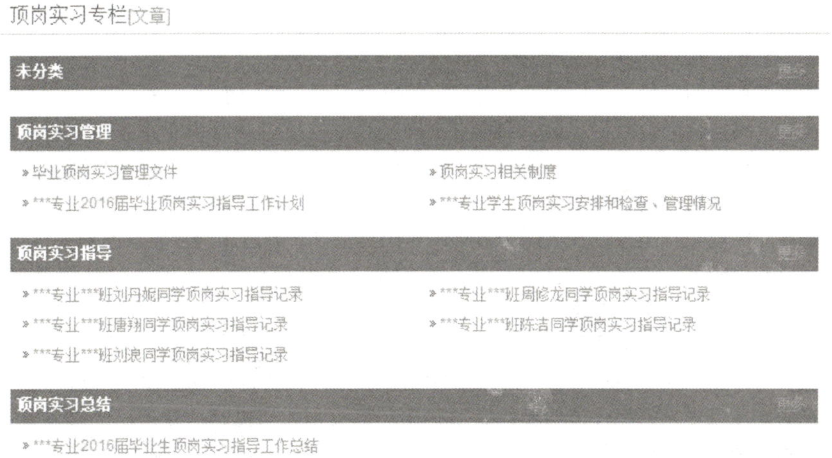

图 6-10　指导教师顶岗实习专栏样例

附录A

电子商务专业毕业设计实例

实例一：店铺爆款选择与打造——以宏泰轩书画文具专营店为例

Part 1 毕业设计任务书

XXX 职业技术学院毕业设计任务书

商学院 学院 电子商务 专业 电商 1331 班 学生 ××× 学号 01

一、毕业设计题目： 店铺爆款选择与打造——以宏泰轩书画文具专营店为例

二、毕业设计地点： 学校+企业（杭州天墨文化创意有限公司运营部）

三、任务书内容：

（一）目的

随着电子商务的发展，人们"足不出户"就可以买到想要的东西，为了满足人们更多的需求，现在的网络购物平台数不胜数。宏泰轩书画文具专营店就是跻身于京东平台的一家店铺，网络店铺竞争非常激烈。如何为店铺引流，让店铺在同类目中脱颖而出呢？打造店铺的爆款无疑是很有效而且很关键的运营手段。

爆款商品的成功打造可以让店铺销售火爆，吸引买家，制造赢利。爆款的成交会提升店铺的总成交量和信誉度，也会带动关联销售，在消费者中营造良好的口碑。任何爆款的成功打造，都是有计划、有组织、有条理的前期准备，加上科学、严谨的中期执行，再结合理性、系统的总结与反思才能得出的成果。

爆款打造不是一句空话，需要充足的准备工作。如何进行商品的选款？选款之后如何优化？选择的产品怎样才能抓住消费者的痛点并让其购买？如何提升这款产品的排名和权重等，这些都是本选题需要探究的问题。

（二）任务

1）市场分析。分析市场数据，抢占先机，注意挖掘真正有价值的机遇，选择类目中最有潜力的爆款产品。

2）竞争对手分析。找准自己的定位，抓住产品独特的卖点。

3）京东平台分析。研究京东搜索排名的规则，通过规则来优化宝贝。

4）消费者分析。分析顾客对产品的需求点，去发掘潜在的需求，从而对产品自身进行优化，更好地抓住消费者的痛点。

5）产品推广。抓住产品生命周期，选择合适的推广手段，成功打造爆款。

6）根据前期调研结果，撰写毕业设计初稿。

7）在专业教师指导下，征询 3 个以上市场专家或业务骨干意见后，完成毕业设计二稿。

8）再次征求市场专家及指导老师意见，进行方案修正和完善，最后完成毕业设计定稿。

（三）成果要求

1. 总体要求

① 毕业设计内容必须文题相符、概念清楚、思路清晰、层次分明。

② 毕业设计方案设计合理、依据可靠，具有一定的社会价值、市场价值或商业价值。

③ 毕业设计提交的相关文档作品必须符合指定的写作规范。

④ 毕业设计作品字数要求在 5000 字以上。

⑤ 毕业设计必须清楚反映自己的学习心得及探索成果，体现自己的专业能力和实践水平，严禁抄袭。

⑥ 尊重他人的学术成果，养成严谨、求实、诚信的学术作风。在引用文献资料时，必须在引用处作出标注，在设计作品的末尾按引用顺序列出文献资料的出处详情（作者、资料名称、发表场所、时间、页码等）。

⑦ 在完成毕业设计（论文）期间，对每周所做的工作事项和下周的工作安排都应有详细的记录，并按指定的方式及时提交。

2. 进度要求

构思阶段（2015 年 10 月—2015 年 12 月）：确定选题，撰写毕业设计执行方案（开题报告）。

① 调研阶段（2015 年 12 月—2016 年 3 月）：完成指定的文献阅读及市场调研工作。

② 写作阶段（2016 年 3 月—2016 年 5 月）：撰写毕业设计初稿、二稿及定稿。

③ 成果总结及答辩阶段（2016 年 5 月—2016 年 6 月）：撰写毕业设计成果报告书、答辩汇报 PPT 等。

指导教师签名：×××　2015 年 10 月 20 日
系室主任签名：×××　2015 年 10 月 20 日
学生签名：×××　2015 年 10 月 20 日

Part 2 毕业设计执行方案

XXX 职业技术学院毕业设计执行方案

商 学院 电子商务 专业 2015 年 11 月 15 日

设计题目	店铺爆款选择与打造——以宏泰轩书画文具专营店为例				
学生姓名	×××	学号	1318053×××	指导教师	×××

1. 选题的依据和意义

随着电子商务的发展，人们“足不出户”就可以买到想要的东西，为了满足人们更多的需求，现在的网络购物平台数不胜数。宏泰轩书画文具专营店就是跻身在京东平台的一家店铺，网络店铺竞争非常激烈。如何为店铺引流，让店铺在同类目中脱颖而出呢？打造店铺的爆款无疑是很有效而且很关键的手段之一。

2. 拟解决的关键问题

（1）爆款的选款。

（2）爆款的优化。

（3）提升爆款的排名和权重。

（4）提升爆款的转化率。

3. 毕业设计的技术路线

步骤一 市场调研：到淘宝、天猫、京东等大型购物平台搜索店铺所在类目下比较热销的产品，分析其特点和卖点。

步骤二 产品分析：对搜索的热销产品的卖点进行分析，挑选出最具有爆款潜质的产品。

步骤三 拟订策划方案：根据前期调研结果，拟订所选产品的优化和推广计划。

步骤四 方案运营实践：根据策划方案，对所选爆款产品进行优化、推广和运营实践，记录相关数据，保存过程资料。

步骤五 方案总结优化：对推广和运营成效进行总结，对运营方案进行优化。

步骤六 撰写毕业设计方案：店铺爆款选择与打造。

步骤七 毕业设计成果总结：撰写毕业设计成果报告书、答辩汇报 PPT 等。

4. 毕业设计的日程安排

任务	开始时间	结束时间	阶段成果
确定选题	2015 年 10 月	2015 年 11 月	毕业设计任务书
制订方案	2015 年 11 月	2015 年 12 月	毕业设计执行方案
完成设计	2015 年 12 月	2016 年 4 月	毕业设计作品
成果总结	2016 年 4 月	2016 年 5 月	成果报告书、答辩汇报 PPT

5. 指导教师的意见及建议：

方案可行，同意执行。

签名：×××

2015 年 11 月 25 日

Part 3　毕业设计成果报告书

XXX 职业技术学院毕业设计成果报告书

学 院	商学院	专业	电子商务	班 级	电商 1331 班
学生姓名	×××	学号	1318053×××	指导教师	×××
毕业设计题目	店铺爆款选择与打造——以宏泰轩书画文具专营店为例			毕业设计类型	方案设计

1. 毕业设计过程的简要说明

本人在杭州天墨文化创意有限公司运营部顶岗实习半年，担任的岗位是运营助理。在此期间，本人进一步对店铺所在的文房及画材行业现况及公司实际需求进行了深入剖析。本项目在×××老师的指导及公司各部门的协助下，进行了一系列的数据分析和行业竞争对手分析，分析之后初步制订并实施了宏泰轩书画文具专营店的爆款选择与打造运营方案，经过一个多月的在线推广及持续优化，取得了显著的经营成效。

2. 作品的特色与亮点

爆款商品的热销使得店铺销售火爆，吸引买家，制造赢利，爆款的成交会提升店铺的总成交量和信誉度，也会带动关联销售，在消费者中制造良好的口碑。任何爆款的成功打造，都是有计划、有组织、有条理的前期准备，加上科学、严谨的中期执行，再结合理性、系统的总结与反思才得出的成果。本方案通过竞争对手及目标客户的深入剖析，结合店铺所经营的类目现状及特定目标客户网购习惯，制订并实施了运营方案，取得了显著的成效。

3. 作品的社会价值及主要用途

本方案创新地设计出了店铺爆款选择与打造的运营方案，并且在整个过程中有较为全面的思路去运行每一个步骤，为店铺打造爆款项目做了一个很好的例子，可以向大家展示店铺爆款的打造技巧。成功打造爆款后，可以为店铺引流，从而带动店铺的其他产品的销售。本项目很好地展示了如何分析数据、抢占先机，注意挖掘真正有价值的机遇，从而选择类目中最有潜力的爆款产品。

4. 毕业设计的体会与收获

在毕业设计的完成过程中，我得到了老师们的精心指导，从选题到毕业设计方案写作，无不凝聚着老师们的心血和汗水，经过老师们的指导，我才能将这篇毕业设计方案顺利完成。在此向老师们表示深深的谢意和崇高的敬意，同时也要感谢实习单位运营部同事们的指导，让我在电商行业学到的不仅仅是对知识的理解，更有实战运营能力的提升，相信自己可以通过努力更上一层楼。运作一个店铺不是件简单的事情，它需要操作者不断地去研究、去探索，只有不断去发现市场并抢占先机，才能比竞争对手走得更快。做人、做事也是一样，要学会主动地去学习如何快人一步，时间不等人，也没有人会时时刻刻教你如何做，学会靠自己，才能更早拥有自己的舞台。

Part 4 毕业设计作品

XXX 职业技术学院

电子商务专业毕业设计

答辩视频

题目： 店铺爆款选择与打造——以宏泰轩书画文具专营店为例

类型：

产品设计	工艺设计	方案设计
		√

学生姓名：×××

学　　号：1318053×××

学　　院：商学院

专　　业：电子商务

班　　级：电商 1331 班

学校指导教师：×××老师

企业指导教师：×××

2016 年 5 月 3 日

摘　　要

随着电子商务的发展，人们“足不出户”就可以买到想要的东西。为了满足人们更多的需求，现在的网络购物平台数不胜数。宏泰轩书画文具专营店就是跻身在京东平台的一家网络店铺，如何为店铺引流，让店铺在同类目中脱颖而出？打造店铺爆款无疑是很有效而且很关键的手段之一。本文通过分析京东宏泰轩书画文具专营店的爆款产品实施模式和技巧等，对店铺爆款的选择及打造等提出自己的一些见解。

关键词：京东；宏泰轩；爆款；网络推广

目　　录

绪论

宏泰轩书画文具专营店通过专业的运营团队和紧贴市场的服务理念，在京东平台电脑办公——文具耗材类目下运作得比较出色。本文结合店铺的消费群体和市场行情来进行爆款的选款和打造，通过一系列的推广手段，取得了一定的成效。

1. 宏泰轩概况

1.1 宏泰轩旗下店铺

1.1.1 天猫——宏泰轩办公专营店

宏泰轩办公专营店是深圳市宏泰轩贸易有限责任公司旗下的一家天猫店，2013 年入驻天猫商城。宏泰轩办公专营店试图寻找画材行业新的突破，经过不断尝试和创新，在画材行业逐渐崭露头角，现在店铺稳居行业前三。店内主要经营颜料、画笔、画架等产品，主要品牌有：马利、米娅、马可、宏泰轩，致力于打造画材第一商城。

1.1.2 京东——宏泰轩书画文具专营店

宏泰轩书画文具专营店是宏泰轩旗下的一家京东店铺，店铺产品线比较全面，除宏泰轩自有的文房类产品外，还涵盖了学生文具、画具画材、练字细节等产品。目前，宏泰轩书画文具专营店在同类目店铺中的排名相对较好，销售额也比较可观。

2. 宏泰轩书画文具专营店整体状况

2.1 店铺主营产品及分类

宏泰轩书画文具专营店是目前京东商城电脑办公——文具耗材类目下产品线比较齐全的店铺，它以“客户第一，服务至上”为宗旨，努力打造一站式购物，为消费者提供物美价廉的商品。宏泰轩书画文具专营店主营品牌有宏泰轩、博格利诺、马利、马可、辉柏嘉、米娅等。宏泰轩为公司自营品牌，近年来在文房类产品中独占鳌头，同时也与很多国内外知名品牌同行取得了长期合作的关系。这个店铺里面涵盖的产品除了宏泰轩有文房、篆刻、彩铅、画具画材外还有学生文具、练字系列等产品，产品线丰富，犹如一个大商场，如图 2.1 所示。

图 2.1　宏泰轩书画文具专营店店铺主营产品及分类

2.2 店铺定位

2.2.1 目标人群和主要区域

宏泰轩书画文具专营店主要的目标人群是爱好书法、美术的群体，主要有学习书法、美术的学生，老有所成的书法家和画家，以及喜欢书法和绘画的自由青年们，年龄在 16～60 岁。宏泰轩书画文具专营店的老客户群体比较多，目前拥有 18 万会员。从后台数据分析来看，女性买家多于男性买家，买家主要集中在广东、北京、江苏、四川、上海等地，如图 2.2 所示。

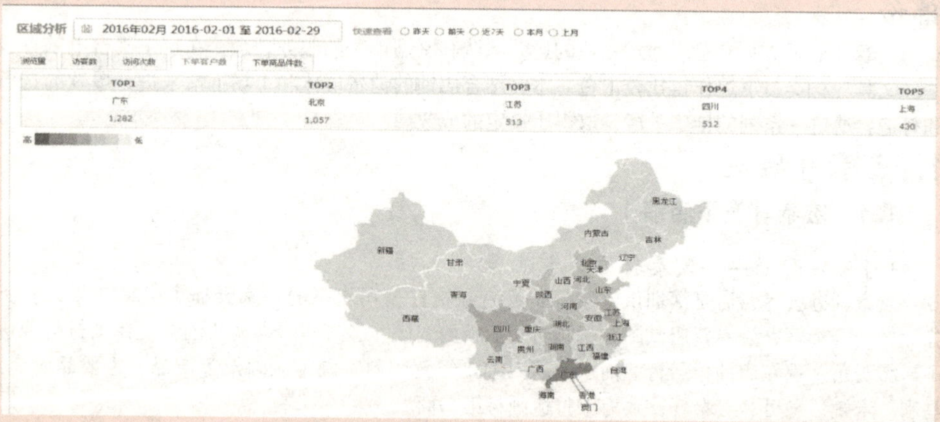

图 2.2　宏泰轩书画文具专营店下单客户区域分布

2.2.2　产品价位

宏泰轩书画文具专营店产品以中低端为主，主要为初学书法者和美术绘画者提供优质产品。店铺的主要赢利模式是传统的薄利多销型，依靠性价比高的爆款进行引流，然后做产品的关联销售，从而带动店铺其他产品的销售。

2.3　店铺数据分析

宏泰轩书画文具专营店 2015 年销售额达一千多万元，运营能力相对来说比较强大。2015 年在运营团队作出调整与改进后，店铺月平均销售额达到一百万元左右，店铺流量客单价均有所上升，从 2 月份至 3 月份数据可以看出店铺的销售额翻了一倍，店铺整体数据保持上升的趋势，如图 2.3 和图 2.4 所示。

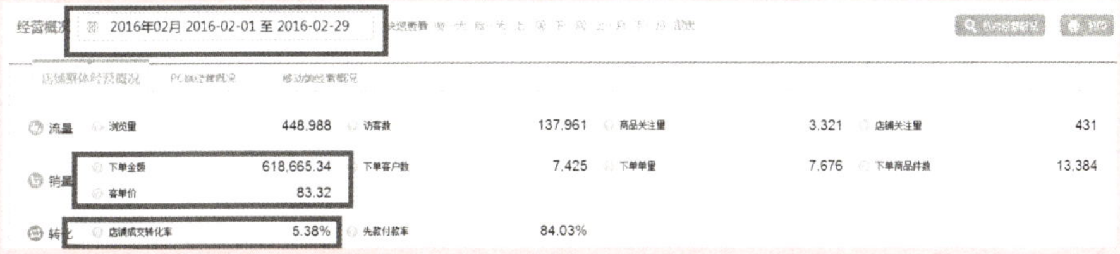

图 2.3　2016 年 2 月宏泰轩书画文具专营店整体情况统计

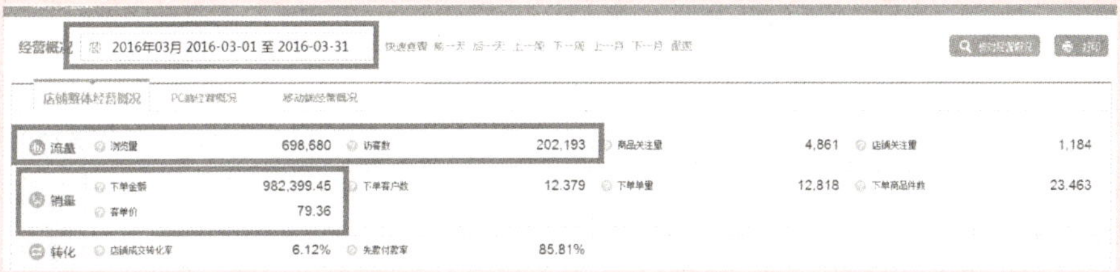

图 2.4　2016 年 3 月宏泰轩书画文具专营店整体状况统计

3. 爆款产品选款与分析

3.1　选款

3.1.1　店铺后台数据分析

通过京东后台数据罗盘可以看出行业各个类目的排行榜，如图 3.1 所示，从而了解到在各个类目下不同时间段的热销产品。同时结合店铺的品线分析，找出目前市场中需求比较大的产品。从最近一年该类目下每个子类目的搜索点击指数变化趋势图，如图 3.2 所示，可以看出，笔类是店铺所在电脑办公——文具耗材类目中搜索指数最高的类目，3 月份的搜索指数呈上升趋势，可以推测出 3 月份是笔类产品的一个旺季，因此可以选择在笔类里寻找爆款。

图 3.1　宏泰轩书画文具专营店近一年行业排行榜图

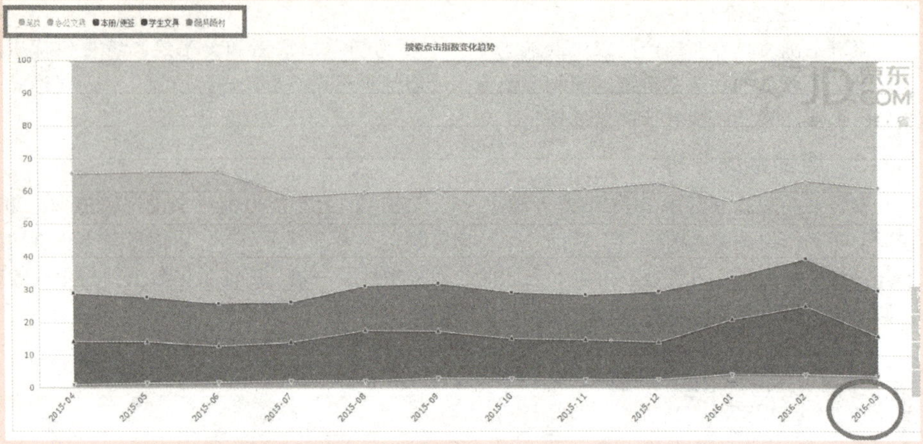

图 3.2　宏泰轩书画文具专营店近一年搜索点击指数变化趋势图

3.1.2　京东热销查询

在京东平台搜索马克笔时发现，笔类产品市场需求可观，但马克笔相对于其他笔类来说供应商相对较少，可见这款产品的市场竞争力相对较弱，通过对产品进行分析和优化，再结合一系列的推广手段，这款产品的推广预期效果可观。

3.1.3　淘宝热销查询

根据之前的数据分析，我们在淘宝平台同样对马克笔这个产品进行查询，如图 3.3 所示，从搜索结果页面可以看出，有款 TOUCH FIVE 品牌的马克笔在淘宝网非常热销，结合之前的统计数据，我们选择 TOUCH FIVE 五代作为店铺的爆款产品来进行打造。

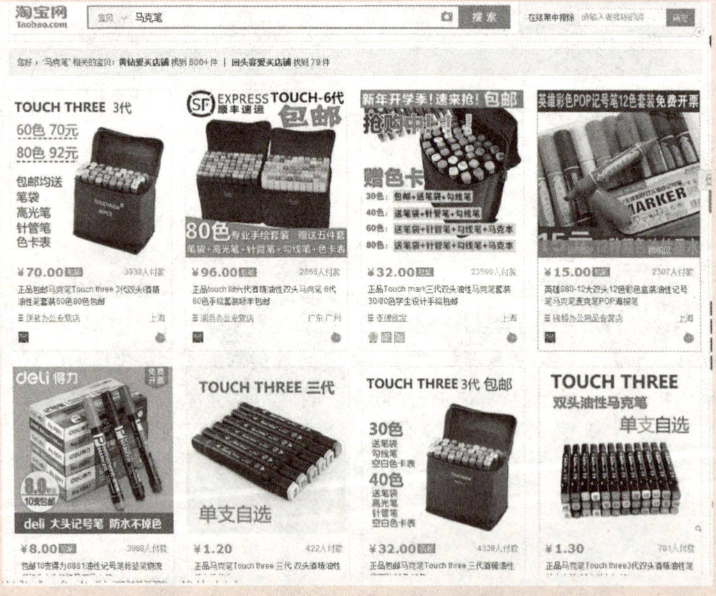

图 3.3　淘宝平台马克笔搜索结果页截图

3.2　爆款产品分析

3.2.1　产品介绍

马克笔（Marker pen 或 marker），又名记号笔，是一种书写或绘画专用的绘图彩色笔。TOUCH FIVE 第五代马克笔是以前的 Touch color，现在升级为 Touch soft head 系列，产品品质没变，是一款油性并带有酒精性的一款马克笔。油性马克笔具有快干、耐水的特点，而且耐光性相当好，颜色可多次叠加且不会伤纸，酒精性马克笔可在任何光滑表面书写，速干、防水、环保，可用于绘图、书写、标记、POP 广告等。

3.2.2　产品定价

在淘宝、京东、天猫等平台搜索这款 TOUCH 五代马克笔，按照销量排名，选择销量比较好的几大商家，将价格进行对比，分析得出这款 SKU30 色的马克笔销量较高，所以选择这款作为店铺的主推产品。几大热销商家此款产品的销售价格是 70~90 元，结合利润考虑，本店把这款产品的价格定在 82 元，手机专享价定为 72 元。

4. 竞争对手调查

4.1　新希悦达办公用品专营店

通过京东平台搜索马克笔这个关键词可以看到，新希悦达办公用品专营店的马克笔排名是在第一页第四位的位置，而且累积评价已经达到 1900 个，如图 4.1 所示，浏览产品的详情页，它是按照主体——细节——主体的方式对产品进行描述，重点强调的是产品的品质和颜色。

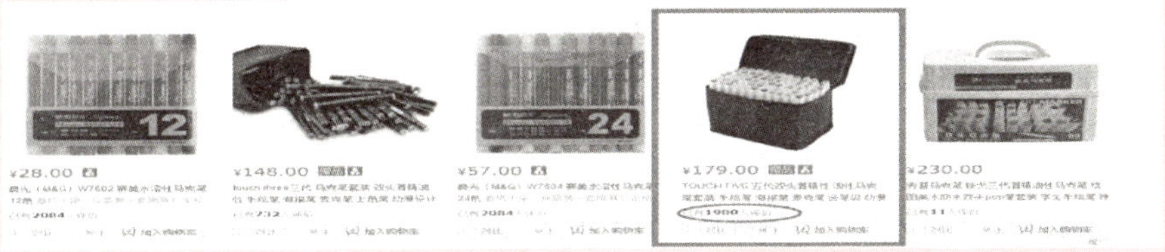

图 4.1　新希悦达办公用品专营店马克笔排名情况

4.2　艺旅办公专营店

在京东平台搜索马克笔，艺旅办公用品专营店的马克笔排名是在第一页第二的位置，累积评价达 732 个，如图 4.2 所示。浏览产品的详情页，与新希悦达办公用品专营店的马克笔详情页不同的是，它的详情页第一屏展示的是产品的促销信息，用很突出的红色凸显买一送二的活动，显示促销信息后再对产品进行描述，可以很好地抓住顾客的购买心理。

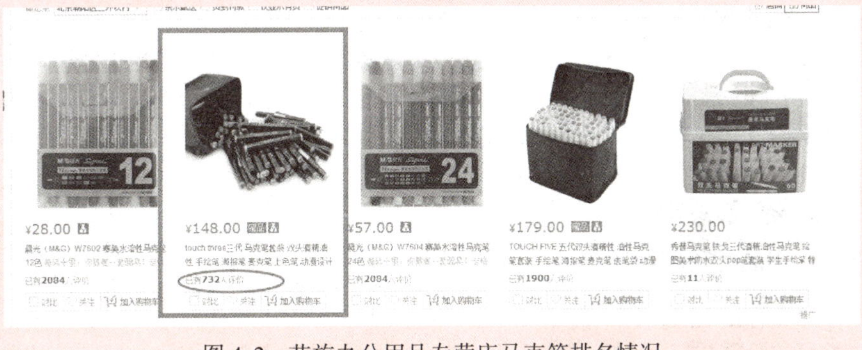

图 4.2　艺旅办公用品专营店马克笔排名情况

5. 京东平台分析

5.1 商品搜索权重

2016年京东平台对产品的搜索权重做了调整：一是将商品日销售量调整为日确定收货量，并且评价（好评）7天、15天、30天的收货量，这也会影响商品的排名情况，这个是变化最大的一个权重；二是点击率权重的增加，将产品曝光度、展现量调整为点击率，并且京东搜索推广改为京东快车；三是产品评分，即产品好评度（晒图），还有店铺评分，主要包括商品评分、商品质量满意度、商品描述满意度、退换货/返修率；四是关于服务评分和实效评分，包括商家服务态度满意度、配送人员态度满意度、在线客服满意度、退换货处理满意度、工单回复率、物流速度满意度、发货及时率、退换货处理时长、在线客服响应时长。

只有熟悉京东的搜索规则，在后续推广产品时才会做到游刃有余。因此在推广前熟悉和把握搜索规则、了解影响产品排名的因素，是非常必要的。

5.2 数据罗盘系统

京东数据罗盘是京东店铺运营不可缺少的工具，商家可以通过这些数据分析，从而指导店铺运营。从经营概况可以看到整体的运营情况，包括1天、1周和1个月的流量和销售额。

从商品统计排行中可以看到店铺排名前15位产品的流量、访客、访问次数，下单金额及下单商品件数，这些数据分PC端和无线端。从这些数据中可以了解产品的流量款、热销款、高客单价款都有哪些，商家在做促销活动时，可以通过这些数据来选择合适的产品进行营销活动。通过PC端和无线端的分析，商家可以在各自的端口做不同的且适合各端口的活动，从而实现营销活动效果最大化。

流量分析一直是商家的重中之重，不管是线上还是线下，没有流量就意味着没有销售额，流量是销售额的保障。“流量不是万能的，但没有流量却是万万不能的”，商家只有通过分析，找出自身到底是哪一块流量较少，对症下药才是王道。

客户分析包括买家分析、客户规模分析和区域分析，通过买家的购买行为、京东会员等级和用户地域细分，商家可以针对买家的会员等级、买家所在地域等来选择不同的促销方案，从而提升促销效果。

6. 消费者分析

6.1 购买人群分析

宏泰轩书画文具专营店的老客户群体比较多，从购买区域分析，广东、北京、江苏、四川、上海这几个区域的购买顾客较多，所以在推广时可以重点针对这些人群、这些城市，加大广告的投放力度。

6.2 顾客需求分析

马克笔的一大优势就是方便、快捷，不像水彩、水粉那么复杂，根据产品的性质特点，商家可以从顾客的评价中分析顾客的需求点，从而总结出产品的卖点。例如，如果有顾客提到颜色偏暗色系，希望能多些色彩鲜艳的，说明产品色彩鲜艳是一个卖点。再比如，有顾客提到装笔袋破损严重，整袋笔漏出，那么强调产品包装的严实性和安全性又是另外一个卖点。

7. 产品优化与推广

7.1 产品优化

7.1.1 标题优化

一个好的标题才能让人有兴趣点击从而提升排名，因此对京东商家店铺来说制定出色的标题是吸引客户的首要目标。不要堆关键字，堆多了反而会降低商品权重，一般关键字以两三个为宜。

标题的选词可以通过关键字分类目搜索热词、商品展现词、商品点击词、商品成交词、长尾词、热点词、事件词等。推荐标题格式：品牌名（中文，英文）+类目搜索热词，商品成交词，商品点击词+产品特点（卖点）。按照京东的搜索权重分析，结合京东数据罗盘的行业热搜词和淘宝的下拉热搜词，产品的标题可以设置为“包邮秀普 touch 五代油性马克笔套装手绘酒精马克笔 24 色 30 色 40 色 60 色 80 色”。

7.1.2　主图与详情优化

电商就是眼球经济，消费者第一眼看到的，永远是炫耀的图片和刺激他的卖点，当然这需要在质量过硬的前提下。因此做好主图及详情页图片，形成卖点，提高流量转化，这就是产品转化的关键。商家可以去淘宝、天猫或是京东平台搜索要推广的爆款商品，找到同款产品下销量比较高的产品，借鉴他们的主图设计思路。

详情页要把宝贝描述得生动、饱满，这就要求文案写作者要深入了解产品，让买家看到宝贝每个关键细节。商家要把产品的卖点一个个提炼出来，体现出目标群体的需求，让产品更具说服力，满足购买者的要求。

7.2　精准通——京东快车

7.2.1　京东快车简介

京东快车是一款面向 POP 商家开放的网络营销系统，为商家提供一站式网络营销解决方案。京东快车——网络营销系统投放渠道包括：站内推广、联盟推广、邮件推广。京东快车——网络营销系统，基于京东大数据平台，为用户人群定向实现广告精准投放，提升店铺的转化率。

7.2.2　京东快车基本操作

京东快车基本操作流程是：新建推广计划—设置推广单元名称—用户定向设置—关键词推广设置—广告位出价设置—优化主图，建好计划后最重要的就是要不断地优化计划，以提升计划的转化率、点击率，还有投入产出比。马克笔京东快车推广计划设置如图 7.1 所示。

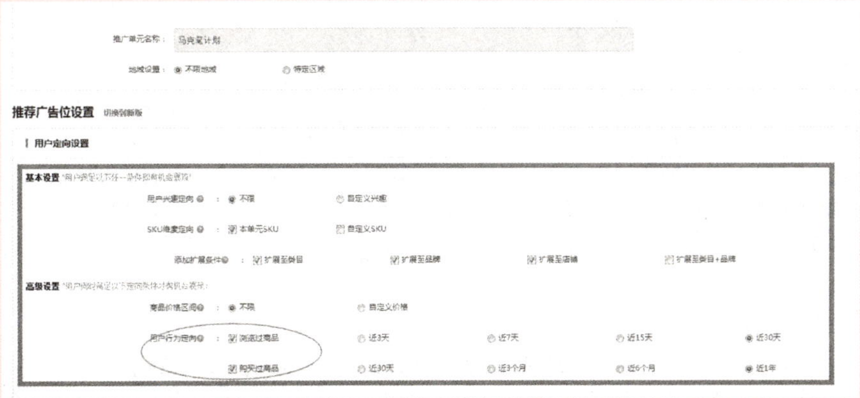

图 7.1　马克笔京东快车推广计划设置

7.2.3　爆款推广计划

商家在做用户定向设置的时候会选择近 30 天或者是近 1 年内浏览过及购买过该商品的用户，在这些用户面前加大推广力度。另外，在这款产品的关键词选择上，商家采取的是优胜劣汰的方式，新建计划时，把这款产品的关键词添加 30 个进行分析观察，每天评估计划的效果，以及每个关键词的点击率、转化率、投入产出比。

7.3 推广效果与评估

3 月份整个计划总花费是 618.98 元，总订单金额是 15194 元，ROI 是 24.55，因此这款产品的推广效果还是很可观的，如图 7.2 所示。

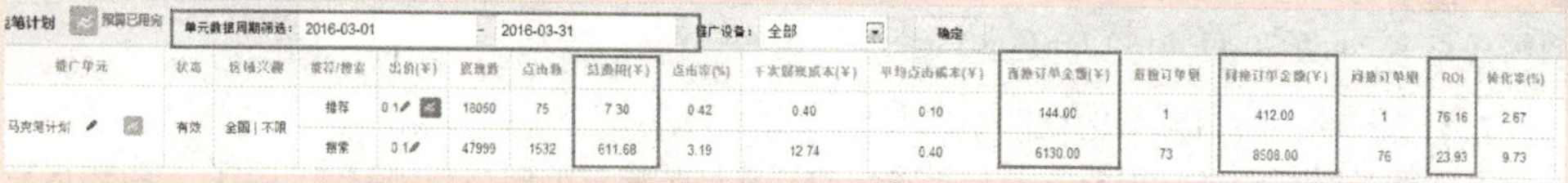
笔计划 预算已用完 单元数据周期筛选：2016-03-01 - 2016-03-31 推广设备：全部 确定

推广单元	状态	区域投放	推荐/搜索	出价(¥)	展现数	点击数	总费用(¥)	点击率(%)	千次展现成本(¥)	平均点击成本(¥)	直接订单金额(¥)	直接订单量	间接订单金额(¥)	间接订单量	ROI	转化率(%)
马克笔计划	有效	全国 | 不限	推荐	0.1	18050	75	7.30	0.42	0.40	0.10	144.00	1	412.00	1	76.16	2.67
			搜索	0.1	47999	1532	611.68	3.19	12.74	0.40	6130.00	73	8508.00	76	23.93	9.73

图 7.2 马克笔京东快车 3 月份推广效果图

在推广过程中有三个不可或缺的步骤：

一是选款。选款前商家要进行市场分析，挑选出能够贯穿产品主线，并具备品牌感的产品。因为一般店铺引流的方法就是打造爆款，通过爆款产品销量的提升，提高其他款式的流量，一般情况下，选款主要受主观和客观两个因素影响。主观因素用来帮助商家选款，客观因素用来检验选款效果。

二是利润空间。利润低是没办法进行直通车推广的，因为利用直通车推广提高销量相对较难，所以说清仓款不建议进行直通车推广，计划推广的产品要有一定的利润空间。

三是竞争对手产品的评价。从买家对产品的评价里可以发现商家做得不到位的地方，找出竞争对手的不足，在页面上重点突出，从而转化成自身的优势。宏泰轩书画文具专营店在研究竞争对手时发现，有一款热销单品买家评价中普遍提到产品颜色偏暗的问题，因此在打造爆款时，针对买家提出的问题重点突出多色及鲜艳的优势。

宏泰轩书画文具专营店在爆款打造过程中也存在一些问题。比如，因为产品的关联做得不够好，导致产品的重复购买率低和客单价相对较低。爆款推广的目的不仅仅是提高这款产品的销量，而是希望通过引流，带动其他商品的流量和销量。因此，在后期的推广过程中，需要对后台相关数据进行进一步分析，并研究竞争对手的关联销售产品，为这款马克笔选择合适的关联产品，从而提高客单价和重复购买率。

8. 结论

经过四个多月的努力，店铺爆款选择与打造毕业设计方案终于完成，在整个设计过程中，出现了很多的难题，但都在老师和同学们的帮助下顺利解决了。在不断的学习过程中我体会到：毕业设计是一个不断学习的过程，从最初写毕业设计方案时对企业职位的模糊认识，到最后能够深刻理解该职位遇到的问题，让我体会到实践对学习的重要性。同时我也深刻地认识到，在对待一个新事物时，一定要从整体考虑，有着详细的计划，并按照计划有条不紊地执行，才能提升工作效率。

参考文献

[1] 余佩颖. 微信电子商务模式探讨 [J]. 软件，2013 (10)：124-125.

[2] 赵晓津. 计算机安全技术在电子商务中的应用探讨 [J]. 硅谷，2014 (04)：140-141.

[3] 吕廷杰编著. 移动电子商务 [M]. 北京：电子工业出版社，2013.

[4] 孙瑾. 消费者服务购买决策过程的影响机制研究 [M]. 北京：中国社会科学出版社，2010：47-50.

[5] 于文静. 我国将支持涉农电商推动农业跨越式发展 [J]. 农家参谋，2015 (4)：44.

[6] 黄莹. 朱建荣. 网络口碑质量对服装消费者购买意愿影响的实证研究 [J]. 现代商业，

2012（14）：22-24.

［7］綦晓燕. 网络购物感知风险的研究综述［J］. 科技创业月刊，2010（11）：144-146.

［8］张岳. 信任与感知风险对客户网络购物意愿的影响研究［J］. 商业经济，2012（4）：86-88.

三年寒窗，所收获的不仅仅是丰厚的知识，更重要的是在阅读、实践中所培养的思维方式、表达能力和广阔视野。很庆幸这三年我遇到了如此多的良师益友，无论在学习上、生活上，还是在工作上，都给予了我无私的帮助和热心的照顾，让我在一个充满温馨的环境中度过三年的大学生活。感恩之情难以用言语度量，谨以最朴实的话语致以最崇高的敬意。时光匆匆如流水，转眼便是大学毕业时节，春梦秋云，聚散真容易，离校日期已日趋渐进，毕业设计作品的完成也随之进入了尾声。

在此我向我校电子商务系的所有老师表示衷心的感谢，谢谢你们三年的辛勤栽培，谢谢你们在教学的同时更多地传授我做人的道理，谢谢三年来你们孜孜不倦的教诲！“欲戴王冠，必承其重”这是我很喜欢的一句话，就用这句话作为毕业设计作品的结尾，作为这段生活的结束，希望自己能够继续少年时的梦想，永不言弃。

实例二：网店客户转化率提升方案设计及优化——以远升办公专营店为例

Part 1 毕业设计任务书

XXX 学院毕业设计任务书

商学院 学院 电子商务 专业 电商 1332 班 学生 ××× 学号 1318053×××

一、毕业设计题目：网店客户转化率提升方案设计及优化——以远升办公专营店为例

二、毕业设计进行地点：学校+杭州天墨文化创意有限公司（综美集团）

三、任务书内容：

（一）目的

随着互联网技术的高速发展，各个网络销售平台的日渐成熟，市场竞争加剧，淘宝平台尤其如此。我们公司在淘宝网上的主要行业类目是书法画材、文房四宝。我们负责的店铺——远升办公专营店是一个产品线比较完整的成品店铺，但是它的提升空间还很大，整个店铺现在处于中高层阶段，需要做的就是努力提升店铺的客户转化率，在不断的提升中，上新品，延伸产品线，做转化，提升店铺的权重，增加店铺的等级；再配合公司运营战略，在这个“万店齐发，火力全开”的淘宝平台上厮杀出独属自己的一片天地！

通过本选题的探究，了解目标客户的真正需求、不同客户群体需求的差异，根据客户定位，合理选品及优化产品线；通过客户沟通策略的优化，洞察客户需求，进而有效打造客户真正需要的产品，最终提高客户转化率。

（二）任务

1）要清醒地认识到为何要努力提升店铺的客户转化率。

2）了解不同客户群体真正的需求。

3）调研了解竞争对手的店铺概况，追踪其动态与变化。

4）研究如何有效提升本店客户转化率。

5）研究如何发掘客户需求点，掌握客户需求动向，直至创新并引领客户需求。

6）设计并实施店铺客户转化率提升方案。

7）在专业教师指导下，征询 3 位以上业务主管意见后，完成毕业设计二稿。

8）再次征求市场专家及指导老师意见，进行方案修正和完善，最后完成毕业设计定稿。

（三）成果要求

1. 总体要求

① 毕业设计内容必须文题相符、概念清楚、思路清晰、层次分明。

② 毕业设计方案设计合理、依据可靠，具有一定的社会价值、市场价值或商业价值。

③ 毕业设计提交的相关文档作品必须符合指定的写作规范。

④ 毕业设计作品字数要求在 5000 字以上。

⑤ 毕业设计必须清楚反映自己的学习心得及探索成果，体现自己的专业能力和实践水平，严禁抄袭。

⑥ 尊重他人的学术成果，养成严谨、求实、诚信的学术作风。在引用文献资料时，必须在引用处给出标注，在设计作品末尾按引用顺序列出文献资料的出处及详情（作者、资料名称、发表场所、时间、页码等）。

⑦ 在完成毕业设计（论文）期间，对每周所做的工作事项和下周的工作安排都应有详细的记录，并按指定的方式及时提交。

2. 进度要求

① 构思阶段（2015 年 11 月—2016 年 3 月）：确定选题，撰写毕业设计执行方案（开题报告）。

② 调研阶段（2016 年 3 月—2016 年 4 月）：完成指定的文献阅读及市场调研工作量。

③ 写作阶段（2016 年 4 月—2016 年 5 月）：撰写毕业设计初稿、二稿及定稿。

④ 成果总结及答辩阶段（2016 年 4 月—2016 年 5 月）：撰写毕业设计成果报告书、答辩汇报 PPT 等。

指导教师签名：××× 2016 年 03 月 07 日
系室主任签名：××× 2016 年 03 月 07 日
学生签名：××× 2016 年 03 月 07 日

Part 2 毕业设计执行方案

XXX 职业技术学院毕业设计执行方案

<u>商</u> 学院 <u>电子商务</u> 专业　　2015 年 03 月 22 日

<table>
<tr><td>设计题目</td><td colspan="5">网店客户转化率提升方案设计及优化——以远升办公专营店为例</td></tr>
<tr><td>学生姓名</td><td>×××</td><td>学号</td><td>1318053×××</td><td>指导教师</td><td>×××</td></tr>
<tr><td colspan="6">1. 选题的依据和意义
随着互联网技术的高速发展，各个网络销售平台日渐成熟，商家之间的竞争也愈演愈烈。那些经过顽强拼杀而到达顶峰的商家，该如何维持自己的业绩高峰，甚至持续稳定的增长呢？那些还默默无闻的小卖家，如何才能脱颖而出呢？
研究并提炼客户转化率提升策略，既能让小卖家提升自己的竞争力，也能让那些达到巅峰的商家制定出精准的客户营销计划，从而造就持续高转化神话！</td></tr>
<tr><td colspan="6">2. 拟解决的关键问题
① 如何精准了解目标客户的真正需求？把握不同客户群体的需求差异？
② 如何合理选品及优化产品线开发？
③ 了解客户需求的方式有哪些？
④ 如何根据客户需求打造全新产品，再配合独特恰当的营销方式来提升客户转化率？</td></tr>
<tr><td colspan="6">3. 毕业设计的技术路线
步骤一 文献调研：上网查阅产品（店铺）运营相关资料，阅读最新书籍资料，归集相关文档资料，撰写内容摘要及读书笔记。
步骤二 产品调研：关注公司产品销售情况，积极与客服、客户和仓库人员沟通，了解产品畅滞销原因，学习并发现了解客户需求的方式。
步骤三 拟订策划方案：根据前期调研结果，拟定远升办公专营店客户转化率提升策略方案。
步骤四 方案运营实践：根据策划方案，对远升办公专营店客户转化率提升策略方案进行实践，记录相关数据，保存过程资料。
步骤五 方案总结优化：对策划方案成效进行总结，对策划方案进行优化。
步骤六 撰写毕业设计方案：网店客户转化率提升方案设计及优化——以远升办公专营店为例。
步骤七 毕业设计成果总结：撰写毕业设计成果报告书、答辩汇报 PPT 等。</td></tr>
</table>

续表

4. 毕业设计的日程安排

任务	开始时间	结束时间	阶段成果
确定选题	2015 年 11 月	2016 年 3 月	毕业设计任务书
制订方案	2016 年 3 月	2016 年 3 月	毕业设计执行方案
完成设计	2016 年 3 月	2016 年 4 月	毕业设计作品
成果总结	2016 年 4 月	2016 年 5 月	成果报告书、答辩汇报 PPT

5. 指导教师的意见及建议：

方案可行，同意执行。

签名：×××

2016 年 3 月 22 日

Part 3 毕业设计成果报告书

XXX 职业技术学院毕业设计成果报告书

学 院	商学院	专业	电子商务	班 级	电商 1332 班
学生姓名	×××	学号	1318053×××	指导教师	×××
毕业设计题目	网店客户转化率提升方案设计及优化——以远升办公专营店为例			毕业设计类型	方案设计

1. 毕业设计过程的简要说明

我在远升办公专营店毕业实习四个多月，其中最后一个月主要负责公司天猫店铺运营，在公司运营总监×××先生的指点下，收获巨大。

我在负责天猫店铺运营过程中，对店铺之前的客户转化率进行了分析，对网店目标客户进行了精准定位，确定了店铺合理选品策略后，对选品所在产品线进行优化及深度开发，再根据产品特点进行了针对性的推广。经过一个多月的运营推广实践，网店客户转化率由之前的 6.06%提高到了 7.31%，成功实现了店铺客户转化率提升的初期目标。

2. 作品的特色与亮点

本方案在对杭州远升办公专营店目标客户需求精准分析及深度挖掘的基础上，成功打造了系列能引领客户需求的新（差异化）产品、新产品线；通过对客户转化率数据的及时追踪和持续优化，有效提升了店铺客户转化率，并创新性地总结出“以品带线，以线带面”的客户转化率提升策略，为其他类似店铺的运营提供了有价值的参考案例，并指明了优化的目标和方向。

续表

3. 作品的社会价值及主要用途

本方案总结出的“以品带线，以线带面”的网店客户转化率提升策略，既可以帮助那些小型商家在竞争愈加激烈的今天稳扎稳打，不断提升竞争力；也可以帮助那些经过平台激烈竞争而登上顶峰的商家，去挖掘、引领并创造客户需求，不断开发用户真正需要的新单品、新产品线，从而实现客户转化率的持续提升。

4. 毕业设计的体会与收获

在整个毕业设计过程中，我无论是对专业知识的理解，还是对写作逻辑结构及写作措辞的把握等方面都有了很大的提升。一方面，我对自己实习期间所学习的知识，记忆更加深刻、了解更加透彻，有“温故而知新”的新收获；另一方面，在×××教授的指点下，我认识到了论文逻辑结构应具有严谨性，前后连贯、表达清晰，内容跳转时应该有引言以便连贯；在文章内容的措辞表达上也成长较多，我了解到同一含义的言语，用不同的语言表达出的效果是完全不同的，所以在写作的时候我们要仔细推敲自己的言语表达，用最简洁、最清晰的语言来表达自己的思想。对此，我深深地感谢×××教授和×××总监的悉心指导和耐心帮助！

Part 4　毕业设计作品

XXX 职业技术学院

电子商务专业毕业设计

答辩视频

题目： 网店客户转化率提升方案设计及优化——以远升办公专营店为例

类型：

产品设计	工艺设计	方案设计
		√

学生姓名：×××

学　　号：1318053×××

学　　院：商学院

专　　业：电子商务

班　　级：电商 1332 班

学校指导教师：×××教授

企业指导教师：×××总监

2016 年 5 月 4 日

摘　　要

本方案以杭州远升办公专营店为例，在店铺营销推广方案的合理设计上，对目标客户需求进行了精准分析及深度挖掘，为客户量身打造了系列能引领客户需求的新（差异化）产品、新产品线，对客户转化率数据进行了及时追踪及持续优化，将店铺客户支付转化率从一个月之前的 6.06%，成功提高到了 7.31%。以此为基础，本方案最后创新性地提出了“以品带线，以线带面”的网店客户转化率提升的方法与策略。

关键词：网店；转化率；选品；客户需求

目　录

1. 引言

在“网购”模式风靡全球的今天，网络购物平台及商家的竞争日益激烈。如何在既定平台展现出自己的特色，提升网店客户转化率，增强自己的竞争力？这是当下各大平台每个商家都面临的严峻考验。远升办公专营店在这样的大环境下更需要努力，寻找到能够有效提升网店客户转化率的方法和策略，也希望能为其他相似的店家提供参考方向。

2. 远升办公专营店网店运营现状分析

2.1　远升办公专营店简介

远升办公专营店是综美集团（杭州天墨文化创意有限公司）旗下的子网店；该店在运营作战策略中充当的角色是先锋一职，主要用来与竞争对手对抗，再配合整体的运营作战策略，与其他店铺相辅相成，为自己也为公司争得一席之地。

远升办公专营店同公司其他店铺一样，主营类目是：电子词典/电纸书/文化用品 >> 画具/画材/书法用品这一类；产品线基本完整，是一个成品店铺。主要产品线是：精品画具、素描用品、水粉用品、水彩用品、油画用品、画笔专区等，是根据画材主营类产品进行产品线布局分类的。

2.2　接手初期所处行业层级排名

接手店铺时间：2016 年 2 月 20 号左右；此时店铺位于行业第五层级，第 86 名左右，属于中偏上铺，如图 2.1 所示。

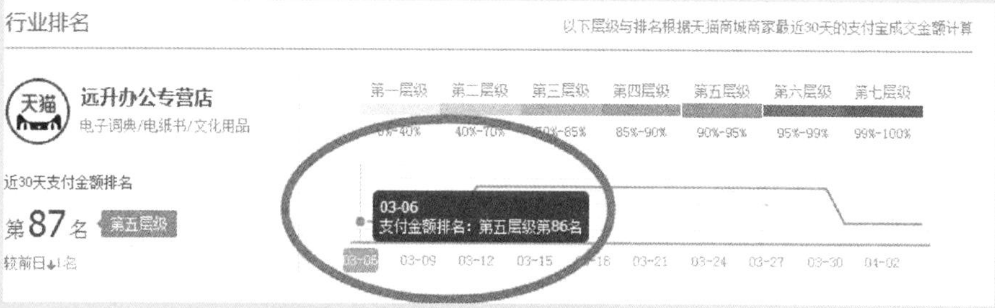

图 2.1　行业层级排名图

2.3　接手初期客户转化率

从图 2.2 可以看出店铺的交易概况，2 月访客数 11.5 万人，日均支付转化率 6.06%，2 月支付金额在 64.2 万元。从这个数据来看，整体销售状况还是不错的，因为 2 月上旬处于春节期间，店铺销售额、转化率受一定影响，所以评估下来正常每月销售额应该在 80 万左右（按淡季销售预估）。

2 月平均支付转化率为 6.06%，比同行业平均超出很多，如图 2.3 所示，这表明了本店发展极具优势，竞争力较强。该店铺与行业优秀相比差距并不明显，但在行业层级排名却不靠前，这说明本店的客户转化率与行业相比不是很稳定，例如，在 3 月有下滑趋势，而行业整体却是上升趋势，如图 2.4 所示，这意味着本店有很大的提升空间，所以提升客户转化率势在必行。

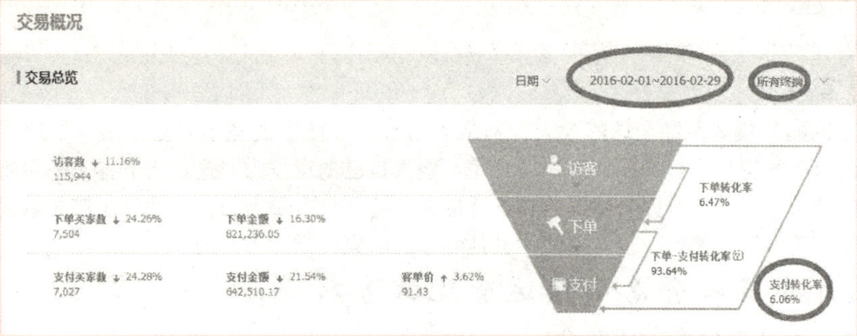

图 2.2　支付转化率概况

图 2.3　行业平均客户转化率交易趋势对比

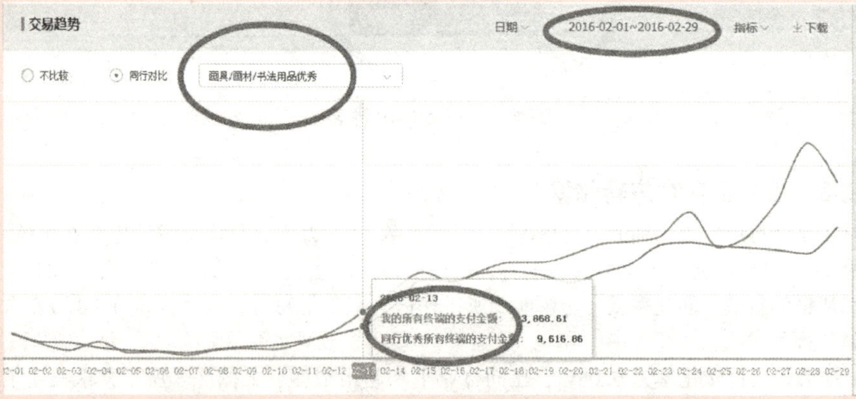

图 2.4　行业优秀客户转化率交易趋势对比

通过以上三个方面分析不难发现，远升办公专营店是一家中偏上等的店铺，产品线大方向完整齐全，从交易趋势来看与同行平均相比支付转化率有相对优势，但是与行业优秀相比本店并没有优势，而且有下滑趋势，所以必须针对店铺做出合理的网店客户转化率提升方案，以提升店铺竞争力。

通过行业数据分析及公司高层领导指点，了解到 3 月份是素描、水粉的销售旺季，所以为了配合公司的整体运营策略和远升办公专营店现有基础，本店选定“素描”这一品线的产品作为客户转化率提升的切入点。

3. 网店客户转化率提升策略分析

一个网店是由若干个店内产品组成的，所以要提升整个网店的客户转化率，主营产品客户转化率的提升是关键。因此，提升网店客户转化率，要从提升单款客户转化率做起。

3.1　优化店铺品类选品

3.1.1　行业品类需求市场调研

了解品类的市场需求空间及差异化市场营销，对于商家合理选品是极其重要的。“顺我者昌，逆我者亡”，这句话听起来很霸道，但在销售中还是很有道理的。如果店铺要推的品类，根本不是客户需要的，那么就是在做无用功，是无法取得好的效果的。这也意味着在选品时，一定要先考量这个品类，根据这个节点或者下个节点的需求趋势，制定合适的运营策略来推款。所以作为运营，在选品时一定要注意节点（行业发展趋势），在这个节点到来之前，提前选好品，做好产品的营销策划，环环相扣，才能打一场漂亮的胜仗。“生意参谋”里的市场行情，就是供商家了解行业市场需求的不错选择。

除了顺应趋势外，需要考虑差异化营销。所谓“知己知彼，百战不殆”，只有充分了解竞争对手的相关动态，找出自己与竞争对手的相同点与差异，把握不同客户需求差异，利用差异化营销，推出独特的差异化系列产品，才可以立于不败之地。

所以在确定选款之前，了解品类的市场需求空间，进行差异化市场营销是每个商家必做的。

3.1.2　产品质量、利润价值、潜在价值的考量

众所周知，产品是基础，就像人一样，没有健康的身体其他都是空谈。所以选出一款本身质量就相对较好的产品至关重要（针对该款产品的目标定位而言，即物有所值）。而所谓的潜在价值，就像是人都想成为一个优秀的人一样，光有好的身体也不行，需要有思想、有上进心，肯奋斗才行。所以预估产品未来的需求市场，现有的动态评分是对产品本身价值的另一种评估。产品单款评分太低，说明产品本身存在一定问题，暂时不适宜作为选款主推，即便升值空间很大，也需要等到优化以后才可以推选。

3.1.3　产品关联、搭配价值、包装价值的考量

了解电商行业的人都知道，单款商品的权重到后期是会越来越低的。权重会随时间的推移逐步递减，而且递减速度是越来越快的。因为淘宝一方面不希望爆款长时间占据首页，希望用户能看见新的商品，另一方面淘宝希望你的店铺有多个商品持续地支付广告费，而不是用一个爆款实现全部引流。所以单凭爆款风生水起的店铺是极少的，因为大环境（平台）不支持。鉴于这种状况，商家所能做的就是在单款爆款前期、权重最大的时候，充分利用其优势，以品带线、以线带面，让整个店铺都活跃起来。所以产品的关联性是必须要考虑的。提前选出关联产品，做好优惠搭配，在搭配的时候也要考虑这样搭配是否容易打包发货、是否操作简便、搭配是否必须、是否对于客户有益等。只有考虑到了方方面面，才可以以最少的成本创造最大的利润，提升店铺的访问深度。

3.2　聚焦客户需求改进产品

客服人员要运用聆听、提问等方式，挖掘客户的内在需求。了解客户的真实需求，以及隐藏在其表象需求背后的潜在需求，是客服及运营人员提高工作效率、改善服务质量的关键，也

是确保与客户交易时方向正确的关键。所以了解客户需求，把握不同客户群体的需求差异，创造、引领客户的潜在需求，是提升客户转化率的重要保障。

3.2.1　精研客户需求

1. 售后评价

分析售后评价是了解客户购物后心理动态最直接的方式，从这些售后评价里面，可以获取一些意想不到的客户需求，如图 3.1~图 3.3 所示。

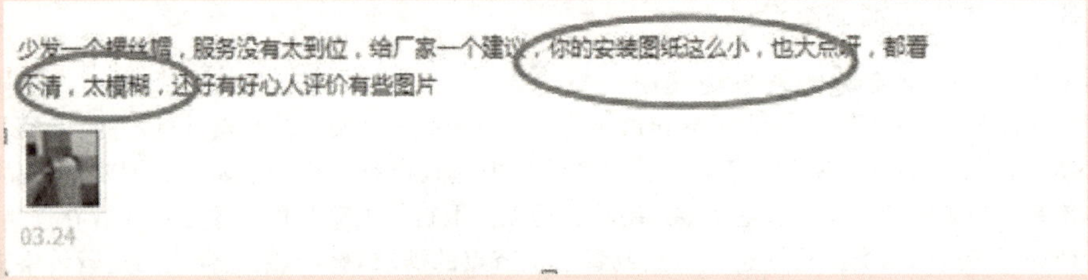

图 3.1　远升办公专营店客户评价（1）

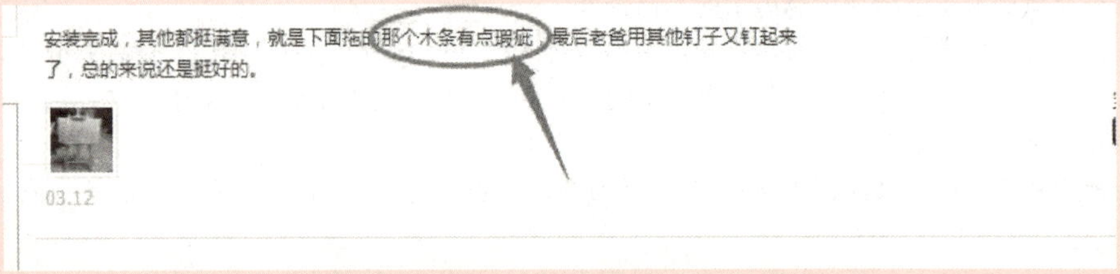

图 3.2　远升办公专营店客户评价（2）

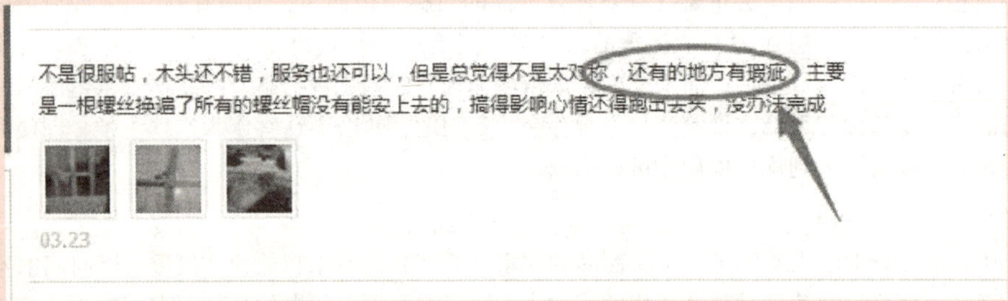

图 3.3　远升办公专营店客户评价（3）

从图 3.1 可以很直观地看到客户需要简单、清楚、明了的画架安装教程，以及更好的售后服务。至于客户所言是否属实，需要经过核实后再做出正确的改善优化方案。

图 3.2 及图 3.3 的几个评价不难看出，很多客户反映，画板、画架套装有瑕疵，画架或者画板不稳。只有一个两个这样说，可能是巧合或者失误，当有大量客户都这么反映时，就值得我们深思了。是不是应该解决画架或者画板不稳的问题呢？画板或者画架上的瑕疵是否能够避免呢？

客户评价是最能反映客户心声的地方，这里是值得运营关注的。综上所述：画架、画板的稳定程度，以及这个套装的瑕疵改进，是本店产品优化改进的方向。

2. 与客服仓库人员的有效沟通

客服是与客户沟通的桥梁，当客户有什么需求或者诉求时，第一了解人一定是客服。所以，我们只要与客服保持畅通沟通，也就能在第一时间掌握客户最新需求动态。

仓库人员是最直接接触产品的核心人员，他们负责产品的对接、产品的保存、库存累积、打包等相关工作，他们更能了解产品的畅滞销情况及打包成本，对产品的质量也有着最直接的感观。所以只要与仓库沟通联系好，在物流打包成本、产品质量把关、关联搭配、产品畅滞销策略等方面可以节省相当的财力和物力。

3.2.2 深层次把握需求差异改进产品

区分客户的需求差异就是了解不同潜在客户群体最重要的基本需求，以及购买习惯和购物行为。吃透了这两句话就意味着你对于客户需求有一定的了解了。把握不同客户群体基本需求的精髓还是在产品定位、店铺产品线分类、梳理等方面。根据自己的产品线思维，精确地调研分析客户的基本需求，对于把握产品市场至关重要。

当我们把一条条的产品线都梳理清楚了，再一条条挖掘客户的基本需求，甚至是创造需求，以线变面，直至最后精准把握不同客户群体的需求差异，再根据这些需求差异打造或者改进出新款产品来达到提升网店客户转化率的最终目的。

3.3 稳步推广所选产品

3.3.1 产品页面优化

优化产品页面与视觉营销离不开关系。视觉营销提起来大家都是知道的，但是你是否真的知道它的重要性呢?

在推广产品、推广店铺的时候，视觉内容的作用可以说是一图胜千言。视觉内容能在短时间内产生更大的影响力。研究表明，大脑处理视觉内容的速度比文字内容快 60 000 倍。此外，93%的人际交往是非言语的，因此视觉营销显得至关重要；做好视觉营销也是提升客户转化率的关键因素，更要牢记单个产品的视觉营销效果，要尽力朝整个店铺的特性靠拢。

1. 主图优化

针对主图，需要按照平台要求及客户需求做出调整，5 张主图分别是营销图（突出卖点，充分利用视觉营销)、白底图（产品清晰，有质感、大、整洁美观，符合天猫首图展示要求，也是可以在达人购、有好货两个版块中展示的基础)、细节图 2 张（2 张细节突出展示产品重点)、效果图（展示产品功能)。

2. 详情页优化

产品详情页的描述必须符合逻辑，突出产品重点、卖点；最重要的产品内容最好展示在前面，最高境界就是达到情景交融，融合了自己的企业文化，让顾客一看就产生购买欲望。不管是主图、详情还是直通车图，都需要符合简洁明了、主题突出、文字清晰、图片清晰美观的特点，如果可以的话最好还可以符合品牌调性。

APP 端所占的权重越来越大了，必须将 APP 端的详情页和 PC 端的区别差异化对待，APP 端的详情页控制在 6 屏以内，最上面最好放置营销海报、系列差异化产品推荐、产品信息等重要信息；当然 PC 端一样，但是 PC 端可以更详细一些。

3. 单款动态评分优化

单款的动态评分，可以直观地看出这款产品现在的销售售后状况，可以根据这个动态评分、单款转化率，计算出合理的日刷单数，做好刷单报表、人气报表，继而做买家秀、好评率、晒图，提升产品单品评分。

3.3.2 直通车辅助推广引流、提升排名

1. 选词

选词是进行直通车推广最基础的一步，如果选的词不好，后续推广不仅是毫无意义的，而

且还是一种浪费。在选词前，一定要对自己所做品类有一个特定的了解，如画材，属于标品类目，而标品类目基本上不存在长尾关键词，因为标品的修饰词不会很多，否则买家的搜索习惯和购买行为就会相对较为单一，这就决定了我们的推广词是有限的，词越少商家间的竞争就越大。所以我们能做的就是在节点前提前选好词，放入直通车养词推广，提前抢占市场。

选词的标准就是换位思考，根据客户的购买习惯、行为习惯，结合直通车关键词列表中提供的词，参考市场平均出价、相关性、竞争指数、点击率和转化率选出最适合自己目前状况的词语。

2. 提升并维持质量得分

选好词后，我们要做的就是提升并维持质量得分。我们需要了解所选词的市场平均点击率和转化率、现在的自然点击量和转化率，然后根据差距，按照三个阶段，适当为所选词增加点击量并补单，一般质量分养满 10 分的周期为 3 天。质量分提升上去后一定要做好维护，不然还是会掉分的。在维护质量分时一定要注意 PPC 和单款预算，结合实时状况增加收藏和加购，提升单款人气权重。

3. 维持单款数据（点击率与转化率）

其实维护数据与养质量分是分不开的，需要根据行业平均点击率和转化率来调控自己所选词的展现量、点击量和转化率，从而维护好单款产品的直通车数据，提升产品权重，提升产品的自然搜索排名。需要注意的是，维护不是伪造，一定要保证产品本身的点击率和转化率并不太差，实时关注直通车图，测图、测点击，实时调整出价。获取最合适的流量位置是维护直通车的根本。

4. 卡排名，抢市场，增加竞争力

当直通车推广的单款产品自然搜索排名提升上去后，就要利用直通车展示位置的特殊规律来卡位置，抢流量，增加竞争力，为下款产品减小竞争压力，也为店铺引流增加更大的机会。

3.3.3 猫客专享引流

每个工具都有它特定的历史使命，手机专享价完成了 PC 到无线电商的引领，它的退出也会让更多的无线营销玩法涌现出来。2015 年双“十一”，密令红包、关键词特效红包、分享有礼、红包营销都在聚光灯下，后续继续会有购前分享砍价、购后分享大礼包传播、个性化搭配、买家秀等一系列全新的无线新功能出现，这在很大程度上丰富和完善了无线营销的玩法。手机专享价已经退出了历史的舞台，猫客成为了后起新秀，所以顺应这个发展趋势，我们做了猫客专享价，继续维持甚至提升 APP 端的流量及转化。

3.3.4 “有好货”“达人淘”模块的合理利用及推广

最新市场调研消息，2016 年淘宝平台上的“达人淘”和“有好货”模块的权重将会加重，所以有机会做这两个模块就一定要把握住机会。“达人淘”对本店来说相对较难，我们打算通过特有途径，找相关爱好达人，站在“利他”的角度来为本店的产品作宣传，目前正在实践探索，将要突出的重点是利于客户、利于他，而不只是利于商家。“有好货”进行此活动难度相对较低，可以充分把握官方提供的相关活动，跟进产品报名。

3.4 产品线的优化及开发

产品线的布局与客户的需求定位分不开，所以优化产品线是相对容易的，只要找到客户需求，根据不同的客户需求，制定不同的价格体系，并将这条需求线上的产品铺全，那么客户总会找到适合他的产品。但开发产品线却是难度很高的。

苹果手机的传奇是值得我们学习的榜样。它创造、引领了客户需求，而不是单一迎合客户需求。俗话说竞争对手、行业高手是我们最好的老师，如果能在第一时间把握竞争对手的最新动态，了解行业需求趋势并用自己活性的思维，充分考虑客户现有的需求，继而挖掘客户的潜在需求，打造出真正的新款产品来引领客户需求，那么这款产品的产品线开发也就不是难题了。

4. 网店客户转化率的方案设计实施及优化

提升网店单品客户转化率是提升网店客户转化率的基础。结合专业人士的相关建议，经研究发现3月开学季是“素描”产品的销售旺季，所以我们决定通过提升单品——马利素描8件套的客户转化率来带动整个素描产品线的客户转化率，最终达到提升整个网店客户转化率的目的。

4.1　素描品类的选品

4.1.1　素描品类需求市场调研

在市场行情数据分析基础上，结合公司内部专业人士给出的建议，我们选定了3月作为节点主推素描品类产品。

从图4.1中我们可以看出，3月份的上半个月行业市场需求相当好，也相当稳定。在素描品类需求图中（见图4.2）我们可以看到，对于素描的需求在这个时期比较大，所以在对行业动态极为了解的领导者帮助下，配合公司的整体运营策略，赶在3月开学季前，就选好了素描这个品类进行优化，并选定了“马利素描8件套”为素描品类首款优化产品。

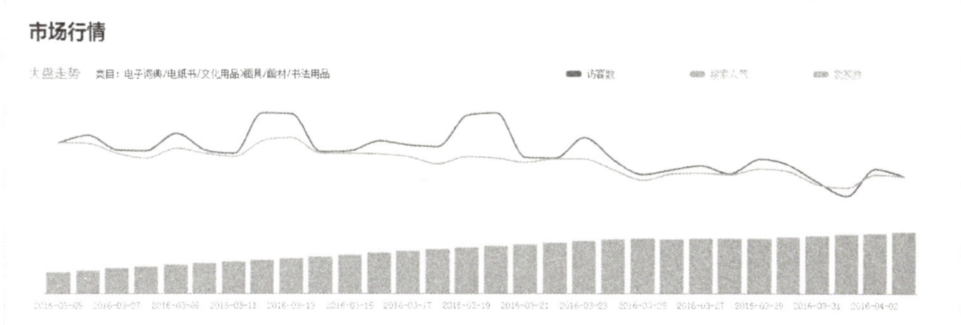

图4.1　整体行业趋势图

搜索词	全网搜索热度	全网搜索热度变化	全网点击率	全网商品数	直通车平均点击单价	操作
素描本	4,028	↓3.03%	330.59%	114,529	0.6	收藏
素描	2,841	↓2.14%	171.49%	827,278	0.9	收藏
素描套装	1,228	↓13.22%	243.89%	43,612	1	收藏
素描教程	326	↑3.16%	241.41%	66,417	0.39	收藏
素描工具	167	↑7.05%	283.83%	9,324	0.77	收藏

图4.2　素描品类需求图

4.1.2 素描类产品自身价值考量

虽然3月份上半个月素描类产品市场需求较好，但从整个3月来看是处于下滑趋势的，进入行业淡季。但是它本身的市场并不会萎缩的特别厉害，还是有一定的市场需求，并且我们可以发现它的竞争力度在逐渐减小。所以，只要在这个节点推好这款产品，并做好维护，就可以在9月开学季再次来临时，以超低的PPC抢占市场，存在的潜在价值相对较大。

素描单品的选择原由，主要从单品动态评分及单品整体销售效果来分析，如图4.3和图4.4所示。

图4.3 单品动态评分

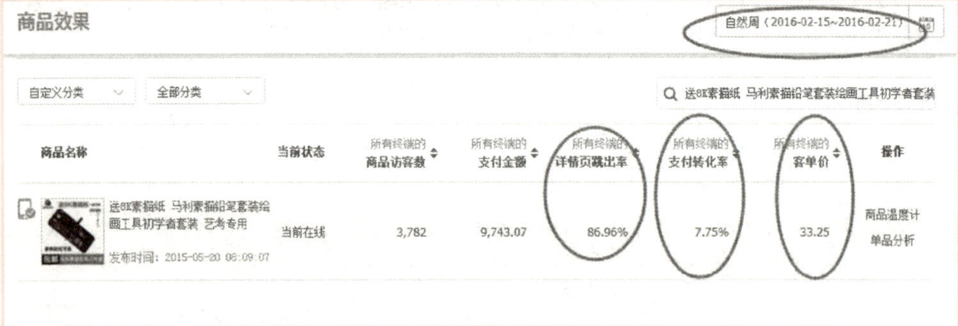

图4.4 单品整体销售效果

从图4.3和图4.4可以看出：产品本身不存在严重问题，质量尚可，产品转化率也还不错，但是详情页的跳失率和客单价这一块还有很大的优化空间，且该款产品在公司的定价策略中适中、赢利适中，这也意味着这一款产品的可选性。

4.1.3 素描类产品关联价值考量

首选这款产品，一方面它的搭配价值极高，里面的内容产品可以和笔帘、笔盒相结合，不会多占地方，打包起来也比较容易，而且产品细小不容易破损，人工成本较低，相当具有优势；另一方面这是一款套装，所以关联的产品是相当多的，如铅笔，笔帘、橡皮等，都可以因为这款套装的畅销而畅销。除此之外，也还可以针对此款产品提供更高档的套装，以满足更高定位的客户群体，促进关联销售。

4.2 素描“选品”的优化

通过对该款产品售后评价的阅读，结合与客服和仓库人员的沟通后，我们对该款产品进行了升级改造。

4.2.1 双插孔设计

首先是进行双插孔的升级，如图4.5所示。这里的细节升级，更加方便了客户对于橡皮的取舍，取放方便适宜，笔帘的内部构造也更加精致了。

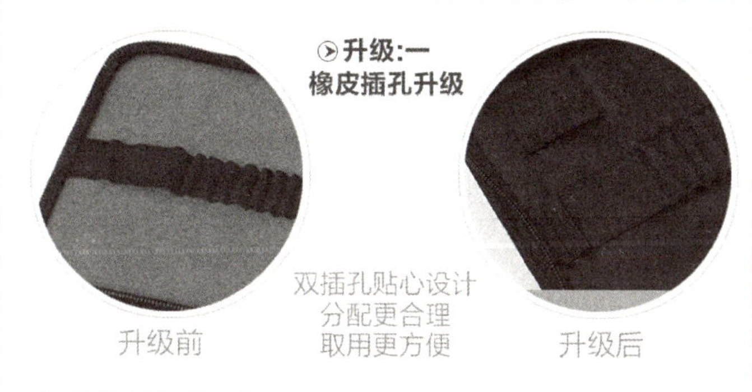

图 4.5　双插孔设计

4.2.2　宽缝接头升级

然后，对笔帘的内部构造进行了升级改造，增加了宽缝接头，使折叠笔帘看起来更有型，更显档次，如图 4.6 所示。

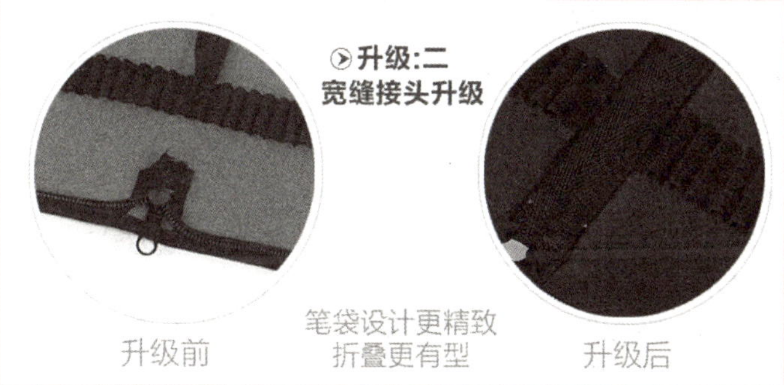

图 4.6　宽缝接头设计

4.2.3　双压缝设计

再次，对双压缝重新设计。围腰式笔帘由原来单压缝线，升级为现在的双压缝线，使笔帘看起来更美观，也更加结实、牢固，如图 4.7 所示。

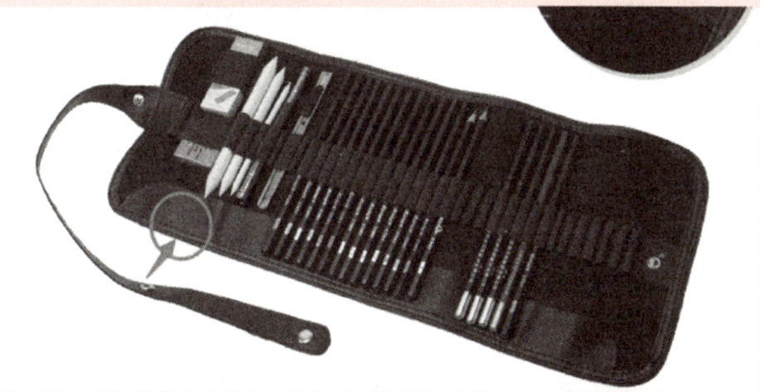

图 4.7　双压缝设计

4.3 “选品”的推广方案设计、实施及优化

4.3.1 马利素描8件套页面优化

1. 主图优化

一个产品的主图（首图）就好比是一个人的外在打扮，或者是实体店的门面，如果首图能够成功吸引人的注意力，那么就相当于进入了“实现客户转化”的门槛。

首图可结合店铺整体特性，进行相匹配的选色；模仿竞争对手布局，同时突出自己的卖点，如送8K素描纸一袋，凸显产品LOGO。文案突出、产品清晰，是所有产品主图必须具备的特点，如图4.8所示。

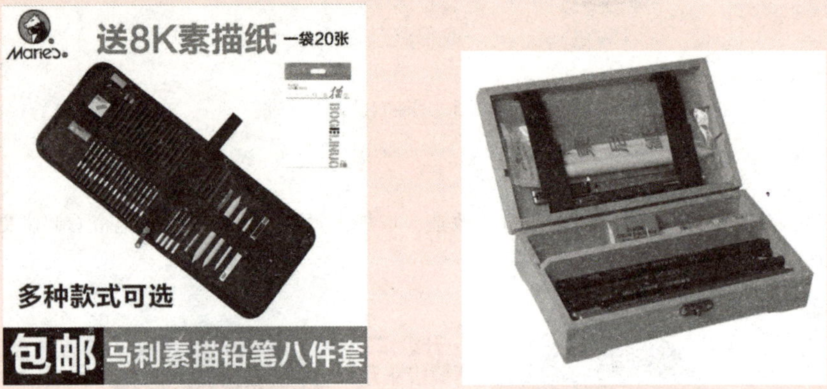

图4.8 首图与细节图

2. 详情页优化

对于一个初学素描的人来说，使用方便、经济实惠、产品质量相对较好就是不错的选择，最好有点小礼品，同时套装里面的每个小件物品可以保证好用、无破损、不缺少。我们不只是满足了这些需求，更成功地挖掘了客户的潜在需求，对产品进行了完美升级。所以在详情页里面，特意针对新改造升级的产品进行了页面强调，突出产品新功能，增强顾客购买欲望。

3. 单款动态评分优化

动态评分可以反映产品本身的“健康状况”，而本店通过实操完成了对单品的优化，使产品的“健康指数”升高，如图4.9所示。通过产品详情页描述的优化和买家秀、好评率的调控，成功地让单款评分再上了一个等级（见图4.3）。

图4.9 单品推广中期动态评分

4.3.2 直通车辅助推广

1. 选词提升质量得分并维持

经过层层筛选，选择了素描套装和素描铅笔套装这两个词进行维护。从图4.10和图4.11

可以看出，“素描套装”这个词的质量得分是跌了一段时间的，所以必须查找原因，看看是因为车图本身点击不够，还是因为没有做好维护。在考虑直通车图的时候不要只一味地测自己的图，还要考虑竞争对手的变化，实时关注竞品的变化。

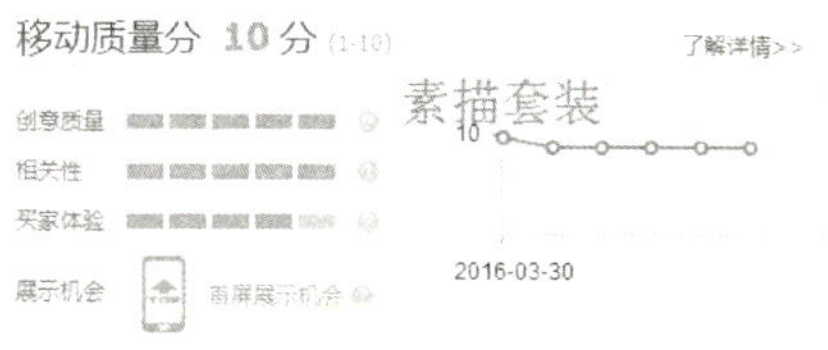

图 4.10　“素描套装”质量得分

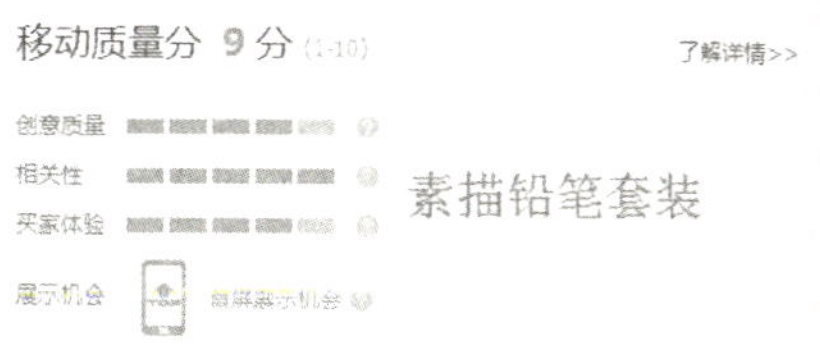

图 4.11　“素描铅笔套装”质量得分

2. 维持单款数据（点击率与转化率）

合理地利用直通车推广并进行对数据的维护，可以使产品的权重稳居不下，排名上升。推广前期数据维护展示，如图 4.12 所示。

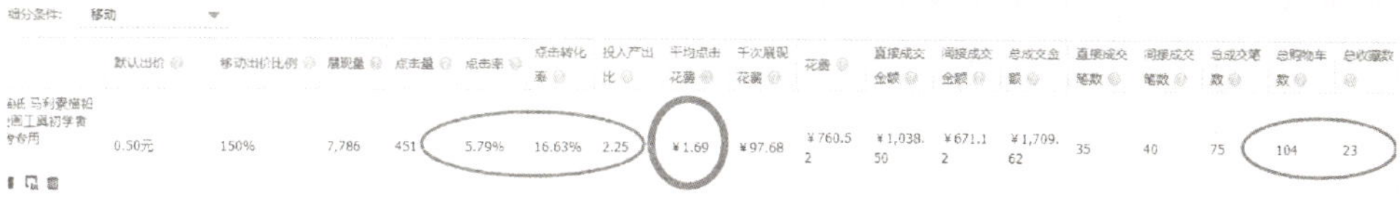

图 4.12　产品推广前期

产品推广期的效果与推广前期的效果进行比较我们发现：在单品 PPC 降低的情况下，投入产出比是升高的，这是推广成功的体现，收藏、加购也大幅度提升，意味着该款产品权重比例的上升。如图 4.13 所示。

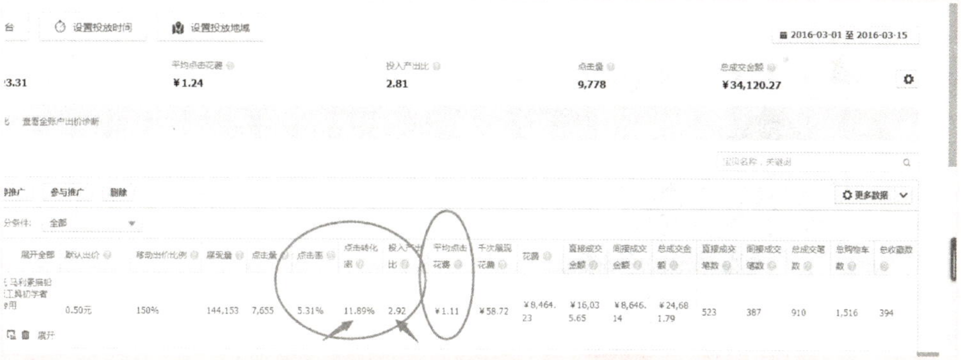

图 4.13　产品推广期（行业趋势正常非淡季）

从产品推广期整体结果来看，与推广前期相比，产品详情页跳失率相对减少，但是仍然偏高，需继续优化；支付转化率大幅提升，说明产品的推广效果还是相对有效的，优化方向没错；客单价与原本相差无几，这与产品定位相关，所以下一步的优化重心可以适当放在关联推荐、提升客单价方面。如图 4.14 所示。

3. 卡排名，抢市场，增加竞争力

这款产品的自然搜索排名排在第一，所以直通车位置就没有必要顶在第一位，因为这款产

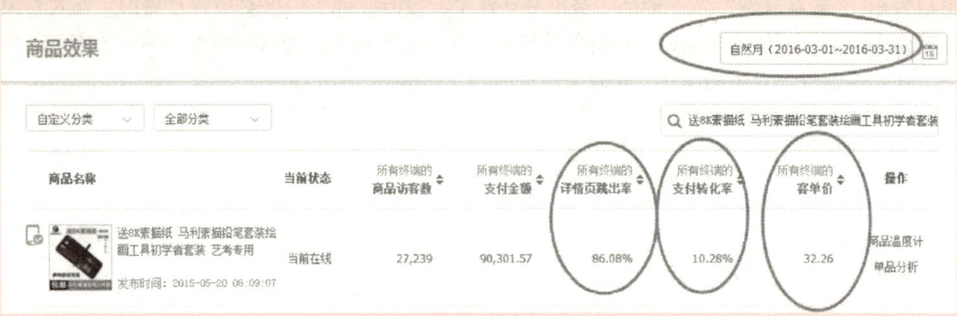

图 4.14　商品推广期整体效果

品的平均 PPC 还是相对较高的。在这种情况下，结合整个公司的同款产品布局，这款产品的直通车位置只要卡在第 4、5 位，就可以获得相当不错的流量，PPC 也不高，还能给竞争对手造成压力。

4.3.3　猫客专享的设置

我们设置了猫客专享（见图 4.15），但发现这个专享价似乎并没有很大的吸引力，效果并不是很明显。所以，下一步我们将会在对这个专享价进行成本核算后重新设置，以达到吸引客户、提升客户转化率的目的。

4.3.4　“有好货”“达人淘”版块的使用

“有好货”“达人淘”版块目前在网购用户中越来越受欢迎，所占权重逐渐上升，所以有

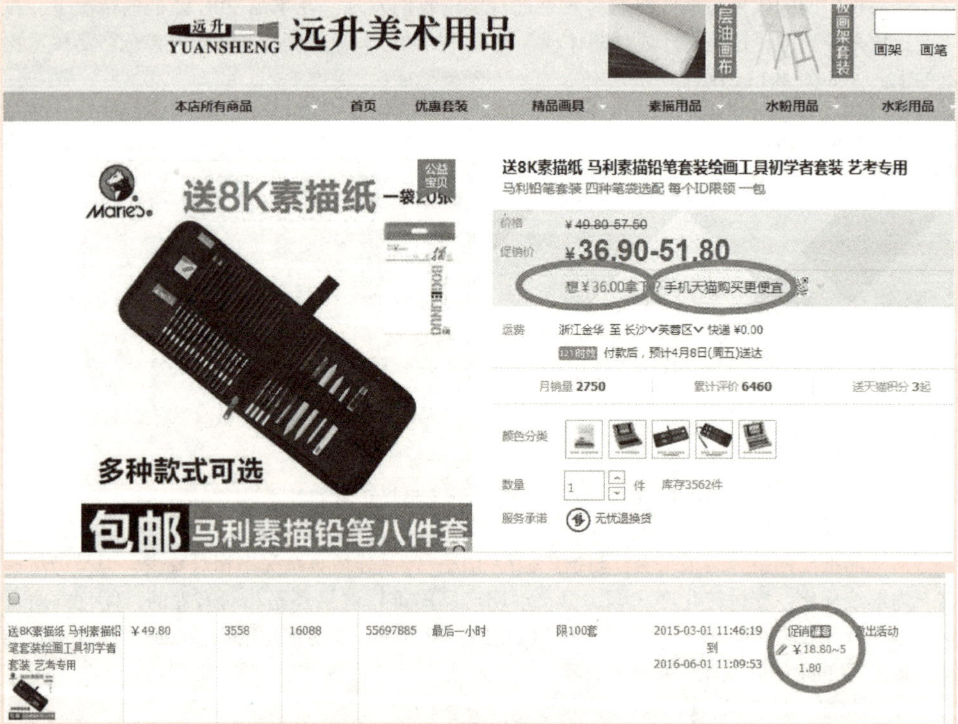

图 4.15　猫客专享设置

效利用这两个版块是我们提升客户转化率的又一途径。

使用“有好货”版块需要先填写报名信息，等待审核，如图 4.16 所示，图中产品的“有好货”活动正在审核中，目前没有进入“有好货”频道。已审核过的产品，“有好货”展示效果，如图 4.17 所示，以白底图显示，由达人推荐。

图 4.16　有好货报名流程

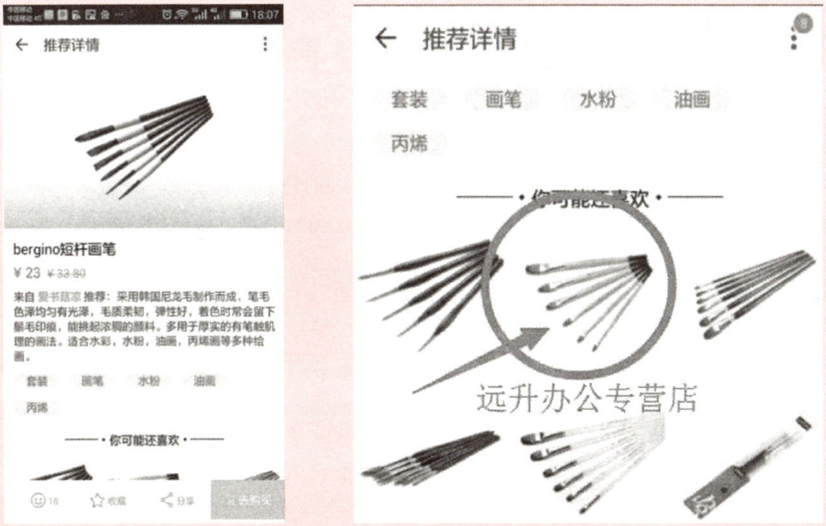

图 4.17　有好货频道展示

4.4 选款产品线的优化及开发

目前这款素描套装的产品线已经是相对完整的了，我们这次的产品升级实际就是对产品线的扩充，以及新品、新功能的上线。下一步要做的就是针对素描这个品类的产品进行竞争调研，看看精品有哪些？有什么特点？这个品类中的产品哪些是我们没有的？然后再结合实际情况进一步开发。

4.5 店铺客户转化率提升效果

一个完整的店铺就是由无数个产品线内的单品组成的，所以通过有效地提升单品的客户转化率从而达到“以品带线，以线带面”来提升整个店铺的客户转化率的目的。3月远升办公专营店的概况如下所述。

4.5.1 店铺3月所处行业层级

从2月接手该店铺由至3月底，店铺的行业层级排名情况如图4.18所示。

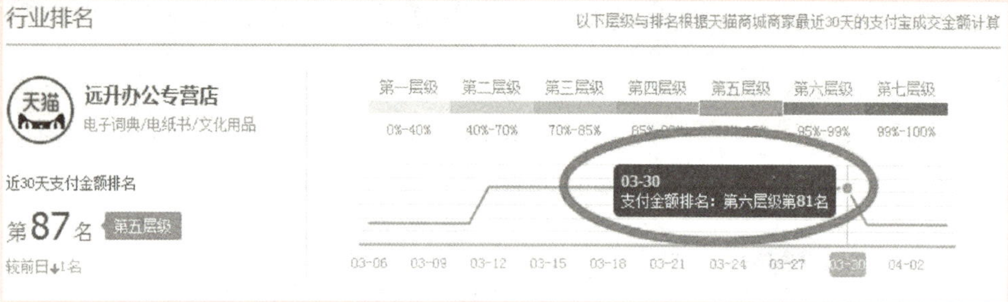

图4.18 店铺行业排名推广前后对比图

通过图4.18与图2.11的对比发现，经过2月中下旬的推广优化，店铺的整体层级上升了一级，但是到3月下旬以后有下滑趋势。这是因为开学季过后整个类目开始进入淡季，销售额下降是必然的。但是与其他商家对比后发现，其他商家销售额还是有上升的，说明自身店铺还是存在一定问题，需要继续诊断及优化。

4.5.2 店铺3月客户转化率概况

店铺3月的交易及客户转化率如图4.19所示。3月的进步还是很大的，月销售达到了116.38万元，是上个月的2倍；支付转化率是7.31%，比上个月增加了1个多点。

5. 总结

综上所述，要提升客户转化率，大致可通过以下步骤进行操作。

(1) 把握市场动态趋势，了解单品的淡热季，配合相应节点，提前构思选品雏形。

(2) 合理选款，优化产品，做好内功，打好基础。

(3) 挖掘客户潜在需求，升级产品或者直接利用新品来扩充优化产品线。

(4) 结合直通车、钻展、淘宝客等常用营销工具，推爆款、做排名，提升产品权重，做好产品页面产品线布局，从而“以品带线，以线带面”提升整个店铺的权重，增加店铺的竞争力。

(5) 达到鼎盛时期后，可以针对该款产品制定特殊的老客户维护计划，提升回购率。

提升网店客户转化率，除了做到以上几点之外，还应该顺应行业趋势，多思考，多研究，实时关注瞬息万变的市场动态、平台考核内容的权重占比。做到与时俱进，及时学习、借鉴行业精英的成功经验，以帮助我们有效提升客户转化率！

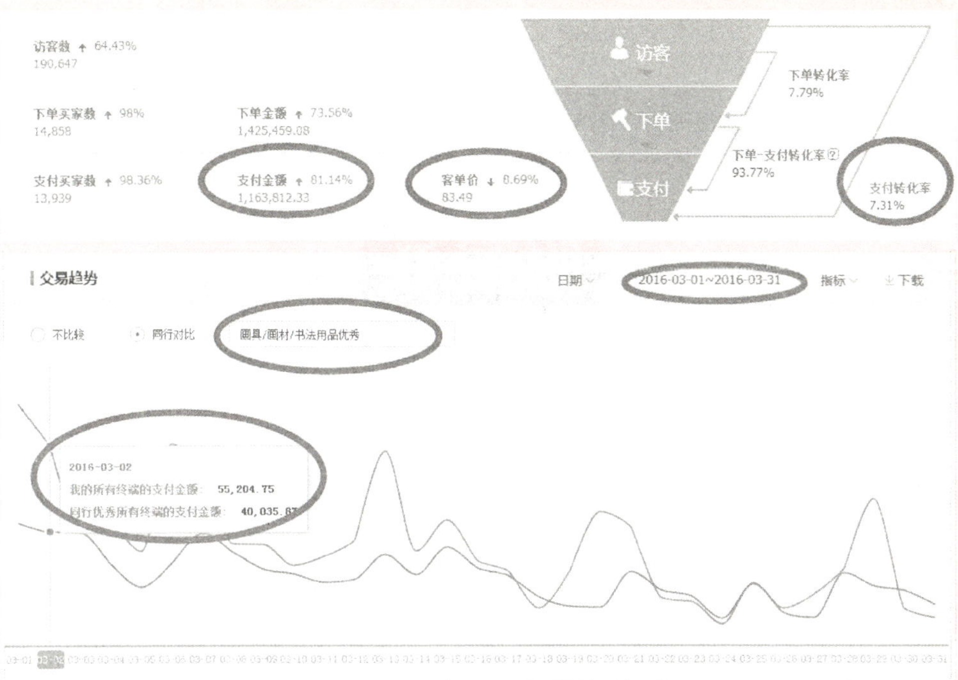

图4.19 店铺3月交易概况与交易趋势

参考文献

[1] 中国电子商务研究中心. 倾听客户需求，提升客户体验的九大诀窍. http://www.100ec.cn/detail--6004919.html，2011.10.

[2] 跨境电子商务. 深度剖析：跨境进口零售电商应如何选品. http://it.sohu.com/20160404/n443301270.shtml，2016.4.

[3] 蒋晖. 店铺数据，淘宝店铺权重分析. http://www.kaitao.cn/article/201603051141150880.htm，2016.3.

[4] socialbeta. “案例”视觉营销的魅力. http://socialbeta.com/t/5-brands-visual-content-strategy.html，2014.10.

[5] 我是大人物. 告别选择恐惧，“大人物”解析如何锁定主推款，让你的直通车一帆风顺. http://bbs.paidai.com/topic/446684，2015.11.

致谢

历时4个多月的毕业设计成为我学生生涯最难忘、最有价值的一段时光。首先我要感谢×××教授，我的毕业设计作品离不开她的悉心指导，从说明书的拟订、方案的架构、修改，一直到最终定稿，倾注了教授的大量心血。在毕业实习期间，我也要感谢我们的运营总监×××先生，在我实习期间对我的提点和指导，让我快速成长、学有所获。

毕业设计的圆满完成，离不开各位老师、各位同学的真心相助，感谢一路有你们相伴，在这里送上最诚挚的祝福！

附录 B

物流管理专业毕业设计实例

Part 1 毕业设计任务书

XXX 职业技术学院毕业设计任务书

__商__学院__物流管理__专业__1332__班学生__×××__学号__1318063×××__

一、毕业设计题目：__远成快运长沙分公司转运中心作业流程优化__

二、毕业设计进行地点：__学校+企业（远成快运长沙分公司）__

三、任务书内容：

（一）目的

远成快运长沙分公司自 2015 年 6 月 18 日成立以来，发展迅速，而管理制度和业务流程却没有跟上其高速发展的脚步。其中，转运中心是远成快运长沙分公司运营的命脉，本选题旨在通过对远成快运长沙分公司转运中心流程探究，从转运中心作业流程角度发现企业运营的缺陷，并针对具体情况提出合理化的解决方案，规范转运中心的操作流程，从而提升远成快运长沙分公司的运营质量。

（二）任务

1）调研远成快运长沙分公司转运中心的现状。

2）深入了解该转运中心具体的操作流程。

3）分析转运中心出现的问题。

4）针对作业流程中出现的问题，制订相应的优化方案。

5）进行优化方案效果分析。

6）根据前期实习心得总结，撰写毕业设计初稿。

7）在专业指导老师指导下，对初稿进行修正和完善，完成毕业设计二稿。

8）最后征求企业指导老师及专业指导老师的意见，完成毕业论文终稿。

（三）成果要求

1. 总体要求

① 毕业设计内容必须文题相符、概念清楚、思路清晰、层次分明。

② 毕业设计方案设计合理、依据可靠，具有一定的社会价值、市场价值或商业价值。

③ 毕业设计提交的相关文档作品必须符合指定的写作规范。

④ 毕业设计作品字数要求在 5000 字以上。

⑤ 毕业设计必须清楚反映自己的学习心得及探索成果，体现自己的专业能力和实践水平，严禁抄袭。

⑥ 尊重他人的学术成果，养成严谨、求实、诚信的学术作风。在引用文献资料时，必须在引用处做出标注，在设计作品的末尾按引用顺序列出文献资料的出处及详情（作者、资料名称、发表场所、时间、页码等）。

⑦ 在完成毕业设计（论文）期间，对每周所做的工作事项和下周的工作安排都应有详细的记录，并按指定的方式及时提交。

2. 进度要求

① 构思阶段（2015 年 10 月—2015 年 11 月）：确定选题，撰写毕业设计任务书、执行方案（开题报告）。

② 调研阶段（2015 年 11 月—2016 年 12 月）：完成指定的文献阅读及市场调研工作量。

③ 写作阶段（2015 年 12 月—2016 年 4 月）：撰写毕业设计初稿、二稿及定稿。

成果总结及答辩阶段（2016 年 4 月—2016 年 5 月）：撰写毕业设计成果报告书、答辩汇报 PPT 等。

指导教师签名：××× 　2015 年 10 月 15 日
系室主任签名：××× 　2015 年 10 月 16 日
学生签名：××× 　2015 年 10 月 18 日

Part 2　毕业设计执行方案

XXX 职业技术学院毕业设计执行方案

__商__学院__物流管理__专业　　　2015 年 11 月 26 日

设计题目	远成快运长沙分公司转运中心作业流程优化				
学生姓名	×××	学号	1318063×××	指导教师	×××
1. 选题的依据和意义 远成快运公司是远成集团于 2013 年组建的新型配送公司，以其先进的配送理念，塑造远成新型超级配送模式，通过差异化服务，提高市场占有率，提升远成品牌价值，实现远成大物流愿景。 远成快运长沙分公司成立于 2015 年 6 月 18 日，自成立以来发展迅速，但在管理制度和业务流程方面均有不成熟之处，尤其在业务流程上有诸多不合理，导致出现快运业务时效低下、客户满意度下降的现象。转运中心是远成快运长沙分公司的运营命脉，因此解决转运中心存在的作业流程问题，对远成快运长沙分公司的发展具有建设性意义。					
2. 拟解决的关键问题 ① 调研远成快运长沙分公司转运中心的现状。 ② 深入了解转运中心基本的操作流程。 ③ 分析转运中心出现的问题。 ④ 针对出现的问题，制订相应的优化方案。 ⑤ 进行优化方案效果分析。					

续表

3. 毕业设计的技术路线

步骤一 文献调研：上网查阅运营体系相关资料，阅读最新书籍资料，归集相关文档资料，撰写内容摘要及读书笔记。

步骤二 实地调研：调研远成快运长沙分公司转运中心并深入了解分析，总结目前转运中心现状。

步骤三 拟定设计方案：根据前期调研分析结果，设计转运中心存在问题需要改进的方案。

步骤四 方案实践：根据策划方案，在转运中心进行实践，记录相关数据，保存过程资料。

步骤五 方案总结优化：对转运现状进行总结，对制订的方案进一步优化。

步骤六 撰写毕业设计方案：远成快运长沙分公司转运中心作业流程优化。

步骤七 毕业设计成果总结：拟定成果报告书、答辩汇报 PPT 等。

4. 毕业设计的日程安排

任务	开始时间	结束时间	阶段成果
确定选题	2015 年 10 月	2015 年 11 月	毕业设计任务书
制订方案	2015 年 11 月	2015 年 12 月	毕业设计执行方案
完成设计	2015 年 12 月	2016 年 4 月	毕业设计作品
成果总结	2016 年 4 月	2016 年 5 月	成果报告书、答辩汇报 PPT

5. 指导教师的意见及建议

方案可行，同意执行。

签名：×××

2015 年 11 月 28 日

Part 3 毕业设计成果报告书

XXX 职业技术学院毕业设计成果报告书

学院	商学院	专业	物流管理	班级	1332
学生姓名	×××	学号	1318063×××	指导教师	×××
毕业设计题目	远成快运长沙分公司转运中心作业流程优化			毕业设计类型	方案设计

1. 毕业设计过程的简要说明

本人在远成快运长沙分公司（湖南世阳快运有限公司）顶岗实习了 5 个月，在实习期间，本人对长沙分公司转运中心的现状及公司各个环节的基本操作流程都有了深入的了解，在×××老师和企业指导老师×××先生的悉心指导下对转运中心的作业流程进行了优化，相关的建议得到了公司领导的认可，并已在转运中心实施，取得了良好的效果。

2. 作品的特色与亮点

本方案通过对转运中心现状的分析，发现转运中心作业流程中出现的问题，为转运中心量身打造了一个作业流程优化方案。在对转运中心实地调研的基础上，重点对转运中心的到车和发车流程进行了优化设计，同时制订了循环班车执行方案及打造客户体验日执行方案，在推行这些方案后，取得了较好的成效，显著提升了长沙分公司的运营质量。

续表

3. 作品的社会价值及主要用途

本方案创新地设计出了转运中心作业流程优化方案，能够有效解决转运中心目前出现的到车和发车流程不规范、车辆调度不合理、库存居高不下等问题，对物流企业的转运分拨中心有一定的借鉴意义。远成转运中心采用优化方案后，转运中心的运营质量逐步上升。

4. 毕业设计的体会与收获

通过毕业设计，本人从学校学来的知识得到了进一步的升华，对物流企业的运营模式有了实质性的了解，在整个毕业设计及顶岗实习的过程中，我学会了通过数据发现问题，并解决问题，提升了 Excel、PPT 的操作能力，以及专业文案撰写能力，也在不断的失败和错误中得到了锻炼和成长。

Part 4　毕业设计作品

答辩视频

XXX 职业技术学院

物流管理专业毕业设计

题目： 远成快运长沙分公司转运中心作业流程优化

类型：

产品设计	工艺设计	方案设计
		√

学生姓名：×××

学　　号：1318063×××

班　　级：物流 1332 班

专　　业：物流管理

学　　院：商学院

学校指导教师：×××

企业指导教师：×××

2016 年 5 月 9 日

摘　　要

随着科学技术的发展和市场竞争的加剧，我国物流业进入了一个更为激烈的竞争环境。为了加快货物周转速度，国内物流企业在全国范围内建立转运中心，通过转运中心的高效运营为客户提供高质量的物流服务。本方案设计运用规范分析的方法，以远成快运长沙转运中心为例，深入了解转运中心发车及到车作业流程，从物流企业效益最大化角度提出作业流程中存在的不合理现象，包括发车到车流程不规范、车辆调度不合理、库存居高不下等问题，并根据实际操作情况分析原因，在此基础上提出转运中心作业流程优化方案。

关键词：远成快运；转运中心；作业流程；优化方案

目　　录

前言

随着物流企业间的竞争日益激烈，物流企业转运中心的运营质量越来越受到企业的关注。转运中心是一个复杂、动态的系统，其运行受订单量、作业能力、硬件设施设备等影响较大。远成快运长沙转运中心主要有发车及到车流程，通过笔者在转运中心5个月的实习调研发现发车和到车流程有诸多不合理现象，严重影响了转运中心的运营，对作业流程的优化是公司领导亟待解决的焦点问题。

1. 远成快运概况

远成快运有限公司（Yuan Cheng Express Co.，Ltd.）（下文称远成快运）创建于2013年，注册资金5000万，以其先进的配送理念，最大满足了广大客户的定制化、品质化、智能化、差异化、多元化配送服务需求。

远成快运发展优势：具有专业化、定制化、高端化、智能化的配送管理能力；具有较强竞争力的专业化运营团队；具有多组合运输配送能力；具有差异化服务的运输产品及模式。

2. 转运中心现状分析

2.1 转运中心仓库简介

2.1.1 仓库设备概况

长沙转运中心目前配备1台地磅、16台手动叉车、1辆内燃叉车、9台PDA、465个托盘，仓储机械化程度低，技术、设备都比较陈旧。每天接货、卸货的时候属纯劳动力作业，多数货物单件重达两百公斤，均由几人合力将货物从车上抬下转移到托盘。总体上仓储搬运机械化水平偏低，但没有严重影响仓库的运作效率。托盘由于长期未得到有效的护理，有支架破损的情况，过道两旁的托盘常因员工操作不熟练导致碰撞而损坏，破损托盘因无人修理而造成资源浪费。叉车和货架均存在类似的问题，陈旧的仓储设备极易造成严重货损，货物安全风险高。仓库虽配备了两个灭火器，但被随意放在仓库一角，只是为了应付上级部门检查。一旦发生火灾，不能在第一时间找到灭火器进行灭火。

2.1.2 仓库利用率概况

长沙转运中心仓库利用率包括仓库地面及空间利用率和仓库设备利用率，仓库内有很多货物堆码都没有超过一米，导致仓库空间利用率低。小货架和手动叉车被放在仓库的角落，上面落满灰尘，在仓库作业中极少被利用到，表明设备利用率低。仓库人员将货物打包后随意摆放在托盘上，没有具体的堆码规则，例如，一个托盘可以摆放20箱货物，在实际操作过程中却只放10箱货物，托盘的利用率仅为50%。

2.2 自有车辆概况

长沙转运中心目前自有车辆48台，其中包括2台6.8m厢式货车、21台4.2m厢式货车、25台依维柯、电动三轮车若干辆。除长株潭外各地级市基本上无车，仍需转发外线。湖南省各片区车辆分布情况如表1所示。

表1 车辆分布情况

单位：台

区域	依维柯	4.2m货车	6.8m货车	合计
岳麓片区	5	2	/	7
长浏片区	2	2	/	4
芙蓉片区	5	1	/	6
天心片区	2	2	/	4
株洲湘潭片区	4	2	2	8
外线	1	3	/	4
中心店串点	/	4	/	4
常德片区	2	1	/	3
衡阳片区	1	1	/	2
怀化片区	/	/	/	/
岳阳片区	/	/	/	/
永州片区	/	/	/	/
郴州片区	/	/	/	/
益阳片区	/	/	/	/
转运中心机动	3	3	/	6
合计	25	21	2	48

3. 转运中心作业流程分析

长沙转运中心的作业流程主要包括发车流程和到车流程。

3.1 发车流程

发车流程如图 1 所示，具体包括：

(1) 调度生成预配清单（外线货物预配清单，交给外线操作员或外线管理组），交给分拨库经理安排装卸组。

(2) 扫描员在库区内按清单扫描，安排装卸工装车，进行货物点数。

(3) 装卸完毕后签字交接给分拨库经理，分拨库经理审核异常后，反馈给调度。

(4) 调度处理差异，安排司机发车。

3.2 到车流程

到车流程如图 2 所示，具体主要包括：

(1) 调度打印清单交给分拨库经理安排装卸组，扫描员（小组长）负责接收清单，并组织装卸工准备装卸，扫描员逐件扫描点数，装卸任务完后，清单交分拨库经理，装卸现场异常由分拨库经理负责核实、确认。

(2) 确认异常后，分拨库经理将卸车清单交给当班调度，录入问题件或无头件信息。

(3) 需要调度对每车分别做预派清单或预配清单安排中转和派送。

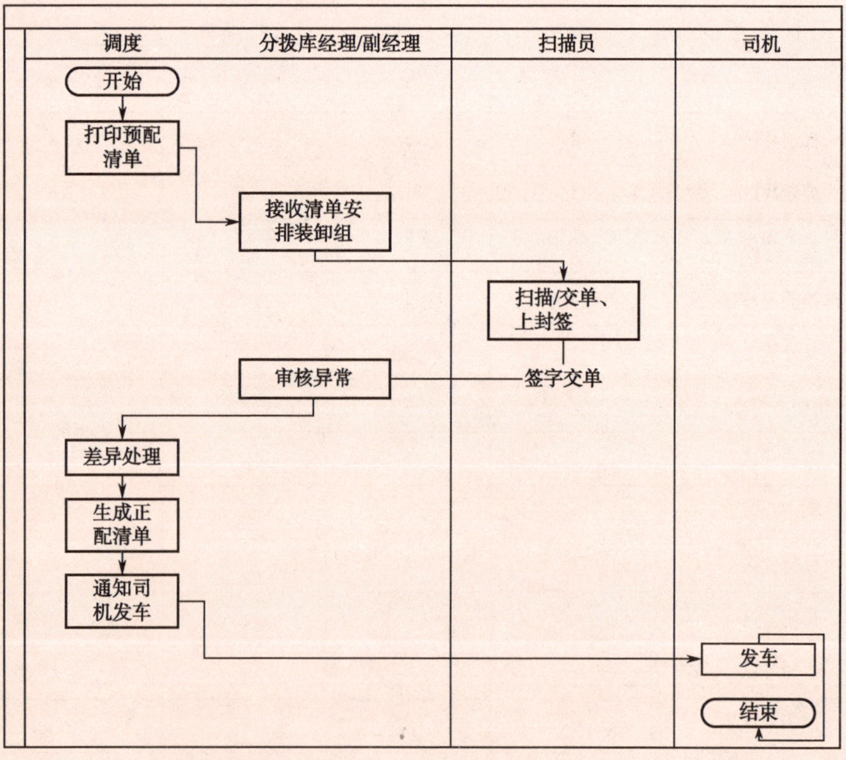

图 1　发车流程

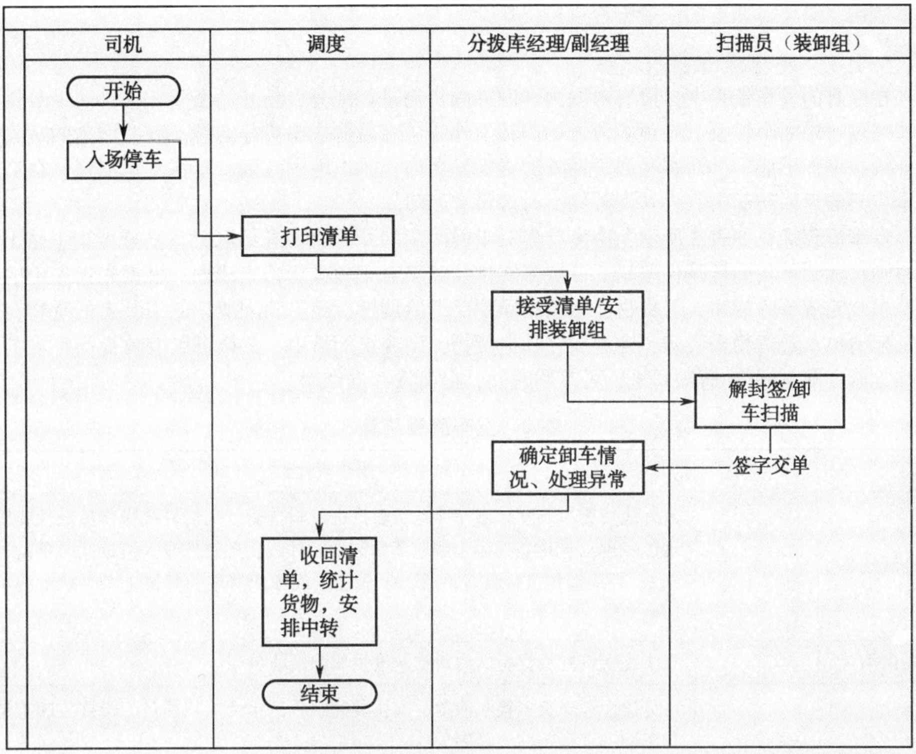

图 2　到车流程

4. 转运中心作业流程中存在的问题

4.1　发车和到车流程不规范

转运中心发车和到车流程不规范，周边车辆和干支线车辆的发车和到车混乱，到车和发车的时间不固定，网内和网外的货物未区分开，极容易造成货物的漏装、串货和错发。分拨库对货物装卸过程中所出现的异常一笔带过，没有在系统中上报问题件，也未反馈给异常组，等客户来查货时才发现货物的异常，严重影响客户满意度。

4.2　车辆调度不合理

车辆调度关系到一个转运中心的运输效率。目前来说公司的车辆严重不足，现在转运中心所用的，一部分是自有车辆，另一部分是租赁车辆。租赁车辆，一方面增加公司成本，另一方面，外请车难以满足随叫随到的调度要求，因此增加了车辆调度的难度。除此之外，对自有车辆的不合理安排，也给车辆调度造成影响。

4.3　库存居高不下

由于车辆不足，除长株潭外的地级市货物，均需要转发外线，合作的外线公司有很多，但每个地级市的外线合作公司都不同，服务质量也参差不齐，货物如果未达到一定的货量，外线不会派车辆前来提货，容易造成货物积压，库存居高不下。

5.　转运中心作业流程优化

5.1　发车和到车流程优化

发车和到车是转运中心运作的核心，传统的到发车模式对当下快速发展的长沙转运分公司已不适用，需要对原有的作业流程进行优化。

5.1.1 发车流程优化

在原有的发车流程中，没有对网内和网外的货物进行区分，新开的衡阳和常德两个分拨中心，网点暂未完全覆盖，有很多地方仍需转发外线，容易造成串货等问题。有些网内的货物转发外线，增加了成本，而有些属于网外的货物发网内，派送范围超区，若请专车派送，会增加成本，只能返回转运中心再转发外线，时效没有保障。

发车流程优化如表2所示，调度首先对于网内、网外的货物进行区分，坚持1车1站1清单原则，达到单货同行减少差错。分拨库安排装卸组对车辆进行检查清理，根据先进先出的原则，先装完清单内货物，若货物已装满则需要反馈给调度，删除预配清单的未装上的货物，生成正配清单；若货物未装满，则需增补其他货物，生成正配清单，这样可以有效提高车辆的装载率。调度前20分钟通知司机，可节约时间，提高发车准点率。

表2 发车流程优化

动　作	序　号	作业流程
外线清单	1	外线货物由调度导出库存电子表格进行筛选后，交给外线操作员或外线管理组经理（调度负责确定哪些货物需要发外线，严禁外线人员抢网内单发外线），外线操作员接收清单后，生成预派或预配清单，坚持1车1站1清单原则
网内清单	2	干支线调度负责将网内货物调度生成预配清单
出库装车	3	分拨库经理负责接收清单，安排装卸组，清单交给扫描员，指挥装卸工清扫车厢、准备装卸工具等
	4	扫描员在库区内按清单逐件扫描（扫描员装车时主要站位：对应库区），指挥装卸工装车、留仓件优先出库（先进先出），先装完清单内的，后增补其他货物（须另做清单）
装车码放	5	货物装车，整齐、紧凑码放，同票货物在车厢内集中放置
上封签	6	上封签，BOS系统录入封签号（后期采用PDA扫描）
发车	7	调度至少提前20分钟通知司机发车，如发车延迟，调度负责记录延迟原因，落实责任人
转发外线	8	区内件：发站转运中心交付外线，目的站为终到站城市自提或外线派送，不得发往网内站点后再转发外线，出库装车时使用正派请单，然后再转发外线录入信息，跟踪货物，补录签收信息
	9	全国件：发站转运中心可以将货物发至跨区就近的我公司站点，再转发外线
	10	使用外线承运干支线部分，下一站为本公司站点的，做正配清单，下一站选择实际到站站点，然后录入转发外线信息，跟踪货物，补录签收信息
	11	运单派送方式为自提的运单，先做自提扫描，再录入转发外线信息，跟踪至货物签收，补录签收信息

装车流程具体操作程序包括装车前、装车中、装车后三个环节，每个环节严格把控，能有效提高装车质量，方便下一站卸货。具本操作程序及操作规范如表 3 所示。

表 3　装车流程操作

操作程序	操作规范
装车前	核实站台停靠车辆是否与要装货物的物流方向一致； 清扫车厢，检查车辆防雨、防盗情况是否安全； 根据货物的轻重比例情况选择装载顺序； 严格区分货物性质； 严禁将液体、易污染物品与食品混装，发现危险品、禁运物品立即上报，同时用装卸工具将其置于远离仓库和人员的通风、开阔位置，避免阳光直晒
装车中	要遵循重货装下，轻货装上的原则；对于无包装货物、异型货物（限运类、如必须装车执行此操作），要用夹板或木托板与其他货物进行保护隔离，避免货物相互挤压造成损坏；按照货物包装标志操作，严禁倒置、抛扔货物； 区分货物性质及货物重量，保证重货分布合理，避免车辆被装偏；钢琴、柱状、异形货物的装卸要根据货物数量及当时情况给予合理摆放； 重货装车时尽量装在车辆的重心点，装车时托盘要按要求摆放等
装车后	要选些包装规整、重量适中的货物封住车门，减少路检过程不必要的麻烦； 核对装车清单，检查有无漏装、少装货物； 提示司机、送货员有关注意事项，并关好车门、上锁、上封签； 装卸工具有序放回指定地点

5.1.2　到车流程优化

原有的到车流程仅仅是把货物卸下放到相应区域，没有按照货物的时效要求进行分类，对于出现问题的货物，没有及时地跟进反馈，影响操作质量，拉低整个分公司的运营质量。

到车流程优化如表 4 所示，调度提前分单，系统上的交接清单可以实现信息前置，把时效要求高的货物和大票货物标记出来，在卸货的时候，把已确定可直接配送的货物直接装车，这样可以提高产品达成率，也可减少操作环节，提高工作效率。对于问题货物的处理，在 3 小时内的进行问题件登记，可有效地规避责任，降低差错、遗失、破损率。

表 4　到车流程优化

动　作	序　号	操作流程
分单	1	调度提前进行分单，大票货物 8：00~20：00 可提前与客户沟通预约收货时间；分单：据发站的开单信息、目的地或配送地址，由到站调度再次确认货物要卸入的库区，导出清单，新建一列记录分单标记保存，以备装车时快速新建预配或预派清单，后期将在系统中完成，1 期系统中录入标记，2 期电子地图，发站录单时自动匹配派送服务区域对应的目的站
	2	调度打印清单，在清单中重点标记紧急货物、进仓货、代收货款货物、高保价货物，提示后续环节关注
停车、登记	3	干支线车辆到达，干支线司机停车入位后在登记表上登记

续表

动　作	序　号	操作流程
分派清单任务	4	调度将清单交给分拨库经理安排装卸组，扫描员（小组长）负责接收清单，并组织装卸工准备装卸工具，扫描员对清单条码进行扫描，下载清单明细到 PDA，扫描员站在车边清点、PDA 逐件扫描，完成任务后，清单交分拨库经理，装卸现场异常由分拨库经理负责核实、确认
卸车入库	5	货物入库到相应库区，同票货物集中放在一处，单票的小件货单独放置，避免混装串货，标签朝外，箭头朝上
异常处理	6	确认异常后，分拨库经理将卸车清单交给当班调度，录入问题件或无头件信息，卸车三小时内完成；要求问题件出现破损（湿损、污染）、窜货、违禁品时必须拍照（整件状态、破损部位、标签至少三张）并上传系统
其他	7	如需要"交叉作业"即货物从干支线车上卸下后，直接装到配送车辆或中转干支线车辆时，目前需要调度对每车分别做预派清单或预配清单，后期系统需改进

5.2 车辆合理调配

转运中心把车辆下发至中心门店，深入推行同城循环班车，监控循环车辆到、发时间，把控各环节时间节点，保证中转及派送货物的时效。循环班车分为大循环班车和小循环班车，班车表如表 5 和表 6 所示。

表 5　长沙市内大循环班车表

天心线	长沙 Z-中心门店		中心门店-长沙 Z	
	6：00	7：00	11：10	12：00
	13：00	14：00	19：20	20：20
岳麓线	长沙 Z-中心门店		中心门店-长沙 Z	
	6：00	7：00	10：50	11：30
	12：20	13：00	19：25	20：05
芙蓉线	长沙 Z-中心门店		中心门店-长沙 Z	
	6：00	7：00	11：00	12：00
	13：00	14：00	19：30	20：30
长浏线	长沙 Z-中心门店		中心门店-长沙 Z	
	6：20	7：00	10：50	11：30
	12：20	13：00	19：30	20：30
长株潭	长沙 Z-中心门店（株洲）		中心门店（株洲）-长沙 Z	
	5：00	6：30	11：30	13：00
	14：00	15：30	19：30	21：00
	中心门店（株洲）-中心门店（湘潭）		中心门店（湘潭）-中心门店（株洲）	
	7：30	8：10	10：10	10：50
	16：00	16：40	18：30	19：10

表 6 长沙市内小循环班车表

天心线	1	早	中心-红星		红星-香樟		香樟-树木岭		截单时间
			8：00	8：25	8：40	9：00	9：20	9：40	10：30
		午	中心-红星		红星-香樟		香樟-树木岭		截单时间
			14：00	14：20	14：40	15：00	15：20	15：40	17：00
	2	早	中心-钢材		钢材-新开铺		新开铺-新书院路		截单时间
			8：00	8：25	8：40	9：00	9：20	9：40	10：30
		午	中心-钢材		钢材-新开铺		新开铺-新书院路		截单时间
			14：00	14：20	14：40	15：00	15：20	15：40	18：30
	3	早	中心-环保科技		截单时间	午	中心-环保科技		截单时间
			8：00	8：30	10：30		14：10	14：30	18：30
	4	早	中心-暮云		截单时间	午	中心-暮云		截单时间
			8：00	8：30	10：30		14：10	14：30	18：30
	1	早	中心-望城		望城-高塘岭		/	/	截单时间
			7：00	8：45	店小二三轮车配送		/	/	10：00
		午	中心-望城		望城-高塘岭		/	/	截单时间
			13：00	14：20	店小二三轮车配送		/	/	18：00
	2	早	中心-银杉路		银杉路-桐梓坡		/	/	截单时间
			7：00	8：40	店小二三轮车配送		/	/	10：00
		午	中心-银杉路		银杉路-桐梓坡		/	/	截单时间
			13：00	14：10	店小二三轮车配送		/	/	18：00
	3	早	中心-含浦		含浦-丰顺		/	/	截单时间
			7：00	9：00	店小二三轮车配送		/	/	10：00
		午	中心-银杉路		银杉路-桐梓坡		/	/	截单时间
			13：00	14：30	店小二三轮车配送		/	/	17：00

续表

芙蓉线	1	早	中心-湘江世纪城		截单时间	午	中心-湘江世纪城		截单时间
			8：00	8：40	10：00		15：00	15：40	18：30
	2	早	中心-四方坪		四方坪-五家岭		/	/	截单时间
			8：00	8：30	8：40	9：00	/	/	10：00
		午	中心-四方坪		四方坪-五家岭		/	/	截单时间
			15：10	15：30	15：40	16：00	/	/	18：30
	3	早	中心-大桥		大桥-高桥		/	/	截单时间
			8：00	8：30	8：40	9：00	/	/	10：00
		午	中心-大桥		大桥-高桥		/	/	截单时间
			15：10	15：30	15：40	16：00	/	/	18：30
	4	早	中心-朝阳路		截单时间	午	中心-湘江世纪城		截单时间
			8：00	8：30	10：00		15：00	15：40	18：30
	5	早	中心-九道弯		截单时间	午	中心-九道弯		截单时间
			8：00	8：30	10：00		14：50	15：20	18：30
长浏线	1	早	中心-四季		四季-汽配城		汽配城-长星		截单时间
			8：00	8：15	8：35	8：55	9：15	9：35	10：00
		午	中心-四季		四季-汽配城		汽配城-长星		截单时间
			13：20	13：40	14：00	14：20	14：40	15：00	18：30
	2	早	中心-凉塘		凉塘-星沙		/	/	截单时间
			8：00	8：15	8：35	8：55	/	/	10：00
		午	中心-凉塘		凉塘-星沙		/	/	截单时间
			13：20	13：40	14：00	14：20	/	/	18：30
	3	早	中心-榔梨		榔梨-黄兴		/	/	截单时间
			8：00	8：30	8：50	9：20	/	/	10：00
		午	中心-榔梨		榔梨-黄兴		/	/	截单时间
			13：20	13：50	14：10	14：30	/	/	18：30

循环班车运行情况如图 2 所示，大循环车辆从转运中心出发，到达各个中心门店，中心门店小循环车辆在大循环车辆货物卸下后，把货物下发至小微门店，并把所有小微门店的货物

(包括小微门店从代收点取回的货物）装车带回中心门店，最后由大循环车辆带回转运中心完成一次循环。

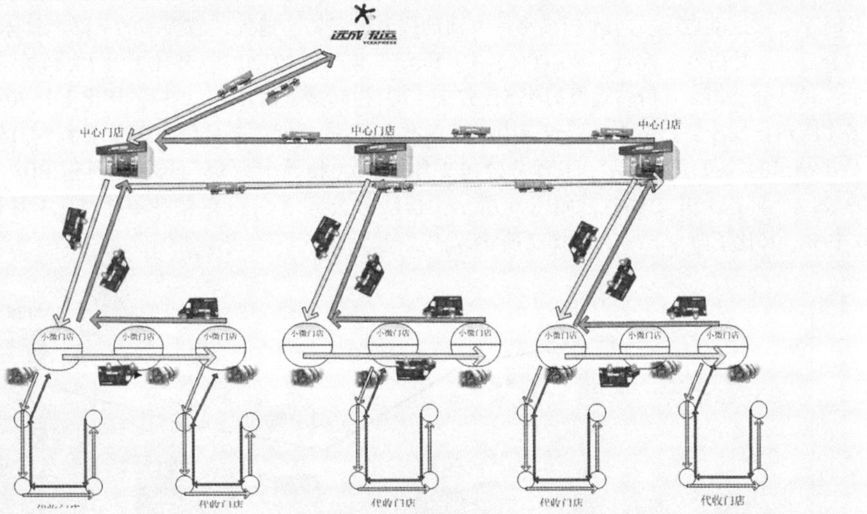

图2　循环班车运行情况

5.3　制订降低库存方案

为了提升客户体验满意度，以远成快运星级服务标准为客户服务，避免货物积压、提高公司及团队凝聚力，全员参与操作中转货物，可有效降低转运中心在库库存，把每周四定为客户服务体验日，客户体验日执行方案如表7所示。

表7　客户体验日执行方案表

时间（每周四）	责任部门	操作方法
4：00	运作管理组	运作部周三晚完成清场并对转运中心仓库所有滞留货物进行盘库；并逐票核实，保证单货相符，处理无交接清单货物，并将库存所有货物明细移交车辆管理组调度组
8：00-12：30	各营业部	当日营业部配送车辆必须当日8：00前到达营业部；营业部负责人亲自监控车辆运行到达的时间及车辆返回转运中心的时间并上报至车辆管理组调度组；在11：30前优先派送较紧急的货物后，未派送货物暂放营业部或中心门店，于12：30前到达转运中心进行二次转运
10：00	各职能部门	分公司总部各职能部门支援人员当日早上10：00前到1号仓库报到，协助调度确认可配送明细及可转发外线明细（包括前日盘库可配送货物，当日上午卸车入库货物），并在11：30点前对可转运货物进行排单，打印预配清单移交运作管理组进行装车，并确认返回车辆数量
12：30-13：30	车辆管理组 运作管理组	运作管理组于12点根据预配清单分组安排装车（每组配备1名扫描员、2名装卸工、1名支援人员），预计分6组人员进行装车，并于12：30前所有小组人员必须现场集合报道，要求每组人员每车装车时间控制在15分钟内，12：30至13：30先暂停其他车辆装卸作业，全力配合清理库存货物；期间要求司机必须协助倒车，装车完成后将装车清单交由调度打印清单发车

6. 优化方案效果分析

长沙转运中心自采用作业流程优化方案后，运营质量有了显著的提高。具体体现在：转运及时率、派送准点率、PDA 扫描率等方面的提升及差错、遗失、破损率的下降。具体情况：长沙分公司 2 月份发车准点率 70.00%，3 月份发车准点率 79.20%，环比上升 13.14%，如图 3 所示；长沙分公司 2 月份转运及时率 51.37%，3 月份转运及时率 61.97%，环比上升 20.63%，如图 4 所示；长沙分公司 2 月份转运中心派送准点率 51.24%，3 月份派送准点率 86.14%，环比上升 68.10%，如图 5 所示；长沙分公司 2 月份 PDA 扫描率为 95.44%，3 月份 PDA 扫描率为 98.29%，环比上升 2.99%，如图 6 所示；长沙分公司 2 月份差错率 0.21%，3 月份差错率 0.19%，环比下降 9.52%，如图 7 所示。

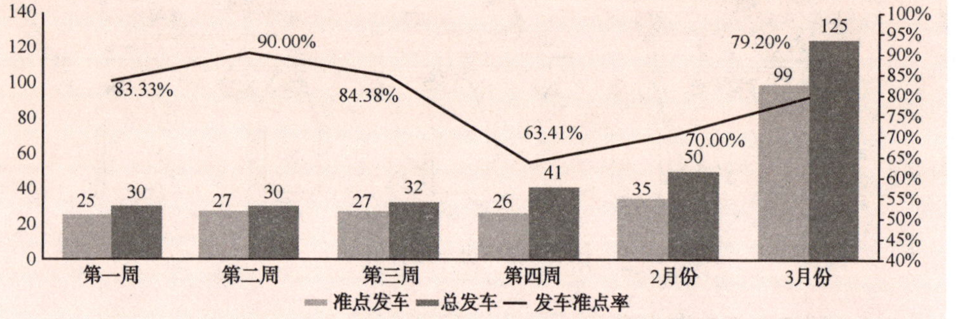

图 3　发车准点率

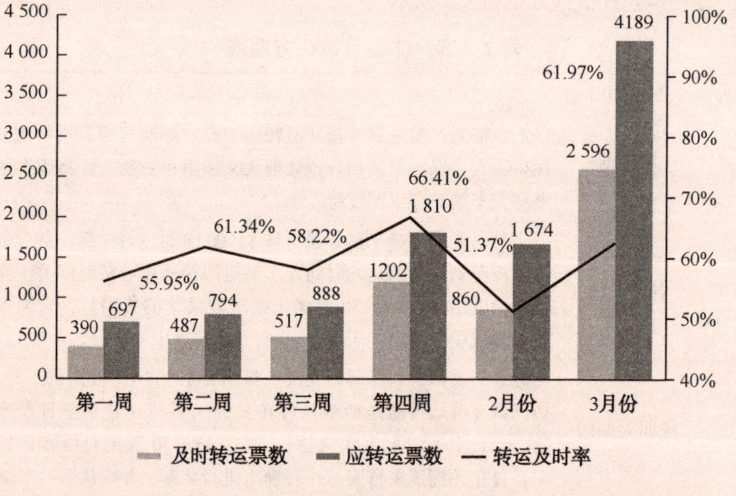

图 4　转运及时率

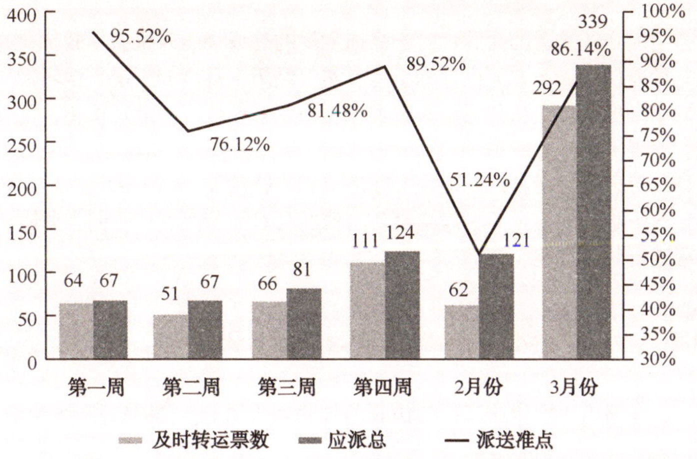

图5　派送准点率

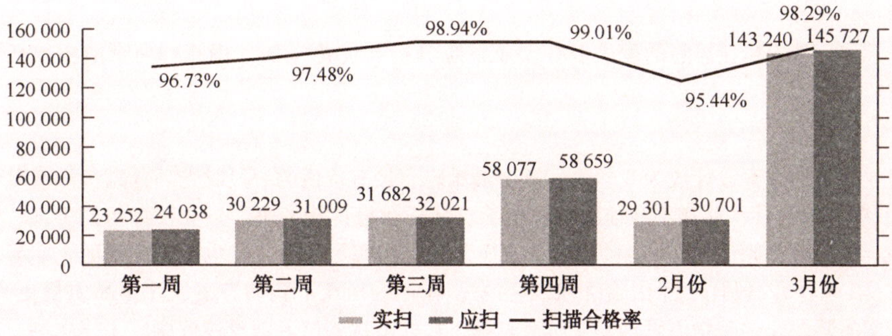

图6　PDA扫描率

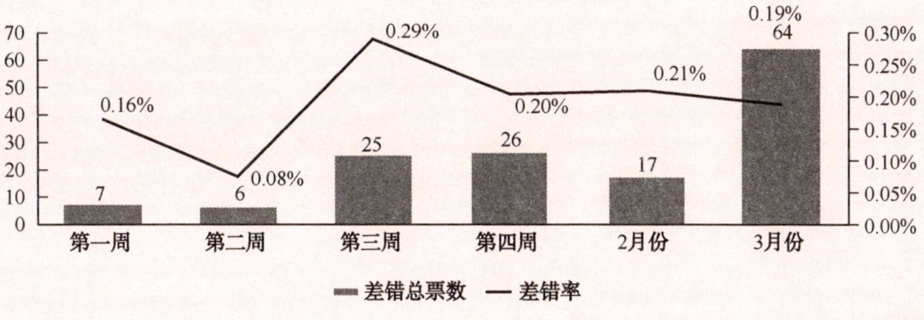

图7　差错率

7. 总结

转运中心是物流企业运营的命脉，对于高速发展的远成快运来说，不断优化作业流程，提高运营质量是其首要任务。本方案设计基于笔者实习经历，具体分析了长沙转运中心发车和到车流程中存在的不合理现象，从公司运营管理角度出发对作业流程进行优化，优化方案在转运中心经过实施，取得了良好的效果。

本方案设计仅对远成快运长沙转运中心作业流程进行优化，而未来长沙转运中心6月份即将搬至星沙，转运中心的规模及车辆设施设备的情况与目前状况有所不同，届时仍需根据实际情况对作业流程进行后续优化。

参考文献

[1] 张明丽. 李方等. 中小企业物流管理模式创新研究 [J]. 中国市场，2010（23）：6-12.

[2] 杨雅岚. 仓储出入库作业流程的仿真与优化研究 [D]. 南昌：华东交通大学，2014：6-30.

[3] 冯耕中. 物流配送中心规划与设计 [M]. 西安：西安交通大学出版社，2014：9-20.

[4] 刘昌祺，徐正林，胡志刚. 物流配送中心管理技术 [M]. 北京：机械工业出版社，2009：155-156.

[5] 常雯. 基于物联网技术的连锁超市配送中心作业流程优化研究 [D]. 西安：长安大学，2014.

[6] 张彦. 基于精益思想的配送中心作业系统分析与优化 [D]. 南京：南京航空航天大学，2007.

致谢

历时5个月的方案设计成为我学生生涯中最难忘、最有价值的一段时光。首先我要感谢×××老师，我的方案设计作品离不开他的精心指导，从毕业设计任务书、毕业设计执行方案、毕业设计内容的修改都倾注了×××老师的大量心血。在顶岗实习期间，我也要感谢我的企业导师×××先生，在设计方案制作过程中给我很多启发，在他的指点下我的方案设计作品质量更高。最后，诚挚的感谢商学院物流管理专业所有老师，在此恭祝各位老师身体健康，工作顺利，阖家团圆，幸福美满。

附录 C

会计专业毕业设计实例

实例一：金蝶 k3 14.0 报表模块实施中存在的问题与优化服务建议

Part 1 毕业设计任务书

XXX 职业技术学院毕业设计任务书

<u>商</u>学院<u>会计</u>专业<u>1334</u>班学生<u>×××</u>学号<u>1318013×××</u>

一、毕业设计题目：<u>金蝶 k3 14.0 报表模块实施中存在的问题与优化服务建议</u>

二、毕业设计进行地点：<u>×××职业技术学院校内、实习单位</u>

三、任务书内容：

（一）目的

企业财务核算信息化的推广，使得许多中小微企业逐步淘汰手工会计核算而采用财务软件，作为国内企业财务核算软件半壁江山提供商的金蝶软件，如何促进中小企业提高软件的使用效率是其关注的重点问题。金蝶电话 ERP 技术支持为广大金蝶使用客户提供了线上、电话等多种解决问题的方式，通过解决客户疑问而为金蝶公司创造价值。

企业通过金蝶软件对外报出资产负债表、利润表两个主要报表，但在应用过程中由于行业类别、科目设置、明细核算等自身核算需求，会产生报表数据不能取数、报表不平衡等各种问题。本设计关注在金蝶电话 ERP 技术实习过程中接触到的企业客户来电咨询的典型疑问，通过自己的实践和设计，提供企业常见问题解决方案。同时建议金蝶公司在客户使用守则上进行调整，把常见问题随时更新，按重要性和操作步骤对守则进行编排，能够让客户自行搜索和解决常见问题，从而提高软件的用户体验及好评率。

（二）任务

1）通过金蝶基地的培训，上机操作解决客户问题，了解金蝶 2010-2014 版用户操作守则，基本掌握金蝶 K3 软件报表模块的功能和构成。

2）进行电话技术支持岗位实践，独立解决客户疑难问题。

3）通过总结电话 ERP 技术支持岗位的服务案例，归纳常见的报表模块客户问题，并提出解决方案。

4）为提高金蝶软件客户服务效率及效果提出优化用户守则等建议。

（三）成果要求

1. 总体要求

① 毕业设计内容必须文题相符、概念清楚、思路清晰、层次分明。

② 毕业设计方案设计合理、依据可靠，具有一定的社会价值、市场价值或商业价值。

③ 毕业设计提交的相关文档作品必须符合指定的写作规范。

④ 毕业设计作品字数要求在 5 000 字以上。

⑤ 毕业设计必须清楚反映自己的学习心得及探索成果，体现自己的专业能力和实践水平，严禁抄袭。

⑥ 尊重他人的学术成果，养成严谨、求实、诚信的学术作风。在引用文献资料时，必须在引用处做出标注，在设计作品的末尾按引用顺序列出文献资料的出处及（作者、资料名称、发表场所、时间、页码等）。

⑦ 在完成毕业设计（论文）期间，对每周所做的工作事项和下周的工作安排都应有详细的记录，并按指定的方式及时提交。

2. 进度要求

① 构思阶段（2015 年 10 月—2015 年 11 月）：确定选题，撰写毕业设计执行方案（开题报告）。

② 调研阶段（2015 年 11 月—2015 年 12 月）：完成指定的文献阅读及市场调研工作量。

③ 写作阶段（2015 年 12 月—2016 年 4 月）：撰写毕业设计初稿、二稿及定稿。

④ 成果总结及答辩阶段（2016 年 4 月—2016 年 5 月）：撰写毕业设计成果报告书、答辩汇报 PPT 等。

学生签名：××× 2016 年 05 月 03 日

指导教师签名：××× 2016 年 05 月 03 日

系室主任签名：××× 2016 年 05 月 03 日

Part 2 毕业设计执行方案

XXX 职业技术学院毕业设计执行方案

__商__学院__会计__专业　　2015 年 11 月 26 日

设计题目	金蝶 k3 14.0 报表模块实施中存在的问题与优化服务建议				
学生姓名	×××	学号	1318013×××	指导教师	×××
1. 选题的依据和意义 企业财务核算信息化的使用，使得许多中小微企业逐步淘汰手工会计核算，采用财务软件。金蝶作为国内企业财务核算软件半壁江山的提供商，如何提高中小企业软件使用效率是核心问题。本人有幸					

续表

于 2015 年 09 月到金蝶软件公司技术服务中心长沙基地进行毕业顶岗实习，岗位是 ERP 技术支持，工作内容是针对通过金蝶客户服务热线用户打过来的求助电话，帮助客户解决软件实施及应用中出现的问题。本人将选择重点关注金蝶 K3 14.0 报表模块，在掌握金蝶 K3 软件整个报表模块的内容构成与功能基础上，收集整理客户提出的关于报表模块方面的问题，针对这些典型问题进行深入探讨，提出最优的解决方案和合理的预防措施。希望这些方案在提高金蝶软件技术支持工作效率的同时帮助广大用户更好的使用金蝶 ERP-K3 系统。
2. 拟解决的关键问题 （1）归纳整理金蝶 K3 系统中资产负债表、利润表 2 个模块中客户咨询的典型问题，针对这些问题提出最优的解决方案和合理的预防措施。 （2）通过对金蝶用户守则的反思，提出重新编排用户守则，突出重点内容，从而使金蝶用户守则操作性更具针对性，让客户不通过电话咨询，自己对照守则就能够解决企业遇到的常见问题。
3. 毕业设计的技术路线 步骤一：通过查阅金蝶 2010-2014 版用户操作守则，基本掌握金蝶 K3 软件报表模块。 步骤二：通过金蝶基地的培训、自己上机操作解决客户问题，加深对金蝶报表模块的理解。 步骤三：向实习基地指导老师学习，独立解决客户疑难问题。 步骤四：通过理论学习、上机实践、服务客户，选定毕业设计主题，获得指导老师同意。 步骤五：撰写电话 ERP 技术支持岗位的服务案例，总结常见的客户问题，并提出解决方案。 步骤六：对优化金蝶用户服务支持岗位提出建议。
4. 毕业设计的日程安排

任务	开始时间	结束时间	阶段成果
确定选题	2015 年 11 月	2015 年 12 月	毕业设计任务书
制订方案	2015 年 11 月	2015 年 12 月	毕业设计执行方案
完成设计	2015 年 12 月	2016 年 5 月	毕业设计作品
成果总结	2016 年 5 月	2016 年 5 月	成果报告书、 答辩汇报 PPT

5. 指导教师的意见及建议： 选题符合实习单位和实习岗位情况，具有较强的实践意义，同意执行！ 签名：××× 2015 年 11 月 12 日

Part 3 毕业设计成果报告书

XXX 职业技术学院毕业设计成果报告书

学院	商学院	专业	会计	班级	1334
学生姓名	×××	学号	1318013×××	指导教师	×××
毕业设计题目	金蝶 k3 14.0 报表模块实施中存在的问题与优化服务建议			毕业设计类型	方案设计

1. 毕业设计过程的简要说明

本人通过专业学习和上传查阅相关资料，掌握了基本的电算化知识，了解了财务软件的基本功能，同时也明白财务报表模块在企业管理中的重要性。通过学校的统一安排和金蝶公司招聘录用考试，于 2015 年 9 月 1 日起深入金蝶软件公司技术服务中心长沙基地进行实习，岗位为 EPP 技术支持，主要负责电话解决客户在使用 k3 软件报表模块过程中的疑难问题。在企业老师的指导下熟悉了解公司 k3 软件，并针对 k3 报表模块进行深入研究。

首先，积极研究金蝶 k3 财务报表模块，熟悉和掌握其基本功能。

其次，通过和客户沟通，了解客户在该模块经常出现的问题。

第三，思考金蝶软件有没有技术改进的相关方面。

第四，毕业设计的撰写与修改。

第五，文章定稿与答辩。

2. 作品的特色与亮点

（1）北用友，南金蝶，金蝶作为国内两大财务软件之一，金蝶 k3 软件是金蝶公司主打的一款产品，在全国市场上覆盖广、客户多、目标群体大，具有代表性。

（2）本文以真实电话咨询、技术支持业务为依托，对客户出现的问题进行归集，并对这些问题给出解决方案，参考价值大。

（3）本人将自己在会计课上学到的会计报表知识与金蝶报表的设置相结合，从服务企业、提高软件用户体验度及满足度出发，为企业提出有价值的、可操作性强的建议及策略。

3. 作品的社会价值及主要用途

（1）通过对金蝶报表一些常见问题的解决，给予金蝶 k3 报表用户一些帮助。

（2）通过对客户问题的归集，让金蝶公司能更好地了解金蝶 k3 用户在报表模块里真正的诉求，从而做出改进、提高服务效率。

4. 毕业设计的体会与收获

通过这次毕业设计，加深了我对财务软件的认识和理解，提升了我在财务软件方面的运用技能，提高了自身的职业素养，明白了工作的不易。为此，我首先要感谢×××老师、×××老师，他们对我的毕业实习和毕业设计提出了宝贵的指导意见，同时还要感谢我的企业导师×××先生，在撰写毕业设计方案时给了我很多启发，也让我对金蝶 k3 系统有了一个全方位的了解。今后我将继续端正自身态度和加强自身职业道德素养，多向有经验的前辈学习，努力提高自身的专业技能，加强自身的专业素质。

Part 4　毕业设计作品

答辩视频

XXX 职业技术学院

会计专业毕业设计

题目：金蝶 k314.0 报表模块实施中的存在的问题与优化服务建议策

类型：

产品设计	工艺设计	方案设计
		√

学生姓名：×××

学　　号：1318013×××

班　　级：会计 1334 班

专　　业：会计专业

学　　院：商学院

学校指导教师：×××

企业指导教师：×××

2016 年 5 月 6 日

摘　　要

财务报表主要反映企业一定期间的经营成果和财务状况，是财务报告的主要内容。通过财务报表可以非常清楚地看到企业的经营状况，体现出企业的经济实力。在财务软件中，软件一般只提供不同类型企业的通用模板，对于有特殊需求的企业，由于使用的科目代码和核算方式的独特性，客户需要个性化设置报表，从而导致实施过程中出现各种问题。本设计定位于金蝶 K3 财务软件财务报表模块 ERP 技术支持岗位，通过总结归纳在实习过程中客户在报表模块出现的常见问题，提出对应的解决方案，并对优化金蝶客户支持岗位提出了建议。

关键词：金蝶 K3 软件；报表模块；技术支持；优化

目　　录

1. 金蝶 K3 报表模块简介

1.1 金蝶公司简介

金蝶国际软件集团有限公司总部位于中国深圳、始创于 1993 年 8 月，于 2005 年 7 月 20 日在香港联合交易所主板成功上市。金蝶国际软件集团有限公司是亚太地区领先的企业管理软件及电子商务应用解决方案供应商，是全球软件市场中成长最快的独立软件厂商之一，是中国软件产业的领导厂商。金蝶 K3 财务软件是金蝶投资亿元、上千名工程师历经 10 年不断完善升级的中国本土化第一代的 ERP 企业管理软件，是金蝶在中小企业市场主打产品之一。金蝶 K3 财务管理系统可以对企业的财务进行全面管理，在完全满足财务基础核算的基础上，实现集团层面的财务集中、全面预算、资金管理和财务报告等，帮助企业财务管理从会计核算型向经营决策型转变，最终实现企业价值最大化。

1.2 报表模块介绍

金蝶 K3 模块为用户提供了丰富的通用报表，而且提供了 K3 报表子系统帮助用户快速、准确地编制各种个性化报表。K3 报表子系统提供了数百个灵活的取数公式，满足各层次用户不同需要，而且其与 Excel 类似的操作风格，让用户经过简单的培训就能独立操作，编制所需的报表，降低企业培训费用。

相对于手工制作的报表，K3 报表可以随时查看企业任意期间的报表数据，可以根据需要查看多个期间的总和数据。作为企业的重要财务数据，金蝶 K3 的任意张报表都可以加密，能很好保护企业数据。

1.2.1 资产负债表模块

金蝶 k3 的资产负债表是根据中国会计准则要求制作的，反映企业在一定时期内全部资产、负债和所有者权益的财务报表。报表公式编辑界面整体软件功能采用 Excel 表格界面，运用简单的加法，和在 Excel 中操作一样，如图 1.1 所示。

根据图 1.1 所示，用户可以一目了然地看到整个报表界面，其取数与实际手工报表一样，便于客户查看数据。

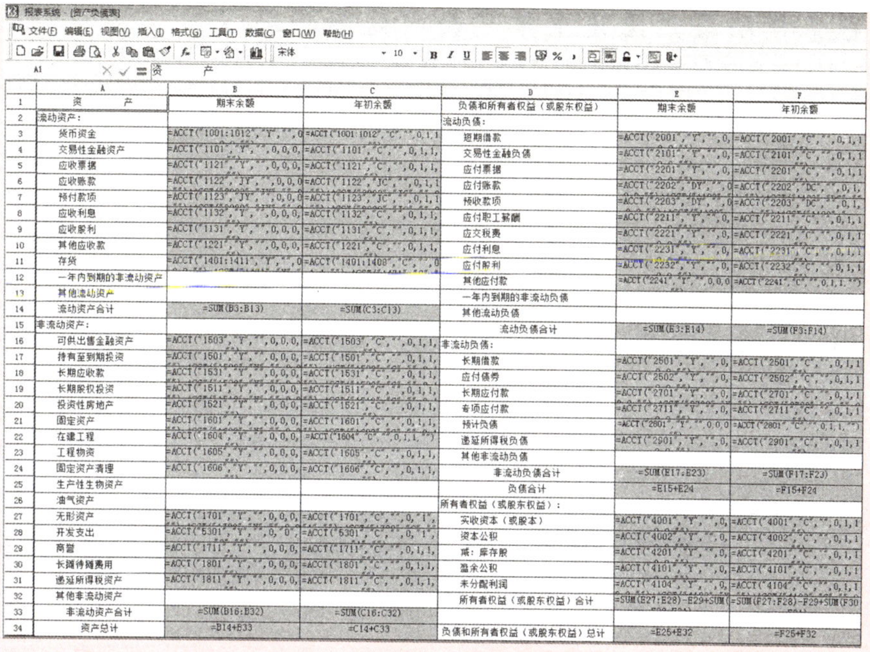

	A	B	C	D	E	F
1	资　　产	期末余额	年初余额	负债和所有者权益（或股东权益）	期末余额	年初余额
2	流动资产：			流动负债：		
3	货币资金	=ACCT("1001:1012","Y","",0	=ACCT("1001:1012","C","",0,1,1	短期借款	=ACCT("2001","Y","",0,	=ACCT("2001","C","",0,1,1
4	交易性金融资产	=ACCT("1101","Y","",0,0,0,	=ACCT("1101","C","",0,1,1,	交易性金融负债	=ACCT("2101","Y","",0,	=ACCT("2101","C","",0,1,1
5	应收票据	=ACCT("1121","Y","",0,0,0,	=ACCT("1121","C","",0,1,1,	应付票据	=ACCT("2201","Y","",0,	=ACCT("2201","C","",0,1,1
6	应收账款	=ACCT("1122","JY","",0,0,0	=ACCT("1122","JC","",0,1,1	应付账款	=ACCT("2202","DY","",0	=ACCT("2202","DC","",0,1,
7	预付款项	=ACCT("1123","JY","",0,0,0	=ACCT("1123","JC","",0,1,1	预收款项	=ACCT("2203","DY","",0	=ACCT("2203","DC","",0,1,
8	应收利息	=ACCT("1132","Y","",0,0,0,	=ACCT("1132","C","",0,1,1,	应付职工薪酬	=ACCT("2211","Y","",0,	=ACCT("2211","C","",0,1,1
9	应收股利	=ACCT("1131","Y","",0,0,0,	=ACCT("1131","C","",0,1,1,	应交税费	=ACCT("2221","Y","",0,	=ACCT("2221","C","",0,1,1
10	其他应收款	=ACCT("1221","Y","",0,0,0,	=ACCT("1221","C","",0,1,1,	应付利息	=ACCT("2231","Y","",0,	=ACCT("2231","C","",0,1,1
11	存货	=ACCT("1401:1411","Y","",0	=ACCT("1401:1408","C","",0	应付股利	=ACCT("2232","Y","",0,	=ACCT("2232","C","",0,1,1
12	一年内到期的非流动资产			其他应付款	=ACCT("2241","Y","",0,0,0	=ACCT("2241","C","",0,1,1,"")
13	其他流动资产			一年内到期的非流动负债		
14	流动资产合计	=SUM(B3:B13)	=SUM(C3:C13)	其他流动负债		
15	非流动资产：			流动负债合计	=SUM(E3:E14)	=SUM(F3:F14)
16	可供出售金融资产	=ACCT("1503","Y","",0,0,0,	=ACCT("1503","C","",0,1,1,	非流动负债：		
17	持有至到期投资	=ACCT("1501","Y","",0,0,0,	=ACCT("1501","C","",0,1,1,	长期借款	=ACCT("2501","Y","",0,	=ACCT("2501","C","",0,1,1
18	长期应收款	=ACCT("1531","Y","",0,0,0,	=ACCT("1531","C","",0,1,1,	应付债券	=ACCT("2502","Y","",0,	=ACCT("2502","C","",0,1,1
19	长期股权投资	=ACCT("1511","Y","",0,0,0,	=ACCT("1511","C","",0,1,1,	长期应付款	=ACCT("2701","Y","",0,	=ACCT("2701","C","",0,1,1
20	投资性房地产	=ACCT("1521","Y","",0,0,0,	=ACCT("1521","C","",0,1,1,	专项应付款	=ACCT("2711","Y","",0,	=ACCT("2711","C","",0,1,1
21	固定资产	=ACCT("1601","Y","",0,0,0,	=ACCT("1601","C","",0,1,1,	预计负债	=ACCT("2801","Y","",0,0,0	=ACCT("2801","C","",0,1,1,"")
22	在建工程	=ACCT("1604","Y","",0,0,0,	=ACCT("1604","C","",0,1,1,"")	递延所得税负债	=ACCT("2901","Y","",0,	=ACCT("2901","C","",0,1,1
23	工程物资	=ACCT("1605","Y","",0,0,0,	=ACCT("1605","C","",0,1,1,	其他非流动负债		
24	固定资产清理	=ACCT("1606","Y","",0,0,0,	=ACCT("1606","C","",0,1,1,	非流动负债合计	=SUM(E17:E23)	=SUM(F17:F23)
25	生产性生物资产			负债合计	=E15+E24	=F15+F24
26	油气资产			所有者权益（或股东权益）：		
27	无形资产	=ACCT("1701","Y","",0,0,0,	=ACCT("1701","C","",0,"1",	实收资本（或股本）	=ACCT("4001","Y","",0,	=ACCT("4001","C","",0,1,1
28	开发支出	=ACCT("5301","Y","",0,"0",	=ACCT("5301","C","",0,"1",	资本公积	=ACCT("4002","Y","",0,	=ACCT("4002","C","",0,1,1
29	商誉	=ACCT("1711","Y","",0,0,0,	=ACCT("1711","C","",0,1,1,	减：库存股	=ACCT("4201","Y","",0,	=ACCT("4201","C","",0,1,1
30	长摊待摊费用	=ACCT("1801","Y","",0,0,0,	=ACCT("1801","C","",0,1,1,	盈余公积	=ACCT("4101","Y","",0,	=ACCT("4101","C","",0,1,1
31	递延所得税资产	=ACCT("1811","Y","",0,0,0,	=ACCT("1811","C","",0,1,1,	未分配利润	=ACCT("4104","Y","",0,	=ACCT("4104","C","",0,1,1
32	其他非流动资产			所有者权益（或股东权益）合计	=SUM(E27:E28)-E29+SUM(	=SUM(F27:F28)-F29+SUM(F30
33	非流动资产合计	=SUM(B16:B32)	=SUM(C16:C32)			
34	资产总计	=B14+B33	=C14+C33	负债和所有者权益（或股东权益）总计	=E25+E32	=F25+F32

图 1.1　金蝶 k3 资产负债表

1.2.2　利润表

金蝶 k3 的利润表是根据中国会计准则制作的，反映企业在某一特定时期实现的各种收入、发生的各种费用、成本或支出，以及企业实现的利润或发生的亏损情况的财务报表，如图 1.2 所示。

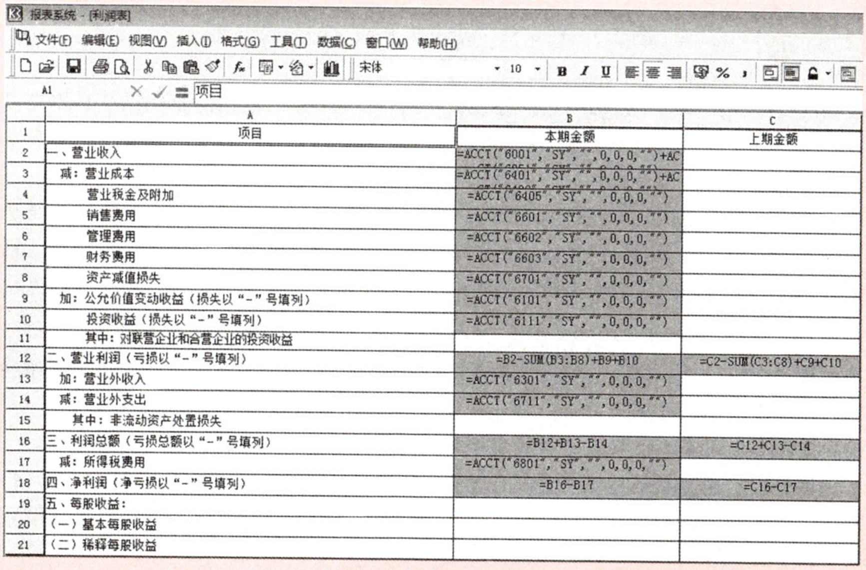

	A	B	C
1	项目	本期金额	上期金额
2	一、营业收入	=ACCT("6001","SY","",0,0,0,"")+AC	
3	减：营业成本	=ACCT("6401","SY","",0,0,0,"")+AC	
4	营业税金及附加	=ACCT("6405","SY","",0,0,0,"")	
5	销售费用	=ACCT("6601","SY","",0,0,0,"")	
6	管理费用	=ACCT("6602","SY","",0,0,0,"")	
7	财务费用	=ACCT("6603","SY","",0,0,0,"")	
8	资产减值损失	=ACCT("6701","SY","",0,0,0,"")	
9	加：公允价值变动收益（损失以"-"号填列）	=ACCT("6101","SY","",0,0,0,"")	
10	投资收益（损失以"-"号填列）	=ACCT("6111","SY","",0,0,0,"")	
11	其中：对联营企业和合营企业的投资收益		
12	二、营业利润（亏损以"-"号填列）	=B2-SUM(B3:B8)+B9+B10	=C2-SUM(C3:C8)+C9+C10
13	加：营业外收入	=ACCT("6301","SY","",0,0,0,"")	
14	减：营业外支出	=ACCT("6711","SY","",0,0,0,"")	
15	其中：非流动资产处置损失		
16	三、利润总额（亏损总额以"-"号填列）	=B12+B13-B14	=C12+C13-C14
17	减：所得税费用	=ACCT("6801","SY","",0,0,0,"")	
18	四、净利润（净亏损以"-"号填列）	=B16-B17	=C16-C17
19	五、每股收益：		
20	（一）基本每股收益		
21	（二）稀释每股收益		

图 1.2　金蝶 k3 利润表

2. 报表模块客户使用中常见的问题和解决方案

2.1 资产负债表使用中常见的问题及解决方案

2.1.1 资产负债表中“未分配利润”项目的数据不正确

长城汽车公司 2015 年 11 月份报表模块生成的资产负债表中“未分配利润”项目突然显示为零，财务人员无法查明原因。

会计处理中期末结转损益的方法有账结法和表结法两种。账结法是指每期末结转损益，这种方法编制资产负债表时，“未分配利润”项目数据来源为本年利润科目与利润分配科目之和；表结法是指年末一次性结转损益，这种方法编制资产负债表时，“未分配利润”项目数据来源为利润表净利润累计数与利润分配科目之和。现实工作中，财务人员可任选其中一种方法进行期末结转。

而 K3 系统设置（默认）的资产负债表模板采用的是账结法，其资产负债表中“未分配利润”项目的公式设置为本年利润科目与未分配利润科目之和。账结法“未分配利润”的公式设置如图 2.1 所示。

未分配利润	=ACCT("4104","Y","",0,0,0,"") +ACCT("4103","Y","",0,0,0,"")

图 2.1 账结法“未分配利润”的公式设置

若用户企业采用表结法，其资产负债表中“未分配利润”项目的公式需要财务人员自行重新设置：此时未分配利润项目的报表取数公式要用到“REF_ F”函数跨表取利润表的数据，应当设置为利润表净利润累计数与未分配利润科目之和。账结法“未分配利润”的公式设置如图 2.2 所示。

未分配利润	=ACCT("4104","Y","",0,0,0,"")+ACCT("4103", "Y","",0,0,0,"")+REF_F("利润表","B18","表页 _1","")

图 2.2 账结法“未分配利润”的公式设置

经询问得知，长城汽车公司新进财务人员 11 月结转损益时使用的是表结法，本期没有结转损益也未修改报表项目的公式（系统也未给予修改报表公式的提示），所以导致了该公司 11 月份的资产负债表中“未分配利润”显示为零。

解决方案：建议金蝶公司完善 K3 系统，可以从两方面来着手：一是系统提供账结法和表结法两种方法供用户自行选择，系统将两种方法的公式都事先设置准确；二是系统设置默认其中的某种方法，但当用户采用与系统不一致的方法时，系统能及时反馈用户不一致的提示。

2.1.2 资产负债表中的资产合计≠负债合计+所有者权益合计

很多用户企业反映，企业上期报表数据都是正确的，在本期没有做过任何报表操作的情况下，资产负债表的期末数显示“资产合计≠负债合计+所有者权益合计”。

解决方案：建议企业财务人员从下面六个方面进行检查，对错误及时进行修改。

一凭证是否过账，如果存在未过账的凭证，建议勾选【公式取数参数】中的参数【ACCT 函数取数包含总账当前期间未过账凭证】，同时检查取数的期间设置是否正确，币别设置是否包含所有科目。

二确认企业使用账结法还是表结法，如果企业采用账结法，需要先结转损益再出具资产负债表；如果企业采用表结法，则需要修改【未分配利润】项目为包含本年利润（可从利润表取数）的取数公式。

三确认有没有存在遗漏的科目，一般而言，如果上一个期间数据正确，可以排查当期是否有新增新的一级科目，可以增加公式取新的科目数据。

四存货公式的排查，如果期末存在在产品，即制造费用、生产成本科目还有余额，需要在【存货】项目中设置公式为包含制造费用、生产成本科目的取数公式。

五往来科目的取数，如果企业启用了应收账款、预收账款、应付账款、预付账款这四个科目，在资产负债表中，应收账款=应收账款借方+预收账款借方-坏账准备余额，预收款项=应收账款贷方+预收账款贷方；应付账款=应付账款贷方+预付账款贷方，预付款项=预付账款借方+应付账款借方。

六检查报表中的公式是否设置正确。例如，科目属性在借方，科目余额方向在借方为负数，这个时候取 JY 就没有数据，正常取 Y 就没有问题。

如果上述错误都排查后，还可以将资产负债表的数据与科目余额表的数据进行比对，查找错误数据所在，可以是计算差额，查看是否存在科目的余额正好为该差额，快速查找错误数据的根源。

2.1.3　新增科目下设核算项目或者明细科目后报表数据不正确

深圳客户茁壮网络股份有限公司 2016 年 3 月新增二级科目下挂了核算项目后，还是与以前一样做的业务，但是资产负债表的取数出现问题，数据不对。

应收账款科目按客户项目核算后的具体数据如图 2.3 所示。

科目余额表

科目代码	科目名称	期初余额		本期发生		本年累计		期末余额	
		借方	贷方	借方	贷方	借方	贷方	借方	贷方
1126	应收账款挂核算项目			140.00	150.00	140.00	150.00		10.00
1126.01	内销核算项目			60.00	50.00	60.00	50.00	10.00	
1126.01	新客户			60.00		60.00		60.00	
1126.01	东方机电				50.00		50.00		50.00
1126.02	外销核算项目			80.00	100.00	80.00	100.00		20.00
1126.02	联泰			80.00		80.00		80.00	
1126.02	菲码				100.00		100.00		100.00
	合计			140.00	150.00	140.00	150.00	10.00	20.00

图 2.3　科目余额表—项目客户

当科目按照客户下设明细科目时，如图 2.4 所示。

科目余额表

科目代码	科目名称	期初余额		本期发生		本年累计		期末余额	
		借方	贷方	借方	贷方	借方	贷方	借方	贷方
1127	应收账款挂明细科目			140.00	150.00	140.00	150.00		10.00
1127.01	内销			60.00	50.00	60.00	50.00	10.00	
1127.01.01	内销A			60.00		60.00		60.00	
1127.01.02	内销B				50.00		50.00		50.00
1127.02	外销			80.00	100.00	80.00	100.00		20.00
1127.02.01	外销C			80.00		80.00		80.00	
1127.02.02	外销D				100.00		100.00		100.00
	合计			140.00	150.00	140.00	150.00	140.00	150.00

图 2.4　科目余额表—客户明细

取数公式设置如图 2.5 所示。

<table>
<tr><td>=ACCT("1126","JY","",0,0,0,"")</td><td></td><td></td><td>=ACCT("1127","JY","",0,0,0,"")</td></tr>
<tr><td>=ACCT("1126","DY","",0,0,0,"")</td><td></td><td></td><td>=ACCT("1127","DY","",0,0,0,"")</td></tr>
<tr><td>=ACCT("1126|客户|","JY","",0,0,0,"")</td><td></td><td></td><td>=ACCT("1127|客户|","JY","",0,0,0,"")</td></tr>
<tr><td>=ACCT("1126|客户|","DY","",0,0,0,"")</td><td></td><td></td><td>=ACCT("1127|客户|","DY","",0,0,0,"")</td></tr>
<tr><td>=ACCT("1126.01:1126.02","JY","",0,0,0,"")</td><td></td><td></td><td>=ACCT("1127.01:1127.02","JY","",0,0,0,"")</td></tr>
<tr><td>=ACCT("1126.01:1126.02","DY","",0,0,0,"")</td><td></td><td></td><td>=ACCT("1127.01:1127.02","DY","",0,0,0,"")</td></tr>
<tr><td>=ACCT("1126.01:1126.02|客户|","JY","",0,0,0,"")</td><td></td><td></td><td>=ACCT("1127.01:1127.02|客户|","JY","",0,0,0,"")</td></tr>
<tr><td>=ACCT("1126.01:1126.02|客户|","DY","",0,0,0,"")</td><td></td><td></td><td>=ACCT("1127.01:1127.02|客户|","DY","",0,0,0,"")</td></tr>
</table>

图 2.5 设置明细后公式设置

取数结果如图 2.6 所示。

10			140
20			150
140			0
150			0
10			140
20			150
140			0
150			0

图 2.6 取数设置后结果展示

操作指导：检查核算项目和明细科目是否完全一致。当科目存在下级明细并且下挂核算项目时，公式需要根据下级明细科目设置，并且公式设置按照核算项目进行重分类取数。只有当下级明细科目下挂的核算项目完全一致，才可以在一级科目上按照核算项目重分类取数。

当科目只存在下级明细科目时，公式只需要根据科目设置即可。

2.1.4 资产负债表未分配利润的期末数-年初数≠利润表净利润本年累计数

营口金辰机械股份有限公司曾来电咨询报表的问题，因为公司需要，在报表系统中新增加“本年累计”一栏。4 月份发现资产负债表未分配利润的期末数-年初数不等于利润表净利润的“本年累计”数。

解决方案：建议企业财务人员按以下五个步骤来进行检查，排查错误之后及时进行修改。

一是先确认资产负债表是否平衡，不平则按资产负债表不平排查，平则按下列步骤排查。

二是确认差额是否等于以前年度损益调整，在新会计准则中，以前年度损益调整科目的数据不列示在利润表中，而资产负债表中的未分配利润在以前年度损益调整结转损益后就包含以前年度损益调整的数据，如果上述两项的差异正好为以前年度损益调整科目的金额，数据不存在错误，为正常情况。

三是确认资产负债表未分配利润的公式设置，账结法下，未分配利润的数据为本年利润科目加上利润分配科目的余额，可以在空白的单元格上分别将两个公式进行取数，与科目余额表的数据进行核对，确认资产负债表中的未分配利润科目的取数是否正确；表结法下，未分配利润的数据一般为利润分配科目余额加上损益表的净利润数据，一般不会产生该错误。

四是确认本年年中是否有利润分配，一般来说，企业年末才会进行利润分配，但是不排除年中利润分配的情况，年中进行利润分配，如结转盈余公积、发放股利等情况，未分配利润的数据将减少，比如，本年目前为止实现 100 万元净利润，10 月份发放 30 万元的股利，那么未分配利润将变为 70 万元，而不是全额的 100 万元，那么未分配利润将不会与净利润的累计数据一致。

五是当确认资产负债表的数据完全正确的情况下，可以确认利润的取数是否正确，确认利润表相关项目应该按照 SY 取数类型进行取数，使用“JF/DF”函数不一定可以满足利润表与资产负债表的钩稽关系，可以一一查看利润表各个项目是否实现了正确取数。

2.2　利润表使用中常见的问题及解决方案

2.2.1　利润表取不到数据，全部是零

新疆分公司的同事曾来电帮客户咨询一个问题，具体问题是在查看资产负债表时数据没有问题，但是在查看利润表时，数据全部为零。该同事表示自己已经做了一些排查，但是还是没有数据。

解决方案：建议企业财务人员检查以下两个方面，第一，结转损益的凭证是不是财务人员手工做的。利润表的取数不等同于资产负债表，利润表是取的数据都是损益科目的数据，损益科目期末结转，科目余额便是零，所以在结转损益的凭证数据利润表是不能取到的。如果是有需要手工结转损益，那么一定要注意在这张凭证的摘要上勾选【不参与多栏账汇总】，如图 2.7 所示。

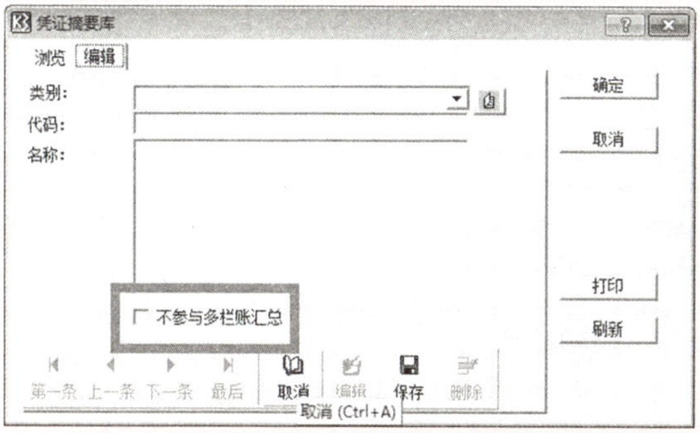

图 2.7　手工结转损益图示

第二，结转损益是否是通过自动转账功能生成，该转账方案是否有勾选【不参与多栏账汇总】，如图 2.8 所示。

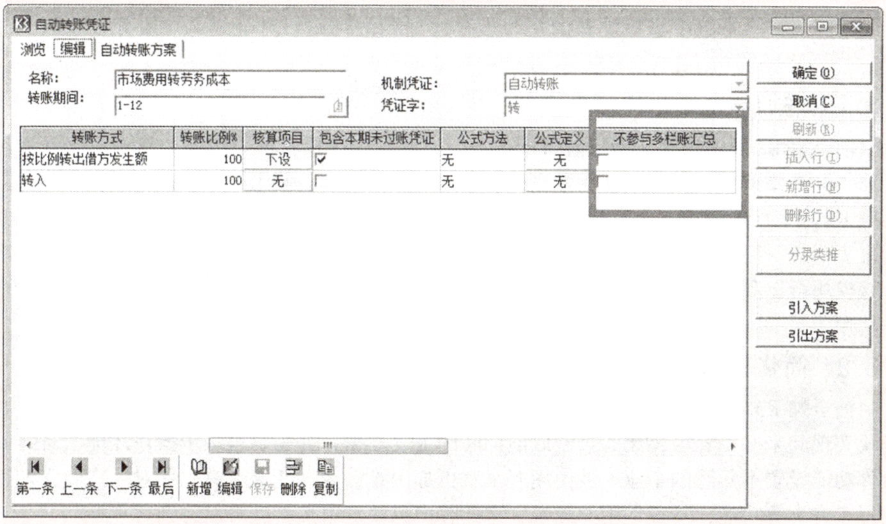

图 2.8　自动结转损益图示

2.2.2　利润表如何单独设置权限

关于报表单据授权的这个问题，经常会接到客户咨询，毕竟报表模块不等同于其他模块，报表的数据对于每个企业来说都是非常重要，所以将报表单独来授权也非常有必要。客户的问

题大致都是一样的，即怎样才能让某个有报表操作权限的用户不能查看某一张报表。

操作指导：利润表的单独授权在进入利润表后，点击菜单里的“工具”——“报表权限控制”，进入“授权”界面，在该界面可以选择具体用户，进行利润表访问权限的设置，如图 2.9所示。

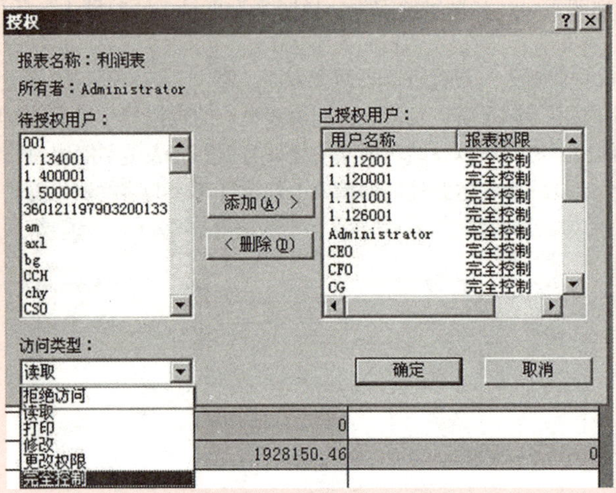

图 2.9　利润表权限设置

3. 对优化金蝶 K3 软件报表模块服务的建议

用户由手工做账转为电算化做账，目的之一就是使做账更简单、更方便、更快捷。金蝶报表模块的功能已经非常完善，在报表的设置上也是非常的合理，但是个人根据在金蝶实习将近一年的时间，结合来电中客户反映的在报表模块遇到的问题，对金蝶客户服务提出以下几点建议。

3.1　增加小企业财务报表模块

目前金蝶 K3 报表模块模板设置过于单一，主要报表模板只适用于使用新企业会计准则下的企业，这主要针对了大中型企业客户；但是在实际实施中，使用金蝶 K3 版本的小企业居多，而金蝶 K3 报表模板现在并没有提供一个中小企业会计准则不需要修改公式就可以直接取到数据的报表模板。建议金蝶根据实际用户类型，直接在后台开发中提供一个小企业财务报表模块，该模块可以和国税局、地税局的相关申报报表模板直接设置成一模一样，这样就非常方便客户使用了。

3.2　简化功能设置

目前金蝶 K3 报表模块功能设置过于复杂，一个企业日常经营经常需要用到的操作，在报表模块实现起来并不容易，比如查看以前期间的报表数据，就需要很多步操作才能实现。对财务软件功能设置不熟悉的企业人员使用起来就更加困难。因此建议金蝶软件对客户经常使用的往期报表查询等功能，设置常用的热键，这样客户只要点击热键就可以看到。

3.3　开发形式多样的用户手册

由于文本文档比较官方，不通俗易懂，而且有些比较复杂的知识点用文档难以描述，建议多发布一些视频文件，供客户学习。金蝶的用户守则 2010-2014 年的版本变化不大，可以按照电话支持、网络支持岗位的客户服务频率，把服务守则进行改版，把客户常遇到、常咨询的问题进行优化排序，并在软件帮助菜单里进行优化排序；同时录制常见问题解决的微视频课程，在用户守则中设置二维码，通过提供视频的解决方案，更好地为客户解决问题，提供金蝶软件的服务质量。

4. 对金蝶用户提出的建议

在实习过程中，经过总结发现，客户咨询的很多都是软件操作方面的问题，并且绝大多数都是操作人员对软件不熟悉导致操作不当造成的。针对这些情况，本人认为用户企业可以从以下几个方面着手提高员工的操作水平和操作速度。

4.1 加强员工培训

企业要对所有的新进员工进行培训，使用金蝶软件前先进行系统培训，后续对容易忽略的细节进行重点测试。

4.2 充分利用测试系统

在使用正式环境前企业可以先操作测试环境，对系统有一定的了解后再使用正式系统，这样可以减少客户在账务处理操作过程中的错误。

4.3 多与其他用户沟通交流

建议用户企业的财务人员经常查看金蝶社区和帮助手册，金蝶社区中提供了论坛，可以在里面提问题，也可以解决别人的问题，与其他用户共同进步、共同成长，同时社区中也提供了一些官方的文档，客户可以下载查看与学习。

5. 结束语

自作为一名金蝶技术工程师以来，发现在财务软件报表模块中存在的问题大多数都是相同的，无非是关于公式设置、取数、对账等，针对这些问题，其实都有固定的处理方案，反过来思考，我们为何不一一消除这些问题呢？

由于各个用户企业的具体情况不一样，需求也存在差异，所以软件的功能还是会存在不足，比如报表模块中系统模板的预设，可以进行更新，因为有部分模板科目是存在问题的，需要手工更改，改后可以让报表子功能界面更加简洁。总而言之，报表模块是现代智慧的结晶，但我们不能满足于现状，应该不断地在探索中求知，创造出能更加减轻企业负担的金蝶软件。

参考文献

[1] 徐靖婷．会计电算化存在问题及对策探究［J］．中国城市经济，2011（7）：72-76.

[2] 王小琳．浅谈会计电算化存在的问题及对策［J］．改革与开放，2014（12）：15-20.

[3] 雷翠玲．企业会计电算化问题探究［J］．财经界（学术版），2015（9）：5-8.

[4] 王潇亭．我国会计电算化的应用与发展［J］．时代金融，2015（17）：16-18.

致谢

经过近一年的实习，本人在专业技能和个人综合素质等方面都有了较大的提升，这次实习成为我学生生涯中最难忘、最有价值的一段时光。

首先要感谢XXX老师一直以来的督促、指导，从开始就指导我们怎样顺利完成毕业设计方案的写作，这让本人少走了很多弯路。本篇毕业设计方案从选题、初稿到作品的反复修改、润色，都倾注了XXX老师的大量心血，老师严肃的科学态度、严谨的治学精神、精益求精的工作作风，深深地感染和激励着我。同时还要感谢金蝶公司给予本人的这次实习机会，感谢企业导师XXX经理不仅在生活上对本人关心和照顾，还教导我如何为人处事，在工作过程中也给予了我莫大的帮助，同时还为本篇毕业设计提供了很多指导意见和企业素材。

在三年的大学生活里，始终感受着学校老师的精心指导和无私关怀，以及各位同学的关心和帮助，在此表示诚挚的感谢！

实例二：桂兰批发部存货管理优化方案

Part 1 毕业设计任务书

XXX 职业技术学院商学院毕业设计任务书

商 学院 会计 专业 1332 班学生 ××× 学号 1318013×××

一、毕业设计题目： 桂兰批发部存货管理优化方案

二、毕业设计进行地点： 学校、桂兰批发部

三、任务书内容：

（一）目的

通过实习，系统巩固会计专业知识，对实习单位存货管理现状进行剖析，探寻该批发部在存货管理上存在的问题，分析问题产生的原因，为完善该批发部的存货管理提出建议。

（二）任务

1）在指导老师的指导下制定毕业设计任务书；2）通过网络和书籍了解相关理论；3）深入批发部实习实践，在企业指导老师的指导下对该批发部的存货管理进行全面了解和熟悉，收集具体材料和数据；4）在指导老师的指导下撰写毕业设计方案。

（三）成果要求

1. 总体要求

① 毕业设计内容必须文题相符、概念清楚、思路清晰、层次分明。

② 毕业设计方案设计合理、依据可靠，具有一定的社会价值、市场价值或商业价值。

③ 毕业设计提交的相关文档作品必须符合指定的写作规范。

④ 毕业设计作品字数要求在 5000 字以上。

⑤ 毕业设计必须清楚反映自己的学习心得及探索成果，体现自己的专业能力和实践水平，严禁抄袭。

⑥ 尊重他人的学术成果，养成严谨、求实、诚信的学术作风。在引用文献资料时，必须在引用处做出标注，在设计作品的末尾按引用顺序列出文献资料的出处及详情（作者、资料名称、发表场所、时间、页码等）。

⑦ 在完成毕业设计（论文）期间，对每周所做的工作事项和下周的工作安排都应有详细的记录，并按指定的方式及时提交。

2. 进度要求

① 构思阶段（2015 年 10 月—2015 年 11 月）：确定选题，撰写毕业设计执行方案（开题报告）。

② 调研阶段（2015 年 11 月—2015 年 12 月）：完成指定的文献阅读及市场调研工作量。

③ 写作阶段（2015 年 12 月—2016 年 4 月）：撰写毕业设计初稿、二稿及定稿。

④ 成果总结及答辩阶段（2016 年 4 月—2016 年 5 月）：撰写毕业设计成果报告书、答辩汇报 PPT 等。

学生签名：××× 2015 年 11 月 02 日

指导教师签名：××× 2015 年 11 月 03 日

系室主任签名：××× 2015 年 11 月 04 日

Part 2　毕业设计执行方案

XXX 学院毕业设计执行方案

__商__学院__会计__专业　　　　2015 年 11 月 05 日

设计题目	桂兰批发部存货管理优化方案				
学生姓名	×××	学号	1318013×××	指导教师	×××

1. 选题的依据和意义

本人于 2015 年 12 月至 2016 年 5 月到宁乡县金洲乡桂兰批发部进行毕业实习实践，在实习过程中，在学校老师和批发部指导老师的帮助下，根据我理货员的实习岗位，我选择重点关注该批发部的存货管理情况，通过实习了解该批发部对存货管理的具体措施，为完善该批发部的存货管理提出自己的建议。

2. 拟解决的关键问题

针对该批发部存在的存货缺乏分类管理、部分存货不适应市场的实时需求、存货的验收机制不健全、滞销商品处理缺少灵活性，同时还缺乏科学的存货采购计划等问题，提出自己的个人意见。

3. 毕业设计的技术路线

① 通过查阅书籍资料、上网阅读等方法进一步熟悉掌握批发企业存货管理的相关知识，熟悉存货管理在批发部财务管理中的意义、存货管理的方法等相关专业知识。

② 深入该批发部，通过请教批发部指导老师、实地观察、询问同事等方法了解该批发部存货管理的具体情况。

③ 分析批发部在存货管理方面存在的问题。

④ 提出解决存货管理问题的具体意见和建议。

4. 毕业设计的日程安排

任务	开始时间	结束时间	阶段成果
确定选题	2015 年 11 月	2015 年 12 月	毕业设计任务书
制订方案	2015 年 11 月	2015 年 12 月	毕业设计执行方案
完成设计	2015 年 12 月	2016 年 5 月	毕业设计作品
成果总结	2016 年 5 月	2016 年 5 月	成果报告书、答辩汇报 PPT

5. 指导教师的意见及建议：

同意执行该方案

签名：×××

2015 年 11 月 05 日

Part 3　毕业设计成果报告书

XXX 职业技术学院商学院毕业设计成果报告书

学院	商学院	专业	会计	班级	1332
学生姓名	×××	学号	1318013×××	指导教师	×××
毕业设计题目	桂兰批发部存货管理优化方案			毕业设计类型	方案设计

1. 毕业设计过程的简要说明

本人阅读了由唐淑文老师编写的《财务管理》及张流柱老师编写的《财务会计项目化教程》中有关存货的章节，还上网查阅了存货管理的相关知识，掌握了存货管理的基本理论知识，熟悉了在批发部进行存货管理的大致工作流程。于 12 月 28 日深入宁乡县金洲乡桂兰批发部进行实习，在批发部店主的指导下熟悉了批发部的存货管理情况，分析了批发部在存货管理里中存在的一些问题，并提出完善存货管理的具体建议。

2. 作品的特色与亮点

① 依据具体的工作情况，进行亲身体验和实践，写出了符合实际的毕业设计作品。

② 对于个体工商户在经营中面对存货管理这样一个重要问题，毕业设计中给出了实用的建议和具体的措施。

③ 运用相关的存货管理理论知识，将实际工作和理论知识结合在一起。

3. 作品的社会价值及主要用途

① 毕业设计作品为批发部解决了实际的存货管理问题，通过实践的检验，这种方法为批发部节约了成本，经济效益得到了提高。

② 毕业设计作品在研究个体工商户在经营管理中，面对一些存货管理的问题，提供了切实可行的措施。

③ 整个毕业设计作品是基于中小微企业和个体工商户，也是为了让更多的管理者认识到存货管理的重要性，让他们不断加强存货管理，提高单位的经济效益。

4. 毕业设计的体会与收获

① 通过毕业设计和实习，进一步掌握了存货管理的相关知识，学会了在存货管理中，应该怎样利用理论知识，解决实际问题。

② 养成了良好的工作习惯和严谨的工作作风，学会了与不同的人打交道，提高了自身的沟通和协调能力。

③ 明白了无论是什么样的工作都值得我们去做，每一件工作都是有意义的、有价值的，我们不能因为工作繁琐而去轻视和讨厌工作，更不能因为工作不顺心而放弃工作。

Part 4　毕业设计作品

XXX 职业技术学院

会计专业毕业设计

答辩视频

题目：桂兰批发部存货管理优化方案

类型：

产品设计	工艺设计	方案设计
		√

学生姓名：×××

学　　号：1318013×××

班　　级：会计 1332 班

专　　业：会计专业

学　　院：商学院

学校指导教师：×××

企业指导教师：×××

2016 年 4 月 30 日

摘要

存货是指在生产过程经营中为销售或耗用而储备的各种有形资产。它既是资产负债表中流动资产的一个重要项目，也是利润表中销售收入和销售成本的来源。因此，其收入、发出、结存的确认，计量、记录和报告是否正确，都直接或者间接地关系到企业财务状况和经营成果是否核算正确，进而还会影响所得税、收益分配和对管理当局的业绩评价等各个方面。本设计通过对宁乡县金洲乡桂兰批发部（以下简称“批发部”）存货管理的分析，指出存货管理中存在的问题及原因，进而提出解决方案。

关键词：存货管理；管理现状；问题对策

目　录

前言

企业若要保持较高的赢利能力，应当高度重视存货的管理。通过实施正确的存货管理方法，降低平均资金占用水平，提高存货的流转速度和总资产周转率，才能最终提高企业经济效益。存货是流动资产的重要组成部分，在商品流通企业的资产总额中占有很大比重。存货管理是实现经营目标、贯彻经营方针和决策、维护流动资产的安全与完整、保证财务收支合法、保证会计信息真实性的一种内部自我协调、制约和监督的控制系统。为了加强存货管理，保证存货的安全与完整，提高存货运营效率，有必要对存货管理进行系统的设计。

本人于2015年12月至2016年5月到宁乡县金洲乡桂兰批发部进行毕业实习实践，负责理货岗位，在实习过程中，得到老板XXX先生的指导和支持。本人也在实际工作中，发现批发部存货的管理还存在提升空间。

1. 批发部简介

1.1　批发部基本信息

桂兰批发部位于长沙市宁乡县金洲乡全民镇，是一家经营商品批发和零售的商店，属于个体工商户。批发部的日常经营管理活动主要有：仓库管理、商品销售、货物清点、日常购货，主要的经营范围是：日常生活用品、包装食品、饮料、水果、乳制品、豆制品、烟酒、茶叶、粮食、食用油和其他预包装食品的批发和零售。该批发部是镇上比较大的一个商铺，平时的生意还不错，顾客的回头率也很高。金洲地区的一些小商店、工厂、旅馆、批发部、饭店，以及与老板有订单的其他顾客，批发部老板会亲自开车送货，并与这些客户建立了长期合作的关系。

1.2　批发部存货管理介绍

批发部的物流流程：第一，批发环节。桂兰批发部有一辆面包车，用来送货，是老板的车，由老板亲自开车上门服务；第二，采购环节。有从事流动销售的大卡车会不定期的经过，这些销售人员会询问批发部老板是否需要进货，是否需要采购他们运送过来的商品。如果他们双方谈妥，便达成一笔采购业务。因此，一般不需要外出采购。

该批发部人事结构简单，员工很少，货物采购和销售流程较单一。主要销售流程：第一，报单。当客户需要货物时，他们会提前电话或短信联络，或者直接到店说明所需商品。；第二，开票。将客户需要的货物一一列举出来，标上数量和单价，然后算出总金额；第三，装点货物。开票之后，按照客户的订单装载货物，并且在发货前清点一下有没有遗漏，是否按订单全部装载完毕；第四，送货上门。装载完毕后，老板亲自送货上门。

批发部存货流转具体情况如图1所示。

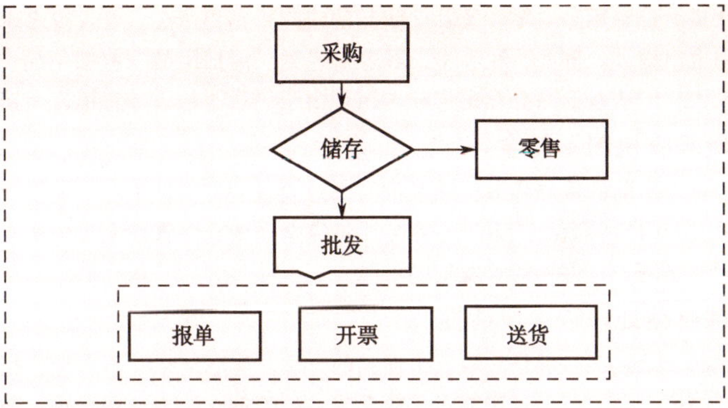

图1　批发部存货流转图

2. 批发部存货管理的问题

2.1　批发部的存货缺乏分类管理

（1）于仓库的货品摆放。商品采购完毕，没有进一步分类处理，而是随意放在一堆，如图2所示。这样虽然节省了很多人力成本，但是对整个仓库的存货管理而言却是严重不利的。不同的人进行信息交流时，会出现很多问题，不知道货物究竟在什么位置，因为没有分类，不便于查找货物，产生了信息交流障碍。

（2）店铺货架的商品摆放。进门左边的货架，前段摆放的是牙膏、酱油等日常生活用品，中间摆放的是文具用品，后段摆放的是植物油、鞭炮等日用百货；批发部内，中间的货架，摆放的是水果、饼干等商品；进门右边的货架，摆放的是零食和乳制品，如图3所示。货架上的商品摆放得比较饱满，但是摆放次序混乱。整个商品的摆放，从表面上看是比较整齐的，但是没有考虑到顾客查找方便与否。例如，有些商品摆放比较隐蔽，不便于顾客寻找，本应是畅销商品，却没有达到理想的销售量。

图2　仓库摆放图

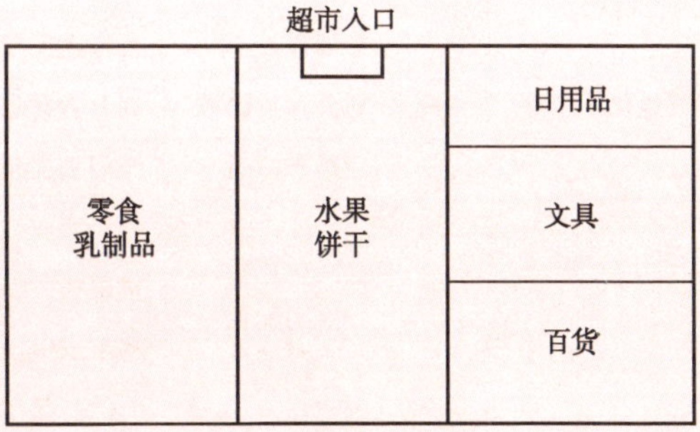

图3　店内商品摆放平面图

2.2　部分存货不适应市场的实时需求

在当前较大的竞争压力下，经营者要及时抓住消费者的需求和市场的动态，也要考虑淡旺季的商品采购管理。该批发部，没有关注消费者的行为习惯和市场的需求情况，盲目进货，导致批发部的利润一直上不去。例如，顾客来到批发部，发现没有或者缺少自己想要的商品，看几眼就走了。

没有分析水果、日常用品、零食及其他商品的淡旺季销售情况，导致很多本该在淡季出现的情况，在旺季也出现了。例如，在春季，顾客对晾晒、清扫用品、收纳用品、果冻、果脯类等商品需求比较大，但这些商品会在销售旺季出现由于供货不足，导致销售受挫。

2.3 存货验收机制不健全

存货的验收是入库前的重要环节，桂兰批发部对验收的警惕性不高。批发部的存货种类繁多，而且目前没有专门检验商品的系统，商品质量完全是由仓库管理人员依个人经验而定。这样就会存在很大的漏洞，有徇私舞弊发生的可能。

2.4 滞销商品处理缺少灵活性

对于滞销商品，批发部一贯是采取低价促销的方法，实际结果并不理想，很多商品将近保质期，还是没有销售出去。由于对滞销商品缺乏统一的管理，使之浪费严重。例如，橘子和苹果，一直是用销毁或者低价促销的方法来处理，浪费很多。临近到期商品需要多种方法配合施行，单一方式无法满足现状。

2.5 缺乏科学的存货采购计划

采购是存货管理过程的首要环节，它决定着批发部存货量的多少，也直接影响到后续经营活动。而采购计划则是其最重要的一环，但在批发部，该环节却是薄弱环节。

多数时候，采购量是领导者根据自己的经验决定的，忽视了存货占用成本问题，缺乏周密、科学的采购计划。过多的存货会占用大量经营资金，从而增加企业的资金压力。

3. 存货管理方案设计

3.1 商品摆放和分类管理方案

仓库摆放杂乱，原因在于面积狭小，所以必须提高其空间利用率。店铺商品的摆放，不仅要求美观、整齐，还要便于顾客查找、取拿，要通过灵活多样的陈列提高销售量。具体优化方案见表1。

表1 商品分类和摆放方案

项目	序号	优化策略	具体措施
仓库摆放优化	1	扩展存放空间	可考虑安置货架，若条件许可，可扩展仓库面积
	2	划分存货区域	划分为食品区，用品区、百货区
	3	标志清晰	分门别类粘贴标签，注明品名、规格等基本信息
店铺摆放优化	1	空间配置	外层摆放促销产品，或临近保质期商品
			里层摆放畅销产品，或保质期较长商品
	2		超市入口摆放促销商品
	3		大件商品摆放货架较低位置
	1	商品配搭	主力商品与辅助商品的搭配陈列
	2		食品与非食品（装食品的器皿、包装等）的搭配陈列
	3		购买频率高的商品与购买频率低的商品的搭配陈列
	4		单位价格高的商品与单位价格低的商品的搭配陈列
	5		女性购买商品与男性购买商品的搭配陈列
	6		成人购买商品与儿童购买商品的搭配陈列

3.2 采购流程设计

较完善的采购流程，必须建立在一定制度基础上。批发部的首要工作是建立严密的责任制度，其中主要涉及的岗位包括采购人员、仓库管理人员、财务人员及理货员等。分别设定每个岗位的工作流程、工作内容、责任范围，以及细致的奖惩细则。

表2是对商品采购流程的列示，分别规定了各环节的具体工作、应当形成的工作成果或者产生的单据，并明确了相应的责任人员。

表2 商品采购流程

序号	步骤	具体操作	成果或单据	责任人员
1	数据分析	测算欲采购商品的毛利情况，用以确定是否采购及采购量大小	商品毛利计算结果	财务、销售
		以历史为数据为参考，计算主要商品的日均销售量	商品日均销售数量统计表	财务、销售
		结合上述步骤，测算本次采购数量	商品采购数量一览表	采购、财务
2	询价与议价	改变目前较单一的供应模式，多家供应商之间询价与议价	各供应商价格表	采购
3	业务达成	至少2名员工同时参与供应商甄选，并在确定后，与对方形成相应协议	采购协议等文本	采购、财务
4	商品验收	由验收人员仔细核对商品的型号、规格、数量、生产厂家、日期等详细信息，并填写验收单	验收单	采购、财务、仓管
5	商品入库与摆放	仓库管理人员核对商品数量与品类等信息后，填制商品入库单，由理货员按照批发部的摆放要求进行分类摆放整理	入库单	仓管、理货员
6	款项支付与商品入账	由财务人员进行货款的支付，将商品登入系统，并进行账务处理	货物清单、发票、收据及其他支付凭单	采购、财务

3.3 商品订货批量的确定

合理的采购量，不会因为存量太大，增加储存成本；也不会因为数量过少，增加订货成本，更不会导致缺货。每次采购量要通过分析日均销售量和采购的间隔天数来确定。现以批发部销量较大的蒙牛250ml纯年奶为例，进行方案设计。

①选择历史数据时点。随机抽取若干天的销售数据。在抽取数据前，先要考虑本次是普日采购，还是旺日采购。所谓普日就是星期一至星期四，旺日就是星期五至星期日。如果是普日采购，应当抽取的历史时点也应当为普日；反之亦然。如：本次采购的牛奶将用于未来3天的普日销售，目前为春季，属于牛奶销售的旺季。故本次抽取了最近一个月的，10个普日的历史数据。

②计算每天的销售量。由于批发部采用的实地盘存制。所以可根据如下公式计算：本日销

售量=上一日的存量+本日的采购量-本日剩余存量。计算结果见表3。

表3　近10日蒙牛250ml纯牛奶日销售量统计

（资料来源：根据公司内部资料整理）

数据顺序	1	2	3	4	5	6	7	8	9	10
每日销售量（箱）	35	40	32	36	51	40	37	20	38	32

从图4可以看出第5个数据和第8个数据明显异常，故予以忽略，将其他的8个数据作为预算的基础。

③ 计算日均销售量。对8个数据求平均值，得结果36箱。

④ 确认采购间隔天数和保险储备量。该批发部的货品是由供应方送货上门，综合考虑对方上门频率及本店的历史数据，确定批发部的平均采购间隔天数为3天。但为预防临时供应中断，另增加2天的保险天数，即可得出保险储备量=日均销售量×保险天数=36×2=72箱。

⑤ 计算每次采购数量。利用以上数据，可进行如下计算：日均销售量×采购间隔天数+保险储备量=36×3+72=180箱。

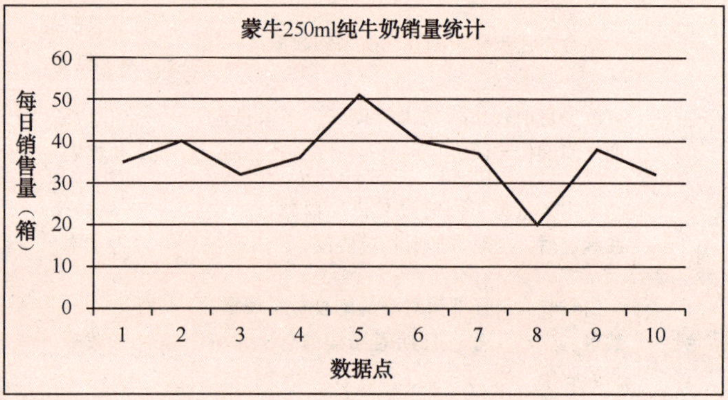

图4　蒙牛250ml纯牛奶日销售量统计

以上方案针对的是批发部销量较大的货品，但在具体操作时要注意如下几点：

第一，虽然上述操作方案较为简单，但由于批发部商品繁多，如果每种商品都采用此法，工作量巨大，所以对于单价较低、保质期较长的货物可以采用简化的方法，或者按类别来确定采购方案。

第二，上述方案针对的是普日采购，如果赶上促销日，需求量就会暴增，可参照前期促销商品的销售增长幅度组织订货。有的商品对节庆、季节转变相当敏感，如元宵、年节时，汤圆、饺子特别好卖；夏天奶制品、冰品好卖。同时也要考虑普日与旺日的区别，如果是旺日采购，所选取的样本也应当不一样。

3.4　滞销商品处理方案

滞销商品的处理，要改变单一降价促销模式，可灵活选用如下处理方案。

（1）降价与促销活动相结合。在本销售季节的中后期，可以节假、换季、店庆等各种名义开展促销活动，预先把可能积压的季节性滞销商品进行特价处理。这一方法一般都能收到立竿见影的效果。

（2）展示促销。将锁定的滞销商品进行陈列调整，运用卖场货架空间，相应扩大陈列位置，更大可能吸引消费者眼球。在批发部有限的空间内，可以单独设置一个展示区域，重点突出促销商品，并结合折扣同步展开。

（3）对比促销。将同品种商品进行高低价位的对比陈列，凸显滞销商品的品牌优势或价格优势。

（4）示范促销。进行滞销商品免费品尝或产品示范服务，突出商品优点。

4. 存货管理方案可行性论证

4.1　方案设计基于企业实际需要

存货是商品流通企业的主要资产，批发部存货资产比例超过了50%。而作为年轻企业，又是一个小微企业，目前的突出现状是制度缺失或不完善，具体体现在存货日常管理主要靠口头传达和约定俗成的惯例来维持运作。因此，导致如下弊病：流程混乱，效率低下，商品囤积，浪费严重，费用攀高，销售出现瓶颈等。基于行业特点，批发部所有者在较低的销售利润率压力下，亟待为存货管理找到出口。

4.2　方案操作易于施行

企业目前只有6名员工，除本人外，其他都只有高中甚至初中学历。另外，从企业经济承受力来看，虽然日常的资金周转不存在问题，无任何银行或者私人借贷，但也没有多余的资金用于大规模的投入。此外，批发部的经营用房仅为零售铺面和库房，没有购买存货的管理软件。基于此，批发部在短期内不适宜大幅度的变革。

本方案易于施行。首先，经济投入较小。由于本次改进重点在于流程的优化和内部制度的完善，属于软操作层面，不涉及软硬件的采购，没有大宗的支出，只需增加部分人工成本；其次，简便易行。除少量的简单计算外，方案很容易上手。由于本人尚在批发部实习，对方案中难点进行了解释和示范操作，基本不存在实施障碍。

4.3　方案的预期实施效果

方案在实施之后，至少可以产生如下三方面的效果。

第一，可以改变存货管理杂乱无章的状态。本方案从两个方面进行了制度设计和设想：首先是对存货管理中的关键流程进行了设计；其次是对岗位责任制度进行了设想，并将在下一步骤中予以实施。这样，员工按照优化的流程进行工作，可做到有条不紊，提升工作效率。在违反责任制度时，有据可依，可较好地维护双方利益。同时，由于奖惩制度的实施，员工工作积极性也可以得到改善。

第二，可以优化存货的采购环节。存货采购环节的改进效果，主要体现在两个方面：①择优购买，规避低毛利甚至是亏损商品的购入。由于方案要求对企业的主要商品进行历史数据分析，其中主要是毛利计算。这样在采购环节就可以主动避免零利润商品的购入。②量出而入，根据市场行情确定订购数量。通过简单的计算，确定每次订购数量。③降低成本，对过询价、议价、比价来确定最优采购方案。要改变批发部被动接受报价的局面，必须将竞争机制引入到采购环节。通过不同供应商的价格对比，选用最优的采购方案。

第三，可以增加销售量。本方案在促销方面，主要是从三个方面入手的。一方面是进行销售数据分析，在采购环节就主动选择市场行情较好的商品；另一方面是通过优化商品的摆放来刺激消费；最后是引入多样化的促销方案，拉动销售。

5. 结束语

本设计对桂兰批发部存货管理存在的问题进行了分析，进而提出了解决方案。在努力做好以上各点的同时，还应当制定具体的内部规章制度，其中包括各个工作岗位的责任制度，员工的奖惩制度等，除上述拟定的工作流程外，要将存货管理的各个环节予以细化。此外，将来批发部经济条件许可后，应当进行软硬件条件的改善，实现有步骤地完善与提升。

参考文献

[1] 薛雁群．向存货管理要效益［J］．会计之友，2006（8）．

[2] 王黎．浅析批发部存货管理［J］．中共长春市委党校学报，2006（4）．

[3] 万茹．对存货管理的几点认识［J］．辽宁经济，2008（8）．

[4] 黄秋．浅议批发部资金及存货管理的内部控制［J］．现代商业，2008（21）．

[5] 冯丽梅，王秀凤，李威．加强批发部存货管理的途径［J］．冶金财会，2005（1）．

[6] 侯春兰，李红梅．批发部存货内控管理之我见［J］．现代审计与会计，2008（5）．

致谢

历时4个月的毕业设计成为我学生生涯最难忘、最有价值的一段时光。首先我要感谢×××老师，我的毕业设计作品离不开他的精心指导，从说明书的拟订、方案的架构、修改，一直到最终定稿，倾注×××老师的大量心血。在顶岗实习期间，我也要感谢我的批发部导师×××先生，在设计方案的日趋完善中给我很多启发，在他的指点下我的毕业设计作品质量更高。

毕业设计的顺利完成，离不开各位老师、各位同学的关心和帮助，在此表示诚挚的感谢！

附录D

国际贸易专业毕业设计实例

Part 1 毕业设计任务书

XXX 职业技术学院毕业设计任务书

<u>商</u>学院<u>国际经济与贸易</u>专业<u>国贸 1331</u>班学生<u>×××</u>学号<u>1318033×××</u>

一、毕业设计题目：<u>长沙富兰德实验分析仪器有限公司阿里国际站跨境店铺的优化方案</u>

二、毕业设计进行地点：<u>×××职业技术学院；长沙富兰德实验分析仪器有限公司</u>

三、任务书内容：

（一） 目的

国家“一带一路”和“互联网+”战略的提出，推动了以在线交易为核心的跨境电子商务的发展。长沙富兰德实验分析仪器有限公司是一家从事油品分析仪器研发、生产和销售的工贸一体型外贸企业，公司主要通过免费和付费的阿里巴巴国际站平台开发客户。目前该公司跨境店铺的运营存在一些问题，还有很大的提升空间。通过本选题的探究，旨在找出店铺运营中出现的问题，针对这些问题提出具体的优化方案，通过实施方案，最终提升该公司跨境店铺的“曝点反”，并实现快速出单。

（二） 任务

1）收集与企业和外贸业务助理岗位的相关资料，然后整理好资料。

2）了解跨境店铺的基本信息和运营模式。

3）分析企业跨境店铺的现状和运营情况，并找出店铺运营中存在的问题。

4）对比同行业其他跨境店铺，并进行对比分析。

5）探索如何有效地优化跨境店铺，提高“曝反点”。

6）分析阿里巴巴国际站产品排序规则的最新变化。

7）设计并实施阿里国际站跨境店铺的优化方案。

8）根据前期收集的资料及分析结果和优化方案的设计及实施结果形成毕业设计初稿。

9）在专业教师指导下，征询阿里巴巴讲师和外贸经理的意见后，完成毕业设计二稿。

10）再次征求阿里巴巴讲师、外贸经理及指导老师意见，进行方案修正和完善，最后完成毕业设计定稿。

（三）成果要求

1. 总体要求

① 毕业设计内容必须文题相符、概念清楚、思路清晰、层次分明。

② 毕业设计方案设计合理、依据可靠，具有一定的社会价值、市场价值或商业价值。

③ 毕业设计提交的相关文档作品必须符合指定的写作规范。

④ 毕业设计作品字数要求正文在5000字以上。

⑤ 毕业设计必须清楚反映自己的学习心得及探索成果，体现自己的专业能力和实践水平，严禁抄袭。

⑥ 尊重他人的学术成果，养成严谨、求实、诚信的学术作风。在引用文献资料时，必须在引用处做出标注，在设计作品的末尾按引用顺序列出文献资料的出处及详情（作者、资料名称、发表场所、时间、页码等）。

⑦ 在完成毕业设计期间，对每周所做的工作事项和下周的工作安排都应有详细的记录，并按指定的方式及时提交。

2. 进度要求

① 构思阶段（2015年10月—2015年11月）：确定选题，撰写毕业设计执行方案（开题报告）。

② 调研阶段（2015年11月—2015年12月）：完成指定的文献阅读及市场调研工作量。

③ 写作阶段（2015年12月—2016年4月）：撰写毕业设计初稿、二稿及定稿。

④ 成果总结及答辩阶段（2016年4月—2016年5月）：撰写毕业设计成果报告书、答辩汇报PPT等。

指导教师签名：××× 2015年10月21日

系室主任签名：××× 2015年10月22日

学生签名：××× 2015年10月22日

Part 2 毕业设计执行方案

XXX职业技术学院毕业设计执行方案

商 学院 国际经济与贸易 专业 2015年12月20日

设计题目	长沙富兰德实验分析仪器有限公司阿里国际站跨境店铺的优化方案				
学生姓名	×××	学号	1318033×××	指导教师	×××
1. 选题的依据和意义 随着电子信息技术和经济全球化的深入发展，跨境电子商务在国际贸易中的地位和重要作用日益凸显。国内众多的外贸企业开始运用B2B、B2C与C2C等跨境电子商务平台来争夺海外市场，跨境电子商务给企业带来了机遇也带来了挑战。长沙富兰德实验分析仪器有限公司是一家从事油品分析仪器研发、生产和销售的工贸一体型外贸企业，公司入驻阿里巴巴国际站时间不长，只有两年时间，其跨境店铺在运营中还存在诸多问题，如曝光量、点击量、反馈量总体效果低于同行业的其他店铺，还有很大的提升空间。本毕业设计旨在找出长沙富兰德实验分析仪器有限公司阿里国际站跨境店铺运营中出现的问题，并针对这些问题提出具体的优化方案，最后实施方案，以提升该公司的跨境店铺的“曝点反”，最终实现高转化率。					

续表

2. 拟解决的关键问题

① 实习企业的跨境店铺的运营现状？

② 实习企业的跨境店铺运营存在哪些问题？

③ 阿里巴巴国际站最新产品排序规则是什么？

④ 如何挖掘站内与站外的数据？

⑤ 跨境店铺的优化包括哪些内容？如何进行优化？

⑥ 怎么评价跨境店铺的优化效果？

3. 毕业设计的技术路线

步骤一 文献调研：到外贸圈和福步外贸论坛等网站查阅跨境店铺运营的相关资料，阅读最新书籍，归集相关文档，撰写内容摘要及读书笔记。

步骤二 同行调研：对比本行业知名企业的跨境店铺并深入分析，了解实习企业跨境店铺的运营情况和运营中存在的问题。

步骤三 拟订策划方案：根据前期调研结果，针对运营中存在的问题，拟订实习企业跨境店铺的优化方案。

步骤四 方案运营实践：根据策划方案，对实习企业跨境店铺进行优化实践，记录相关数据，保存过程资料。

步骤五 方案总结优化：对运营成效进行总结，对运营方案进行优化。

步骤六 撰写毕业设计方案：长沙富兰德实验分析仪器有限公司阿里国际站跨境店铺的优化方案。

步骤七 毕业设计成果总结：拟定成果报告书，毕业答辩汇报 PPT 等。

4. 毕业设计的日程安排

任务	开始时间	结束时间	阶段成果
确定选题	2015 年 10 月	2015 年 11 月	毕业设计任务书
制订方案	2015 年 11 月	2015 年 12 月	毕业设计执行方案
完成设计	2015 年 12 月	2016 年 4 月	毕业设计作品
成果总结	2016 年 4 月	2016 年 5 月	成果报告书、答辩汇报 PPT

5. 指导教师的意见及建议：

方案可行 同意执行

签名：×××

2015 年 12 月 22 日

Part 3 毕业设计成果报告书

XXX职业技术学院毕业设计成果报告书

<table>
<tr><td>学院</td><td>商学院</td><td>专业</td><td>国际经济与贸易</td><td>班级</td><td>1331</td></tr>
<tr><td>学生姓名</td><td>×××</td><td>学号</td><td>1318033×××</td><td>指导教师</td><td>×××</td></tr>
<tr><td>毕业设计
题目</td><td colspan="3">长沙富兰德实验分析仪器有限公司阿里国际站跨境店铺的优化方案</td><td>毕业设计
类型</td><td>方案设计</td></tr>
<tr><td colspan="6">1. 毕业设计过程的简要说明
本人在长沙富兰实验分析仪器有限公司的外贸业务助理岗位实习了5个月，主要从事公司阿里巴巴国际站跨境店铺的运营工作。在此期间，本人首先对油品分析仪器行业现状和公司阿里国际站跨境店铺的运营现状进行了深入剖析。在公司各方的协助下，本人针对公司跨境店铺运营中存在的问题，初步制定并实施了公司的阿里国际站跨境店铺的优化方案，经过2个月的优化，取得了显著的运营成效，得到了公司各方的高度评价。</td></tr>
<tr><td colspan="6">2. 作品的特色与亮点
本方案通过对目标市场和近两年产品销售情况的深入剖析，结合阿里国际站的搜索排名规则，成功地挖掘后台数据，创新地提出从五个维度构建关键词库，找到了公司跨境店铺运营中存在的问题，并针对这些问题，制定了优化产品标题、优化RFQ报价、优化详情页、优化店铺首页的优化方案，将该方案运用到跨境店铺的运营中，取得了显著的成效。</td></tr>
<tr><td colspan="6">3. 作品的社会价值及主要用途
本方案通过优化产品标题、优化详情页、制作高效RFQ报价、视觉营销等方法，使跨境店铺的曝光量、点击量和反馈率之比由原来的100：1.16：5.7上升到100：1.35：9.3，并获得一笔来自埃及客户的价值2700美元的订单。可见，通过找热门搜索词构建关键词库，然后利用这些关键词优化产品标题、优化产品详情页中的产品描述、FAQ和关联产品、优化RFQ报价，并在报价后按时跟进客户，可以实现提高回复率、增加反馈量和转化率、减少跳失率的效果。本方案中所采用的具体优化方法对其他中小外贸企业运用阿里巴巴国际站开发客户方面也有借鉴的意义。</td></tr>
<tr><td colspan="6">4. 毕业设计的体会与收获
在毕业设计的完成过程中，我得到了×××老师和×××经理的精心指导，让我在跨境店铺运营、阿里巴巴后台操作、数据分析、图片美化及专业文档的写作等方面，都有了极大的提高。同时，他们的敬业精神和责任感，给我留下了深刻的印象。最后，自己也深刻体会到作为一名外贸业务助理，必须要有苦行僧的心态，骆驼一样的意志，不要急于求成，不要急功近利，要脚踏实地才能把事情做好。</td></tr>
</table>

Part 4 毕业设计作品

答辩视频

XXX 职业技术学院

国际经济与贸易专业毕业设计

题目： 长沙富兰德实验分析仪器有限公司
阿里国际站跨境店铺的优化方案

类型：

产品设计	工艺设计	方案设计
		√

学生姓名：×××
学 号：1318033×××
班 级：国贸 1331 班
专 业：国际经济与贸易
学 院：商学院
学校指导教师：×××
企业指导教师：×××

2016 年 5 月 4 日

摘 要

本毕业设计结合本人在长沙富兰德实验分析仪器有限公司的外贸业务助理岗位为期五个月的实习经历，首先，对本公司的出口和跨境店铺的运营现状进行分析，发现零效果产品多、跳失率高、反馈少、转化低等问题，店铺的曝光量、点击量和反馈量均有很大的提升空间；然后，针对这些问题在阿里讲师、企业指导老师和学校指导老师的帮助下，本人历时两个月采取优化产品标题、优化详情页、制作高效 RFQ 报价、视觉营销等方法，使跨境店铺的曝光量、点击量和反馈率之比由原来的 100：1.16：5.7 上升到 100：1.35：9.3，并获得了人生中的第一笔来自埃及客户价值 2700 美元的订单。

关键词：油品分析仪器；阿里巴巴国际站；跨境店铺优化

目 录

前言

随着电商大时代的到来，国内众多外贸企业开始运用 B2B、B2C 与 C2C 等跨境电子商务平台来争夺海外市场，跨境电子商务平台给企业带来了机遇和挑战。长沙富兰德实验分析仪器有限公司是一家从事油品分析仪器的研发、生产和销售的工贸一体型外贸企业，公司主要通过免费和付费的跨境电商平台开发客户。但长沙富兰德实验分析仪器有限公司阿里巴巴国际站跨境店铺的运营中还存在诸多问题，如曝光量、点击量、反馈量总体效果均低于同行业的其他店铺，还有很大的提升空间。鉴于此，本毕业设计旨在通过现状的分析，找出店铺运营中出现的问题，并提出具体的优化方案，以期待提高长沙富兰德实验分析仪器有限公司阿里巴巴国际站跨境店铺的“曝点反”，并快速出单。

1. 长沙富兰德实验分析仪器有限公司简介

长沙富兰德实验分析仪器有限公司（Changsha Friend Experimental Analysis Instrument Co., Ltd）以下简称长沙富兰德仪器有限公司，成立于 2010 年，位于湖南省长沙市岳麓区，是由美国 Keith Brandon（简称 K. B）技术创业投资基金（风险投资商）资深合伙人 Aid 先生与中国分析仪器行业精英人才为主导成立的一家集研发、生产和销售于一体的企业，是一家典型的工贸一体型企业。公司共 45 名员工，主要有行政部、财务部、销售部、生产技术部、售后部五个部门。主要生产和销售石油产品分析仪器，如石油闪点测定仪、粘度测定仪、热值测定仪等，产品均有 ISO9001：2008（International Organization for Standardization 9001：2008）认证，且石油产品凝点测定仪等产品获得了实用新型专利证书。长沙富兰德实验分析仪器有限公司于 2014 年成立外贸部，并开始利用阿里巴巴国际站开发国外客户，同时也利用免费的 B2B（Business to Business）平台开发国外客户，产品主要出口到非洲、北美和中东等地区市场。

2. 长沙富兰德仪器有限公司出口现状分析

2.1　主营产品介绍

长沙富兰德仪器有限公司经营的油品分析仪器主要用于分析润滑油、润滑脂、燃油、沥青、防冻液和石蜡等石油产品。目前长沙富兰德仪器有限公司生产的油品分析仪器产品种类繁多，主要包括七个类别：通用及电力用油分析仪器、燃料油、溶剂油分析仪器、润滑油分析仪器、润滑脂分析仪器、苯、石蜡、液化气分析仪器、防冻液、沥青分析仪器和其他分析仪器，具体信息如表 2.1 所示。

表 2.1　长沙富兰德仪器有限公司主营产品

Products Name	Products Photo	Products Description
Automatic open cup flash point tester	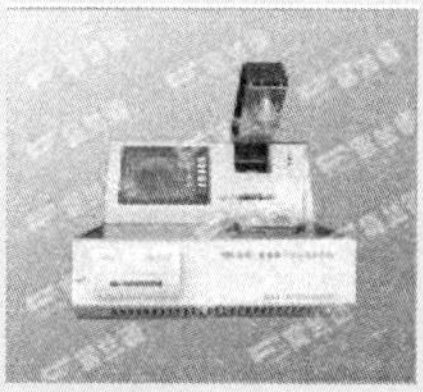	It is mainly used for the determination of flash point of petroleum products
Gasoline oxidation stability tester		It is mainly used to measure the oxidation stability of gasoline
Lubricant oil low temperature Brookfield viscometer		It is mainly used to determine the absolute viscosity of Newton type liquid

续表

Products Name	Products Photo	Products Description
Grease cone penetration tester		It is mainly used for the determination of cone penetration of lubricating grease
LPG density tester	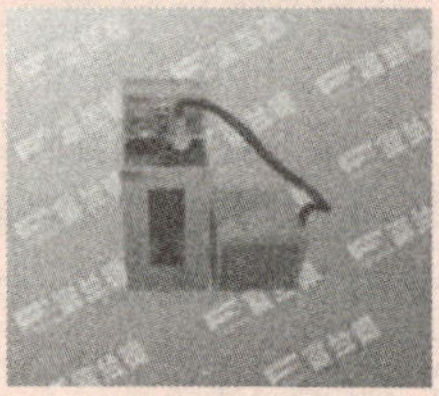	It is mainly used to measure the density of LPG
Bitumen softening point tester		It can be used in road petroleum asphalt, coal tar pitch, liquid petroleum asphalt and so on
Gas chromatography		It can be used for the analysis of volatile organic compounds in water and drink, alcohol content in blood, transformer oil ect

2.2 目标细分市场

长沙富兰德仪器有限公司的油品分析仪器目标客户主要分布在石油、电力、化工、科研、质检及大专院校等相关行业领域，其目标客户市场的分布情况，如图 2.1 所示。由图 2.1 可知，目标客户最多来自于亚洲达 40%，其次是欧洲占 20%，再次是北美洲占 18%和非洲占 11%，出现这种情况的主要原因是，目前亚洲的东南亚地区的石油产业发展非常迅速，所以对油品分析仪器的需求量相对较大。

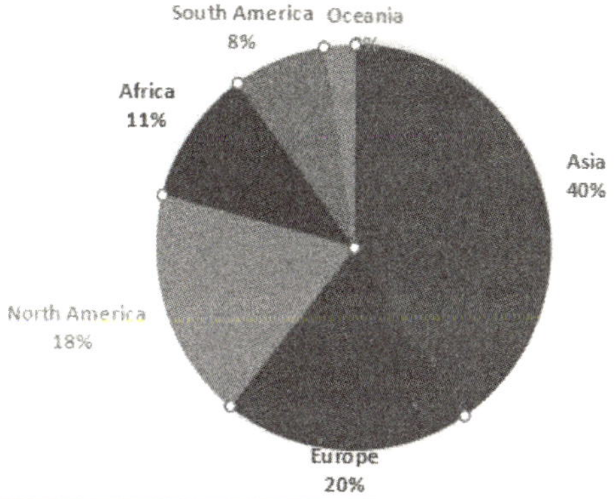

图 2.1 目标客户市场分布情况（资料来源：公司内部资料整理）

搜索量较多的国家是美国（18%）、印度（11%）、俄罗斯（5%）和土耳其（4%）等，因为世界的石油主要分布在中东、俄罗斯、北美、北非和东南亚地区，石油产品的生产和精炼都需要利用油品分析仪器检验各项指标，所以这些地区也是油品分析仪器的主要市场，如图 2.2 所示。

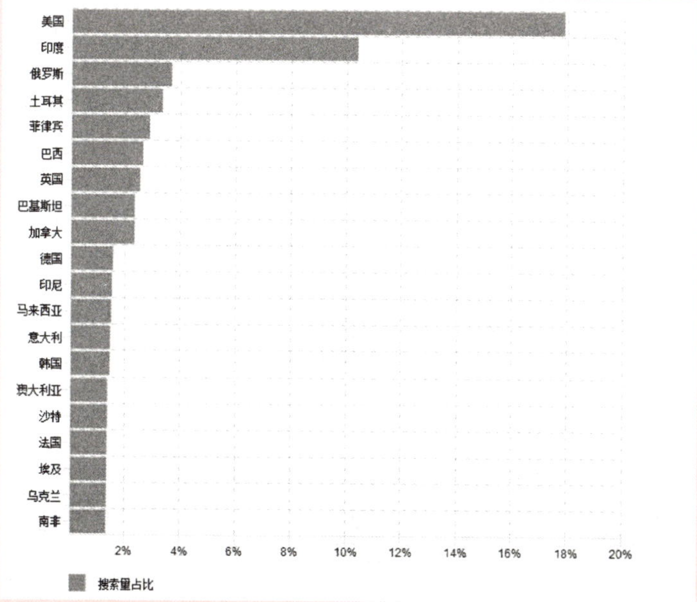

图 2.2 热门搜索国家和地区

2.3 产品出口占比

长沙富兰德仪器有限公司 2014-2015 年各类油品分析仪器产品出口占比情况，如图 2.3 所示。由图可知，2014 年电力用油分析仪器销售得最好，销售量占了全年销售量的 27%，而在 2015 年，电力用油分析仪器的出口比例却比润滑油分析仪器低了 3%。因为电力用油分析仪器与其他分析仪器相比，对技术的要求并不是很高，而且很多其他公司都有同种产品，甚至他们的价格更低，所以公司主要致力于润滑油和燃料油分析仪器的生产和销售。

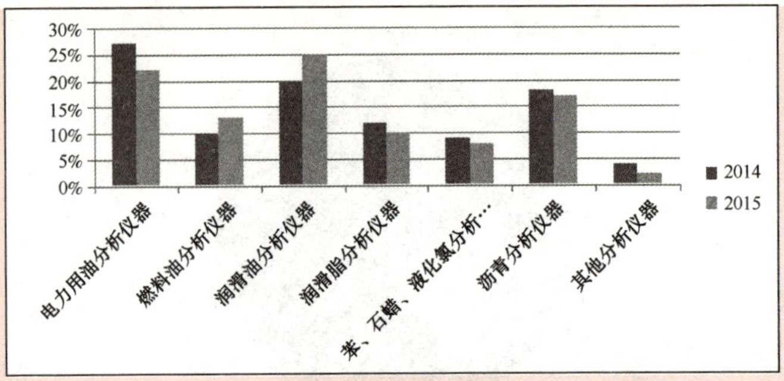

图 2.3　2014-2015 年公司各类产品出口比例情况

3. 长沙富兰德仪器有限公司跨境店铺运营现状分析

长沙富兰德仪器有限公司阿里巴巴国际站的跨境店铺已经运营 3 年时间，是阿里巴巴国际站付费会员，具有金牌供应商资质，有 15 个橱窗展位，跨境店铺的运营状况具体如下所述。

3.1　在线产品情况

目前长沙富兰德仪器有限公司的跨境店铺的在线产品共有 6640 个，共有 15 个橱窗产品，如图 3.1 所示。其中，本人在 5 个月的实习中共发布了 600 个产品，有效果的产品有 350 个，当前有 6836 个产品持续 15 天以上（含 15 天）零效果，其中 80 个产品 180 天以上（含 180 天）零效果，占产品总量的 0.6%。而最近 15 天，只有 47.32%的产品有效果，有 52.68%的产品零效果。

图 3.1　公司跨境店铺部分在线产品截图

3.2 流量和询盘情况

长沙富兰德仪器有限公司跨境店铺 2016 年 1 月的曝光量、点击量、反馈量和访客来源情况，如图 3.2 所示。由图可知，公司产品的曝光为 52 209，行业月曝光平均达 109 425，所以曝光量较低，与上个月相比下降了 22%；点击率为 1.16%，访客一共有 982 个，反馈却只有 56 个，所以转化率也较低，仅有 5.7%。这一个月内，在公司没投入顶级展位和 P4P 的情况下，产品的曝光量绝大部分都低于行业平均曝光。大部分访客都是通过搜索产品来到店铺的，这个比例占到了 80%，如图 3.3 所示，所以提高产品曝光率对店铺的访客量是十分必要的。

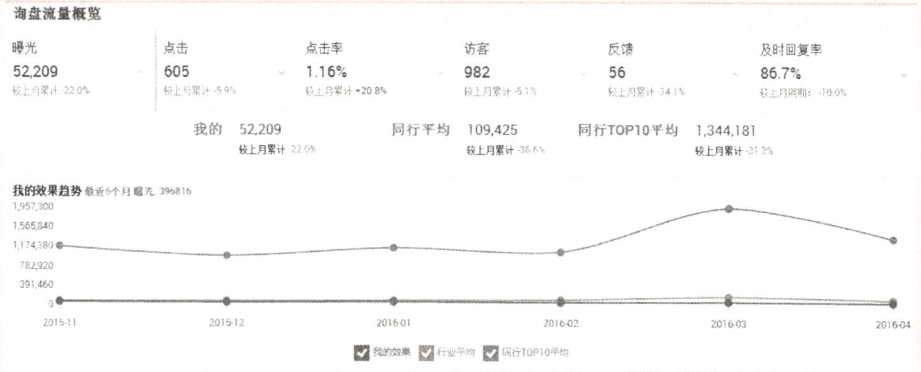

图 3.2 询盘和流量情况

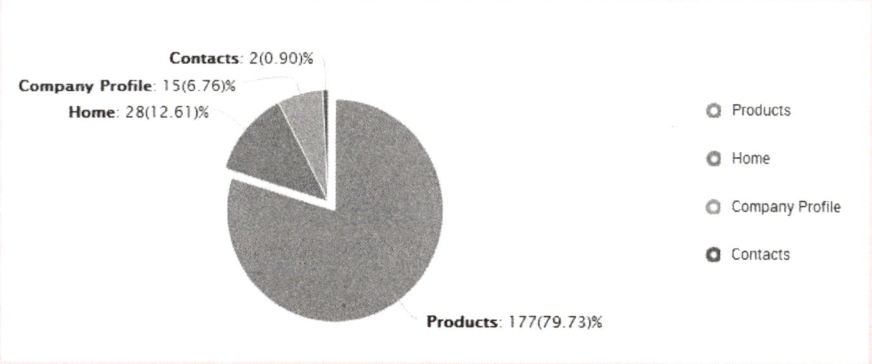

图 3.3 访客来源情况

3.3 产品排名情况

长沙富兰德仪器有限公司产品的整体排名情况不是特别理想。为了具体分析公司的产品排名情况，本人采用了 6 个关键词（行业大词）在阿里巴巴国际站首页进行了搜索，得到了本公司部分产品的排名，如表 3.1 所示。

表 3.1　部分产品的排名情况

序号	搜索关键词	搜索结果	排名
产品1	calorimeter	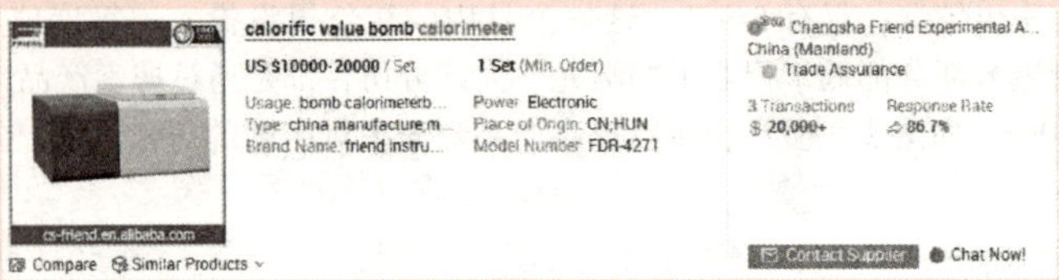	第1页排第8
产品2	flash point tester	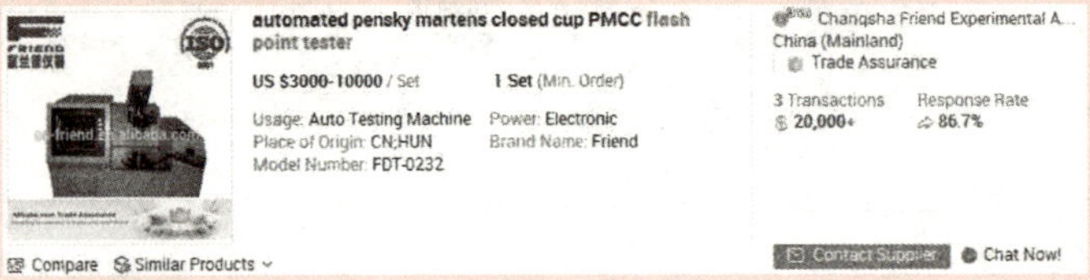	第1页排第20
产品3	brookfield viscometer		第2页排第18
产品4	corrosion coupon		第1页排第3
产品5	tensiometer	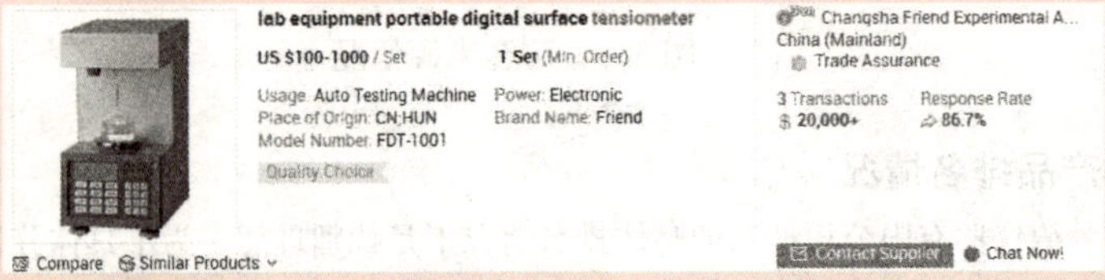	第1页排第17
产品6	octane meter		第1页排第2

3.4　RFQ 报价效果

RFQ 采购直达（Request for Quotation）是指买家主动填写采购信息委托阿里巴巴平台寻找合适卖家，供应商可查看采购需求，根据买家要求及时报价。然而公司在 RFQ 市场发出的大部分报价均没有效果和回复，RFQ 交易意向转化率较低。长沙富兰德仪器有限公司 2015 年 10 月-2016 年 1 月的 RFQ 概览，如图 3.4 所示。

图 3.4　公司 2015 年 12 月-2016 年 4 月 RFQ 概览

4. 长沙富兰德仪器有限公司阿里国际站跨境店铺优化方案

4.1　阿里搜索排序规则解读

阿里巴巴搜索排序规则分为三步：过滤 → 匹配 → 排序，每步都有各自的影响因素，具体的影响因素如图 4.1 所示。

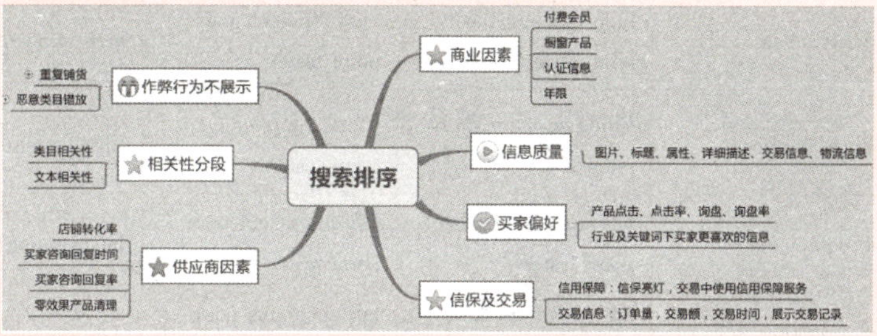

图 4.1　阿里搜索排序规则图解

4.2 优化产品标题

标题是阿里搜索排序的第一要素，对于产品的排名有着至关重要的作用。产品标题既要简单明了、长度适中，同时也要包含产品的属性、关键词和修饰词，能够准确地描述出产品的特点和优势。本人实习期间共优化了 320 个产品标题。

4.2.1 找关键词

在优化标题前首先要找好关键词，找关键词时要了解客户的搜索习惯，关键词中应该包含产品的专业名称和更广泛的名称，这样能增大被搜索到的机会，所以本人主要利用阿里后台的热门搜索词、行业视角、我的词工具、阿里巴巴国际站联想功能、阿里巴巴商品词典、阿里巴巴数据管家、同行关键词、Google AdWords 等工具来找关键词。如可以把产品名字输入到热门搜索词工具的搜索框中，可以看到相关关键词的搜索热度，然后选择热度较高、卖家竞争度较低的关键词作为产品关键词，如图 4.2 所示。

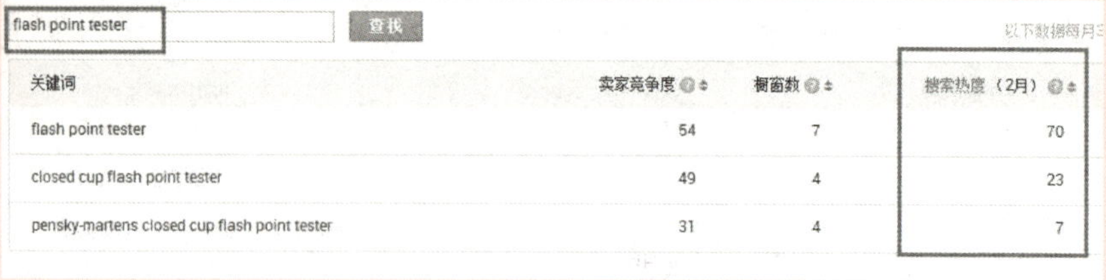

图 4.2　产品关键词搜索热度

4.2.2 构建词库

经过一周的查找，本人收集了油品分析仪器相关关键词 1200 个，并按泛关键词、延伸词、用途、行业标准和功能五个维度设计关键词库，部分的关键词如表 4.1 所示。

表 4.1　产品关键词库（部分）

类型	关键词			
泛关键词	octane meter	flash point tester	pour point tester	calorimeter
延伸词	high quality	high quality flash point tester	high quality pour point tester	high quality calorimeter
	easy operate	easy operate flash point tester	easy operate pour point tester	easy operate calorimeter
	high efficient	high efficient flash point tester	high efficient pour point tester	high efficient calorimeter
	China supplier	China supplier flash point tester	China supplier pour point tester	China supplier calorimeter
用途	lab equipment	lab equipment flash point tester	lab equipment pour point tester	lab equipment calorimeter
	lab apparatus	lab apparatus flash point tester	lab apparatus pour point tester	lab apparatus calorimeter
	industrial machine	industrial machine flash point tester	industrial machine pour point tester	industrial machine calorimeter

续表

类型	关键词			
行业标准	ASTM D93	ASTM D94 flash point tester	ASTM D95 pour point tester	ASTM D96 calorimeter
	ASTM D97	ASTM D98 flash point tester	ASTM D99 pour point tester	ASTM D100 calorimeter
	ASTM D2500	ASTM D2501 flash point tester	ASTM D2502 pour point tester	ASTM D2503 calorimeter
功能	LCD display	LCD display flash point tester	LCD display pour point tester	LCD display calorimeter
	digital	digital flash point tester	digital pour point tester	digital calorimeter
	automatic	automatic flash point tester	automatic pour point tester	automatic calorimeter

4.2.3　拟写标题

利用关键词库中关键词，对原有的 10 个产品的标题进行了优化，如表 4.2 所示。

表 4.2　优化后的产品标题

序号	优化前的标题	优化后的标题
产品 1	Wax penetration tester of petroleum	High quality wax pen etration testing lab equipment for oil
产品 2	Salt Fog Corrosion Resistance Tester	Salt spary test laboratory apparatus
产品 3	Flash point tester	Automatic closed lash point apparatus for petroleum
产品 4	Calorimeter	Oxygen bomb method Calorimeter price calorfic value tester
产品 5	Ph meter	Best price portable and digital Ph meter for sale
产品 6	Gas chromatography	High performance Gas chromatography instrument
产品 7	Colormeter	Low price digital and portable colormeter price
产品 8	LPG density meter	High effective LPG density meter digital densitometer sale
产品 9	Asphalt penetration tester	Asphalt cone penetration test equipment for bitumen
产品 10	Oil distillation analyzer	High effective Oil distillation laboratory equipment

4.3　优化产品详情页

长沙富兰德仪器有限公司的跨境店铺的产品详情页包括了产品介绍、运输和包装、服务、公司介绍和 FAQ。本人分析了同行业中其他竞争对手的详情页，并发现本公司的详情页还不够详细，卖点不突出，客户的购买体验差。针对目前的情况，主要从以下几个方面进行了优化。

4.3.1　产品描述优化

产品的详细描述要求更加专业、简洁，能突出产品的特性、特点，并能准确快速地传达信息。优化前的产品描述存在一些问题，如技术参数不够详细、格式不正确、翻译出现错误等问题，下面是本人优化后的部分产品描述：

Scope

Antirust grease oxygen analyzer Applied standards: JISK2246 SH/T0060 use of this instrument principle: the sample into the bomb meet certain conditions in the oxidation, at a predetermined time interval to observe and record the pressure. 100h after the oxygen pressure in a corresponding decrease in the value of the oxygen level of the sample represents. The instrument is suitable for antirust grease and rust grease.

Features

1. The standard brass plate small Phi 33×1. 2mm;
2. Precise temperature control, integrated design;
3. It can do two tests at the same time, easy to do parallel samples;
4. Stainless steel heater, heating bath.

Technical Parameters

1. Heating method: electric heating method tube;
2. Total Power: 2. 5KW;
3. Pressure display: pressure gauge shows;
4. Working Power: AC220V/50HZ.

4.3.2 添加实力展示

在商品详情页的最后可以把店铺实力展示出来，包括实体店、工厂展示、先进的生产设备展示、品牌展示、资质展示、销量展示、仓储展示、荣誉展示、企业文化展示、产品质检报告、企业营业执照等。可以提高客户对公司的信任度，添加一些公司的质量认证证书，可以让客户对公司的产品质量放心，而且本公司的很多产品都是公司自行设计并制造的，所以添加产品的专利证书可以向客户展示本公司的技术发展水平，如图 4.3 所示。

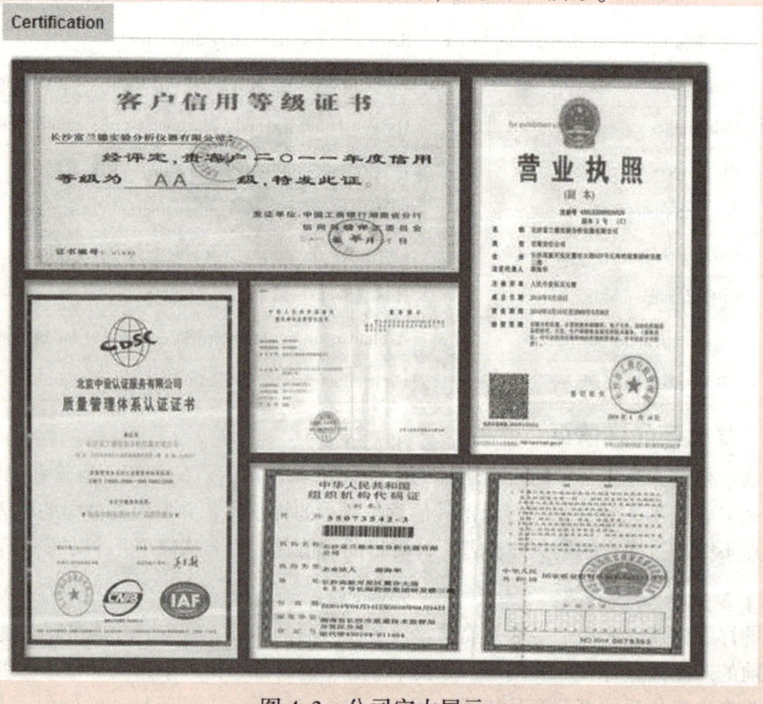

图 4.3　公司实力展示

4.3.3　FAQ 内容优化

FAQ 的全称是 Frequently Asked Questions，是一些顾客经常会问及的问题，一个好的 FAQ，至少可以回答客户 80%的常见问题。这样不仅方便了客户，消除客户下订单前的顾虑，同时也大大减轻了业务员的工作压力，增加了顾客的满意度，而目前本公司的 RFQ 只有 5 个问题，数量较少，不足以覆盖更多的常见问题，如：

1. What's the warranty?

Normally 12 months

2. Does the power supply can customized?

YES , if you need customized power supply, pls tell us when you put the order.

3. What's the production time?

Usually 10 days for production, some equipments need extra time to debug.

4. What's the Dlivery method ?

Light-weight cargo is usually by express , Air transport and sea shipping is acceptable (provide with safty packing)

5. What's the delivery time?

According to different method and country , express will be 3~15 days

本人对此情况进行了优化，在以上问题的基础上增加了两个常见问题，如：

1. How to install and operate?

According to each instruction manual which sent with equipment. (We also provide after-sale technical support)

2. What's the payment term?

Usually we do 30% TT deposit, 70% TT balance before shipping. LC, Western Union, Money Gram is acceptable.

4.3.4　关联产品优化

在产品详情页的末端添加关联产品，能减少客户的流失率，增加客户的访问深度。目前公司设置的关联产品很少，本人选择关联产品时，选择一些销量较好的产品，而且产品的标题和主图要吸引客户的注意。在添加关联产品时，数量不能太少，也不能太多，大概 8 个适中，如图 4.4 所示。

图 4.4　优化后的关联产品

4.4 优化 RFQ 报价

根据阿里巴巴 RFQ 市场规则，如图 4.5 所示，合理规划报价权益，并发出有效报价，便能得到更多的报价机会。

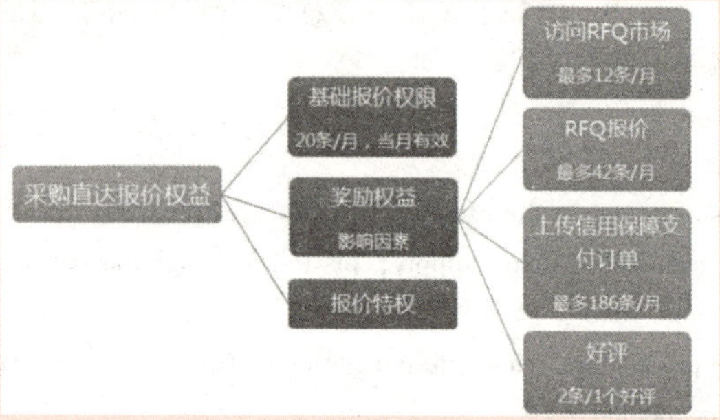

图 4.5　RFQ 规则

优化 RFQ 报价主要包括两个方面：第一，定制搜索产品关键词，有最新的采购需求可以通知到旺旺，以便及时发出报价，免得错失商机，如图 4.6 所示；第二，报价时，要包括详细的产品名称、产品的详细资料、报价详情，并上传一份专业的报价单，以便于客户的存储和管理，同时也要向客户介绍公司和产品的优势等；第三，只有主动联系买家，才更有可能达成订单，所以报价后，要在报价管理中，如图 4.7 所示，时刻关注买家动态，如果买家没有回复，应该及时跟进买家。

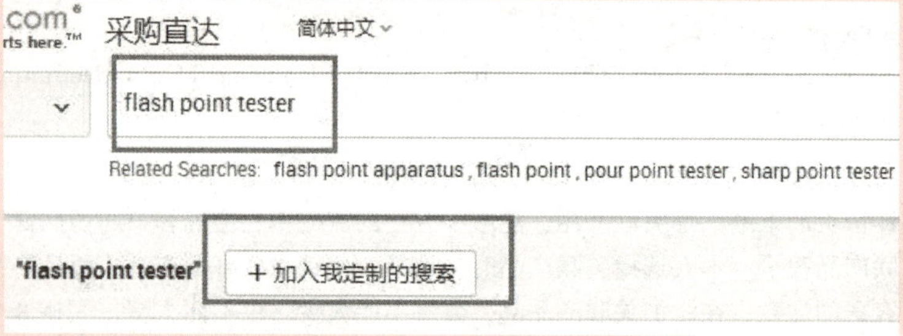

图 4.6　设置 RFQ 定制搜索

图 4.7　RFQ 报价管理

图 4.8～图 4.10 是本人按照以上方法对报价进行优化后的情况，该报价包括产品名字、图片、价格和详细规格等。

Automatic surface tensiometer

产品编号：FDT-1011　装运条款：FOB　港口：Shanghai/Shenzhen　付款方式：T/T　报价有效期：2016-05-23

数量：1 Sets以上

单价：FOB USD 6000 / Sets

Scope
This instrument according to national standard GB / T6541 provisions of design and manufacture. Automatic interfacial tension meter ring method using non-equilibrium conditions, measuring the surface tension of various liquids (liquid - vapor interface) and mineral oil and water interfacial tension (liquid - liquid interface).
Features
1, using a micro-computer technology, large-screen color LCD, content-rich software interface, operation content character prompt, flexible and convenient man-machine dialogue;
2, the instrument uses a touch screen instead of the keyboard of the operation, the operation fast and convenient;
3, the establishment mg = f (ad-result) function, using multi-point calibration intervals;
4, using the world's latest high-capacity microcontroller;
5, the clock function, power failure;
6, automatic lifting, automatic test results, automatic printing;
Technical Parameters
1, measuring range: power with insulating oil 2 to 100 mN / m
2, sensitivity: 0.1 mN / m Repeatability: 0.3%
3, Accuracy: 0.1 mN / m Power: 20VA
4, resolution: 0.1 mN / m Weight: 15Kg

图 4.8　优化 RFQ 报价情况（1）

Gas Chromatography

产品编号：FGC-1010　装运条款：FOB　港口：Shanghai/Shenzhen　付款方式：T/T　报价有效期：2016-05-28

数量：10 Sets以上

单价：FOB USD 9000 / Sets

Scope
Determination (drinks) volatile organic compounds, blood alcohol content detection, detection of indoor air pollutants (TVOC), flavor liquor composition analysis, transformer oil analysis, testing, high-purity gas analysis of residual solvents in pharmaceuticals, medical devices remaining in Determination of ethylene oxide.
Chromatograph units are mainly used: liquor factory, other wineries, petrochemical, gas liquefaction plant, the coal industry, environmental testing, inspection station, Forensic Center, the public security system, food plants, quality inspection departments, water plants, pharmaceutical plants, detection of pesticide plants, gas plants, chemical plants, packaging plant, paint factory, honey factory, chemical engineering universities and other trace ingredients are required to use gas chromatography, liquid chromatography

图 4.9　优化 RFQ 报价情况（2）

Automatic oxygen bomb calorimeter

产品编号：FDR-4251　装运条款：FOB　港口：shanghai,guangzhou,shenzhen　付款方式：T/T

报价有效期：2016-05-29

数量：1 Sets以上

单价：FOB USD 9000 / Sets

Scope
Automatic petroleum products calorific value meter in line with GB / T384, for electric power, coal, paper, petrochemical, cement, agriculture and animal husbandry, medical research, teaching and other industries and sectors measuring the calorific value of coal, oil and other combustibles.

Features
1, the instrument configuration ampoule capsule exclusive national standards were tested on biodiesel and other light detecting volatile oil, the accuracy is greatly improved. It is an alternative of traditional Calorimeter of volatile oil sample test results excessive deviation device of choice. (Customer when ordering, please indicate the test sample)
2, the high degree of automation: automatic temperature control, automatic and accurate quantification of water within the cylinder, automatic cycle inner tube water level automatically determine the outer cylinder, manual operation only for said sample weight, loaded aerobic bombs, other fully automatic control performed by the instrument ,Convenient.

图 4.10　优化 RFQ 报价情况（3）

4.5 优化店铺首页

4.5.1 首页的布局设计

店铺的首页相当于公司的外观，一个店铺布局成功与否，直接决定了买家能否在第一时间产生浏览或购买的欲望。在进行首页布局优化时，需要用最简单的表现手法达到最好的宣传效果，做好用户体验最为重要。本人对店铺首页的布局，如表 4.4 所示。

表 4.4 店铺首页布局设计

<table>
<tr><td colspan="2">店招（公司名字、Logo、二维码）</td></tr>
<tr><td colspan="2">栏目（首页、产品目录、公司介绍、FAQ、服务、联系方式）</td></tr>
<tr><td colspan="2">热卖产品轮播图</td></tr>
<tr><td colspan="2">多国语言设置</td></tr>
<tr><td>产品目录</td><td>产品橱窗</td></tr>
<tr><td colspan="2">新品上市</td></tr>
<tr><td colspan="2">联系方式</td></tr>
</table>

4.5.2 添加多国语言

针对本公司的主要客户市场添加相应的多国语言，这样可以方便来自不同地区的客户浏览公司的店铺，添加多国语言情况如图 4.11 所示。

图 4.11 多国语言设置

4.5.3　设置轮播图

轮播图是首页必备的一部分，一张好的轮播图可以吸引客户浏览产品详情页。轮播图可以包括近期促销信息、主营产品和视频链接。因为本公司的产品均是用来做实验的，技术性强，所以添加一些关于实验过程的视频，可以让客户对公司的信任度，这比简单的文字显得更加生动。

5. 长沙富兰德仪器有限公司跨境店铺优化方案实践效果

5.1　产品曝光实践效果

表5.1是优化后产品一个月的曝光和点击情况，从表中可知，经过优化，一个月内的产品的曝光量最高达到了598，点击量最高达到了71，而且基本上每个产品的曝光和点击量都有所提升。

表5.1　产品标题优化后数据

序号	优化后的产品	原曝光量	原点击量	优化后曝光量	优化后点击量
产品1	High quality wax pen etration testing lab equipment for oil	150	14	369	28
产品2	Salt spary test laboratory apparatus	121	16	387	32
产品3	Automatic closed lash point apparatus for petroleum	200	20	562	56
产品4	Oxygen bomb method Calorimeter price calorfic value tester	212	21	571	62
产品5	Best price portable and digital Ph meter for sale	256	25	573	60
产品6	High performance Gas chromatography instrument	234	23	598	71
产品7	Low price digital and portable colormeter price	143	19	315	45
产品8	High effective LPG density meter digital densitometer sale	98	10	276	39
产品9	Asphalt cone penetration test equipment for bitumen	107	12	298	41
产品10	High effective Oil distillation laboratory equipment	199	14	301	37

5.2　RFQ报价数据实践效果

图5.1是2016年3月每周审核通过的RFQ报价数据，共27条，跟进后有回复的共有17条，回复率达到了63%，而且有些客户对公司的产品很满意，这样的效果还算理想，只有客户有回复，才会有达成订单的机会，回复越多，机会也就越多，所以在阿里国际站的RFQ市场发送报价并跟进客户，可以提高阿里国际站店铺的销量。

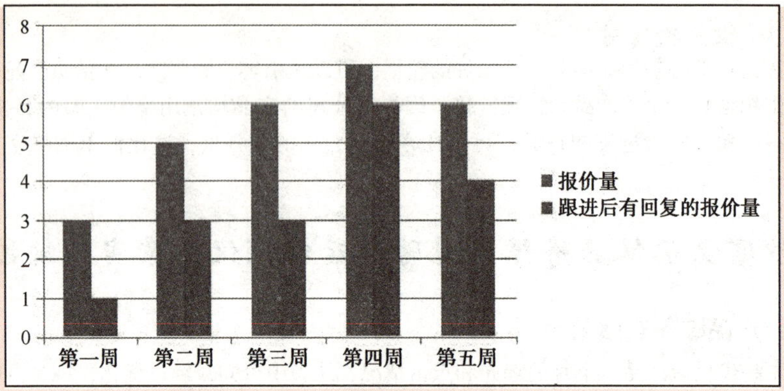

图 5.1　公司 3 月报价数据统计

5.3　转化率提升实践效果

经过一个月的优化，跨境店铺后台收到的反馈明显增多，收到询盘数量也不断增加，询盘的质量也越来越高。在本人实习的最后一个月，获得了人生中第一笔订单，价值 2700 美元，具体洽谈过程如图 5.2~图 5.7 所示。

图 5.2　报价

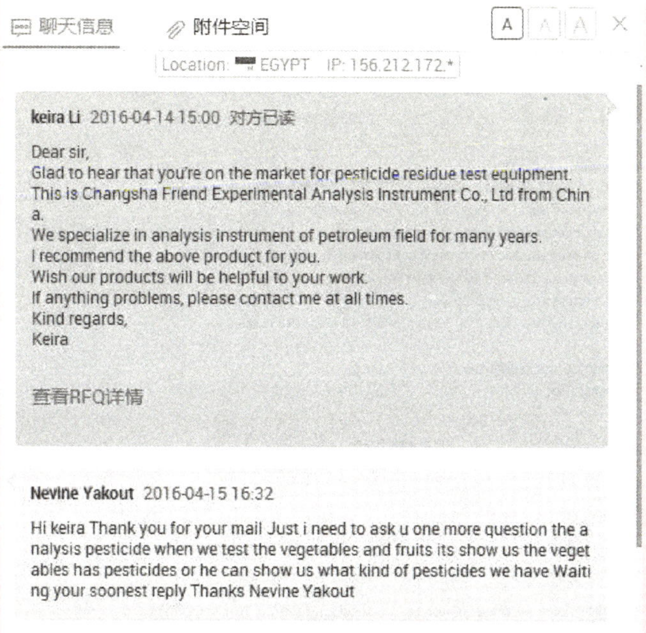
聊天信息 附件空间

Location: EGYPT IP: 156.212.172.*

keira Li 2016-04-14 15:00 对方已读

Dear sir,
Glad to hear that you're on the market for pesticide residue test equipment.
This is Changsha Friend Experimental Analysis Instrument Co., Ltd from Chin
a.
We specialize in analysis instrument of petroleum field for many years.
I recommend the above product for you.
Wish our products will be helpful to your work.
If anything problems, please contact me at all times.
Kind regards,
Keira

查看RFQ详情

Nevine Yakout 2016-04-15 16:32

Hi keira Thank you for your mail Just i need to ask u one more question the a
nalysis pesticide when we test the vegetables and fruits its show us the veget
ables has pesticides or he can show us what kind of pesticides we have Waiti
ng your soonest reply Thanks Nevine Yakout

图 5.3 询盘

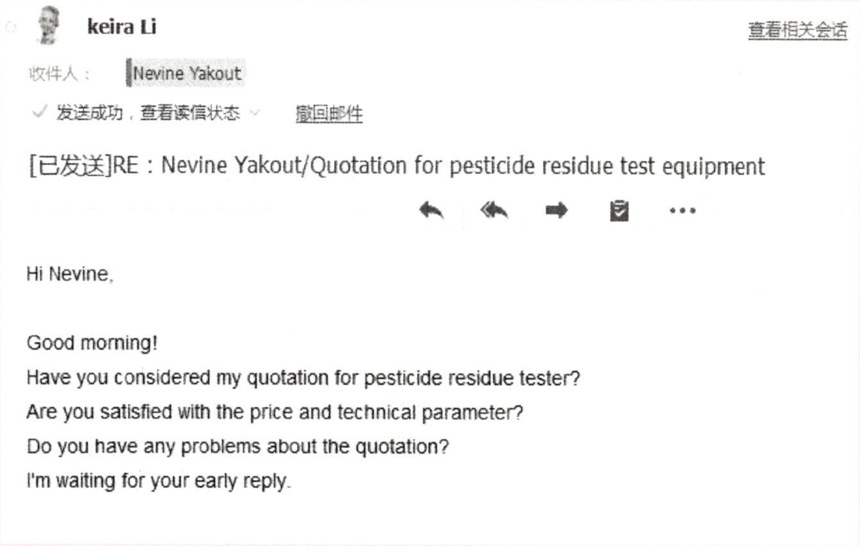
keira Li 查看相关会话

收件人： Nevine Yakout

发送成功，查看读信状态 撤回邮件

[已发送]RE：Nevine Yakout/Quotation for pesticide residue test equipment

Hi Nevine,

Good morning!
Have you considered my quotation for pesticide residue tester?
Are you satisfied with the price and technical parameter?
Do you have any problems about the quotation?
I'm waiting for your early reply.

图 5.4 洽谈（1）

Nevine Yakout 查看相关会话

收件人：keira Li

[收件箱]RE: RE : Nevine Yakout/Quotation for pesticide residue test equipment

dear keira
kindly note that we need to know
1- how many pesticide kinds your equipment can detected ?
2- does it detect whether there is pesticide or not ? or it will only detect if the percentage is our the limit ?
3-do we need any solution to use your equipment ?
4- are you going to send us operation Manuel ?
5- can you send it by fedex courier ?
6-what is your final price ? we will pay by western union before shipment.

waiting your soonest feedback
Nevine Yakout

图 5.5　洽谈（2）

keira Li 查看相关会话

收件人：Nevine Yakout

✓ 发送成功，查看读信状态　撤回邮件

[已发送]RE : Nevine Yakout/Quotation for pesticide residue test equipment

共1个附件（Quotation of FDQ-2201 Pesticide residue...）查看附件

Hi Nevine,

Thanks for your reply
1.The equipment can detect all pesticides of organic phosphorus and amino acid esters.
including Phorate (3911), the absorption of phosphorus (1059), parathion (1605), Trump, trichlorfon, dimethoate,
2.it detect whether there is pesticide or not, it can't detect if the percentage is our the limit
3. The Operate Manual is Chinese, we will send you after we translate it into English.
4.we can send the equipment to you by fedex courier
5.our final price is USD 3200 including freight and cost, you can pay it by western union before shipment

图 5.6　洽谈（3）

Nevine Yakout 查看相关会话

收件人：keira Li

[收件箱]RE: RE : Nevine Yakout/Quotation for pesticide residue test equipment

Dear Keira
thank you for your reply
our budget for this equipment is 2700 CFR Alexandria
if you agree we can sent it up right now through western union

waiting your soonest reply
Many thanks
Nevine Yakout

图 5.7　下订单

6. 结论

在长沙富兰德仪器有限公司的外贸业务助理岗位五个月的实习，经历了很多，也成长了很多。通过本方案的设计撰写，使本人将学校里所学的知识与实习获得的工作经验相结合，进一步促进了本人对专业知识的理解和掌握。总结下来，本人认为要优化阿里巴巴国际站店铺，是可以提升其“曝点反”的。具体总结如下：

（1）通过找热门搜索词构建关键词库，然后利用这些关键词优化产品标题，能增加产品曝光量和点击量。

（2）优化产品详情页中的产品描述、FAQ 和关联产品、优化 RFQ 报价，并在报价后按时跟进客户，能提高回复率，并增加反馈量和转化率，减少跳失率。

（3）店铺首页中的装修，一定要注重首页的布局，要根据目标市场的分布，设置多国语言，以公司最具实力的产品作为轮播图，吸引客户注意，并彰显公司的形象。

（4）作为一名外贸业务助理，必须要有苦行僧的心态，骆驼一样的意志，不要急于求成，不要急功近利，要脚踏实地地把事做好。

参考文献

[1] 知府. 阿里巴巴产品发布有什么技巧［J］. 以商会友问题大全，2011（3）.

[2] 森万汽车. 搜索排序规则解读［J］. 百度文库，2015（5）.

[3] 徐海霞. 阿里国际站如何提高产品曝光率［J］. 以商会友商有圈，2013（9）.

[4] 刘玲. 阿里巴巴关键词排名管理妙招之表格篇［J］. 新浪微博，2013（9）.

[5] 方玲玉、李念. 电子商务基础与应用［M］. 北京：电子工业出版社，2012：82-93.

[6] 方玲玉. 网络营销实务［M］. 北京：电子工业出版社，2013（8）.

[7] 蜡笔小新. 如何优化产品信息阿里巴巴产品信息［J］. 百度文库，2012（3）.

[8] 怡信. 怎样更好的优化店铺［J］. 以商会友生意经，2012（5）.

致谢

首先，我要感谢×××老师，毕业设计作品离不开他的精心指导，从任务书的拟定、方案的架构、修改，一直到最终定稿，都倾注×××老师的大量心血。同时，我还要感谢×××、×××等老师及所有教过我的任课老师，在你们的教导下我逐渐成长，能够成为你们的学生是我的荣幸。

再次，感谢三年中一直在我身边的同学们、朋友们，你们一直支持我、帮助我和鼓励我，使我在×××职业技术学院度过了三年非常有意义的大学生活。

最后，也要感谢我的父母二十多年来对我的养育之恩，你们无微不至地关怀，为我日夜操劳，让我顺利地成长，希望你们身体健康、开心快乐，我会努力工作，让你们以我为荣。

附录E

市场营销专业毕业设计实例

Part 1 毕业设计任务书

XXX职业技术学院毕业设计任务书

<u>商</u>学院<u>市场营销</u>专业<u>1331</u>班学生<u>×××</u>学号<u>1318023×××</u>

一、毕业设计题目：<u>“折800”购物平台长沙市场2016年新年促销策划方案</u>

二、毕业设计进行地点：<u>长沙哲博百众公司“折800”购物平台+学校</u>

三、任务书内容：

（一）目的

帮助哲博百众有限公司“折800”树立一个全新的平台形象，提高站内的访问量、销售额，同时提高长沙哲博百众公司在长沙的知名度与美誉度。

（二）任务

1）深入实习单位进行市场调查，收集“折800”及竞争对手的相关信息资料，了解往年促销活动情况；查阅网络和文献资料收集节假日促销活动的相关成功案例。

2）进入哲博百众有限公司工作，真正了解公司发展现状，分析面临的主要问题，与负责人进行充分的沟通，明确促销的目的。

3）了解“折800”购物平台的产品结构，调查目标消费者的行为特点，以便设计合适的促销活动。

4）确定促销活动主题，明确促销目标；设计具体促销活动，预算促销费用，形成方案。

5）按时提交毕业设计作品的初稿、修改稿、终稿。

（三）成果要求

（1）促销策划方案主题鲜明、目标明确，促销活动内容与流程具体，可操作性强。

（2）促销策划方案体现创新与创意，促销费用预算准确，对企业有实际借鉴价值。

（3）促销策划方案结构完整、格式规范，文字表达清晰流畅，符合毕业设计作品要求。

指导教师签名：××× 2015 年 12 月 15 日
系室主任签名：××× 2015 年 12 月 15 日
学生签名：××× 2015 年 12 月 15 日

Part 2　毕业设计执行方案

XXX 职业技术学院毕业设计执行方案

商学院 学院 市场营销 专业 2015 年 12 月 20 日

设计题目	“折 800”购物平台长沙市场 2016 年新年促销策划方案				
学生姓名	×××	学号	1318023×××	指导教师	×××

1. 选题的依据和意义

（1）依据市场营销系提供的毕业设计选题方向：促销策划方向，进行选题。

（2）选题与个人实习单位“折 800”团购网站，以及实习岗位工作紧密联系。

（3）本次毕业设计主要为了长沙哲博百众网络科技有限公司 2016 年新年活动提供促销方案，为企业重新树立平台形象，并且挖掘潜在客户，对解决企业促销实际问题具有现实意义。

2. 拟解决的关键问题

（1）确定吸引消费者眼球、易于被目标消费者记住和感兴趣的促销主题。

（2）明确本次促销的具体销售目标、促销费用预算。

（3）促销活动的内容、流程设计。

3. 毕业设计的技术路线

（1）深入企业和市场调查，收集一手资料；查阅文献和历史数据，收集二手资料。

（2）确定促销主题，明确促销目标。

（3）联系实习企业，设计促销活动。

（4）制作促销策划方案，提交作品。

4. 毕业设计的日程安排

任务	开始时间	结束时间	阶段成果
确定选题	2015-11-10	2015-11-15	毕业设计任务书
制订方案	2015-11-16	2015-11-21	毕业设计执行方案
完成设计	2015-11-25	2016-4-20	毕业设计作品
成果总结	2016-4-25	2016-5-1	成果报告书、答辩汇报 PPT

5. 指导教师的意见及建议

同意开题，希望能够严格按毕业设计任务书和毕业设计执行方案规定的时间进行毕业设计，切实让策划方案具有现实意义和可操作性。写作期间及时与指导老师联系，2 月完成初稿，3 月完成二稿，4 月完成终稿。

签名：×××
2015 年 12 月 25 日

Part 3 毕业设计成果报告书

XXX 职业技术学院毕业设计成果报告书

学院	商学院	专业	市场营销	班级	市营 1331 班
学生姓名	×××	学号	1318023×××	指导教师	×××
毕业设计题目	"折 800" 购物平台长沙市场 2016 年新年促销策划方案			毕业设计类型	方案设计

1. 毕业设计过程的简要说明

本方案在×××老师的指导及部门组长的帮助下顺利完成。本人在哲博百众公司"折 800"部门顶岗实习半年。工作期间，本人向市场推广部同事和部门组长了解到购物平台行业整体的实际情况及公司发展历史和运营管理的现状。根据平台数据等了解商户情况和消费者评价等，对公司发展遇到的问题进行深入剖析，为"折 800"购物平台量身定制了此次的促销方案。

2. 作品的特色与亮点

本方案通过对"折 800"的发展状况及长沙市场的实际情况的分析，结合目标客户的特点及折扣购物网站的问题，设计了主题鲜明、定位明确的活动方案。针对商户和用户都设计了不同系列的活动，新鲜好玩、效果显著。具体包括明星代言、公益运动与资助、线上线下互动等多重生动、有创意、充满吸引力的促销活动。

3. 作品的社会价值及主要用途

本次方案是为"折 800"购物平台量身定做的新年促销方案，打造了商户、用户与平台三者有机融合的一场活动，实现的价值如下：①创新了自营平台开店制度：商户接受公司、用户双重审核，并以擂台形式，对评价不好的商户进行淘汰；提高了用户购物体验满意度，而且保证商户商品的优质，促进了自建平台发展；平台新用户提升 3%，消费者好评率提升 3%；②打造了平台"好货、好价、好服务"的新形象，为公司开门红创造了良好的经济效应。

4. 毕业设计的体会与收获

在毕业设计的完成过程中，我得到了导师和公司领导、同事的帮助，感谢从选题确定到资料查找、方案设计完成，老师一直给予的专业和耐心的指导。在完成设计的同时，实习工作给了我实战的经验，让我的毕业设计不再空洞而是更加贴近市场，可以为企业真正解决现实问题。毕业设计书的撰写提高了我的专业理论和文字功力，让我更加有勇气、有方向、有目标地跨入正式工作之旅。

Part 4　毕业设计作品

XXX 职业技术学院

市场营销专业毕业设计

答辩视频

题目：“折 800”购物平台长沙市场 2016 年新年促销策划方案

类型：

产品设计	工艺设计	方案设计
		√

学生姓名：×××

学　　号：1318023×××

班　　级：市营 1331 班

专　　业：市场营销

学　　院：商学院

学校指导教师：×××

企业指导教师：×××

2016 年 5 月 4 日

摘　　要

长沙哲博百众网络科技公司“折 800”购物平台，现在已经发展为国内最具信息量的折扣信息互动分享平台。发展前期，由于平台商品大部分来源于淘宝，没有建立独立的公司形象，限制了公司发展。为了树立全新、独立的平台形象，打造属于自己的特买商城。我们以 2016 年新年为契机，在长沙市场上，通过一系列的促销活动冲刺 3000 万元开门红销售业绩，同时打造“折 800，好价、好货、好服务”的平台新形象。

关键词：“折 800”购物平台；长沙市场；2016 新年；促销策划

目　　录

前言

长沙团博百众网络公司主要负责“折 800”购物平台的运营，它是一家性价比超高的商品限时特卖网站。自 2010 年进入长沙市场，在团购网络平台行业中排名前三，至今已拥有超过 8 000万平台用户。在发展前期主要依赖于淘宝、天猫，导致自己的平台流量不足，公司长期发展受到限制。同时随着合作商家的增多，商品的类目也不断丰富，导致平台的商品质量下降，客户购物满意度逐步降低。

通过分析长沙市场特点，结合公司自身状况，公司策划了主题为“2016 年，‘折 800’与你携手，共创更美明天”的新年促销活动。以提高站内销售额、提升公司知名度与美誉度，进而打造“折 800”电商平台新形象。

一、促销背景分析

（一）市场状况分析

近三年来电子商务正处在快速上升期，整体发展环境较好。长沙作为省会城市，人们的收入水平不断提高，消费能力也随之增强，网购消费者不断增加。随着移动互联网的快速发展，国家经济政策对互联网行业的支持越来越大，很多优惠的政策为网购平台提供了有利的发展机会。方便、快捷、省钱的网络购物越来越受人们欢迎，电商购物从仅仅满足自身对时间、金钱的节省，慢慢转化为一种生活习惯和方式。

（二）竞争对手分析

随着电商购物行业的迅猛发展，许多折扣、团购网站层出不穷，市场竞争激烈，良莠不齐。其中九块邮、卷皮网、返利网这三家公司实力比较雄厚，拥有大量的客户群体。这三家公司优劣势对比情况如表 1 所示。

表1　主要竞争对手优劣势对比分析

企业名称	优势	劣势
九块邮	（1）符合国家“十二规划”，受政策支持； （2）创立较早，市场消费者基础雄厚，大胆创新，发展迅速	（1）定价过低，产品质量受到质疑 （2）过度让利，降低商家的利润，合作关系受到影响
卷皮网	（1）优质精选+折扣特卖+限时抢购的创新商业模式； （2）精选高频次 TOP 类目，优质推荐和价格优势	（1）移动端开发较晚，导致市场知名度低； （2）团队较为年轻，市场经验不足
返利网	（1）公司出现较早，规模较大，知名度高； （2）区别于其他折扣网站，是国内电商 CPS 效果营销服务提供商	（1）网站审核制度不够严格，导致商户鱼龙混杂，消费者信誉度降低 （2）对商户管理机制不够完善，导致客户流失

（三）消费者分析

长沙是湖南省的政治、经济、文化中心，是中南地区重要的中心城市，综合实力位居全国前列，而且长沙地区高校非常多，中低收入白领与学生成为了购物网站的主要客源。随着目标人群消费水平逐年提高，消费诉求不再单一追求便宜，同时追求产品的高质量、服务的齐全性，以及网站口碑信誉。

以 2015 年双十一为例，各地快递物流爆仓，物流运输车更是堵在长沙城外，物流是否快捷也成为影响客户选择商家的重要因素。另外，与价格相对，产品质量的好坏与服务的优另成为消费者关注的焦点。同时，目标顾客对商品的折扣与购物平台的促销活动非常敏感，他们经常使用移动终端进行信息收集和购物参考。

（四）产品分析

“折 800”是一家超高性价比商品限时特卖网站，其公司产品来源分为两大块：

（1）特卖商城，商家在“折 800”平台直接开店。

（2）淘商城，实际店铺还是在淘宝上。

目前公司着重打造特卖商城，通过对入驻商家上架商品的纯人工的 9 道质量把关程序，以及商家店铺各方面运营情况的严格审核，为消费者提供质量高、价格低的好产品。公司特别打造的优品汇平台更是深受消费者的关注与喜爱，商品好评率达 95%以上。

二、　活动主题

2016 年，“折 800”与你携手，共创更美明天

三、　活动目标

1. 特买商城店铺增加 200 家，新用户增加 3%
2. 完成自营平台站内交易额 3 000 万元
3. 在市场上树立全新的平台形象，提升知名度 5%、美誉度 3%

四、　活动概况及策略说明

为了实现本次促销活动的目标，我们策划了“2016 年，‘折 800’与你携手，共创更美明天”新年促销活动。活动分为线上与线下两大部分，将消费者、商家、企业紧密联系起来，具体安排如表 2 所示。

表 2　系列活动安排表

序号	活动主题	活动时间	活动内容说明
	前期宣传	12 月 15 日–23 日	宣传推广活动，发布活动主题及活动内容，吸引客户参加
活动一	以心迎新篇	12 月 24 日–31 日	活动 1：“娜些与折 800 的故事”谢娜粉丝见面会
			活动 2：“青春还在，梦想要快”主题 LOGO 征集赛
			活动 3：脑洞大开，新版等你来吐槽有奖互动
活动二	以心交心篇	1 月 1 日–1 月 15 日	活动 1：“新生活轻运动”炫酷夜跑大赛
			活动 2：蔗糖小红帽，全民公益等你来
			活动 3：任性抽检随你来，任性低价随你定
活动三	以心连心篇	1 月 15 日–1 月 25 日	活动 1：最佳信誉，我们来评你
			活动 2：网红踢馆，特卖来守擂
			活动 3：你、我、他，携手一起“折 800”
活动四	以心知心篇	1 月 25 日–2 月 25 日	活动 1：推荐达人，实力推推推
			活动 2：不拼爹妈拼颜值
			活动 3：流量不足没关系，积分帮你来补足

五、活动及创意详细介绍

（一）活动一：以心迎新篇

1. 活动主题：以心迎新篇

2. 活动目的：主要是借助圣诞节日气氛，为新形象造势，引起客户关注

3. 活动时间、地点

时间：2015 年 12 月 24 日–12 月 31 日

地点：长沙市黄兴南路步行街、“折 800”APP 平台

4. 活动对象：“折 800”平台目标客户

5. 活动内容：

（1）“娜些与‘折 800’的故事”谢娜粉丝见面会

首先播放谢娜代言最新“折 800”的广告，随后，谢娜从头到脚着一身“折 800”商品出现，展现“折 800”产品的品质和特色。在现场将“折 800，真便宜”老口号的牌子敲碎后，LED 大屏幕出现新口号“折 800，好货、好价、好服务”。

公司 CEO 介绍“折 800”的发展规划，在消费者心中建立起新的企业形象。之后播放“折 800”员工的工作和生活秀，进行公司文化宣传。

最后在现场观众中选 8 名幸运观众和公司内部质检团队四位小伙伴一起体验产品检查流程的比赛，参与者都将得到谢娜亲笔签名礼品一件。

（2）“青春还在，梦想要快”主题 LOGO 征集赛

在微信公众号与官方微博及贴吧发起一场关于“青春还在，梦想要快”的 LOGO 征集大赛，此次大赛主要是为“折 800”选择一个新的 LOGO。参与者将自己设计的 LOGO 编辑至微信公众号的比赛平台，获取自己的参赛号码，然后将比赛链接发送至朋友圈进行投票，票数在前三者即可获得大奖，第一名将会被“折 800”选用。奖项设置：

第一名：获得 8 000 元的奖金+1 000 元“折 800”代金券

第二名：800 元“折 800”代金券+自拍神器 1 个

第三名：500 元“折 800”代金券+懒人支架 1 个

(3) 脑洞大开，新版等你来吐槽有奖互动

“折 800”APP 版本升级，重新添加了达人秀与评论弹屏，并且还有添加好友功能。用户可以在平台页面开启弹屏功能，来一场关于“折 800”新版的吐槽活动。让消费者对 APP 的功能提出自己的意见，弹屏话题支持最多的，平台将予以采纳。公司后台统计出三天内弹屏话题最多者及发起弹屏用户，通知其领奖。

奖项设置：

第一名：邀请至公司亲身体验公司文化+“折 800”优惠券 500 元+10 倍日常积分

第二名：“折 800”优惠券 200 元+5 倍日常积分

参与奖：只要发起话题弹屏就将获得 10 积分

(二) 活动二：以心交心篇

1. 活动主题：以心交心篇
2. 活动目的：通过各种公益活动建立具有社会责任感和诚信的电商企业形象
3. 活动时间

时间：2016 年 1 月 1 日—1 月 15 日

地点：长沙市橘子洲头、“折 800”APP 平台、支付宝平台

4. 活动对象：“折 800”目标客户、“折 800”产品供应商
5. 活动内容：

(1)“新生活轻运动”炫酷夜跑大赛

活动开始前一周，通过平台选取 50 名优质商户、50 名幸运用户，与公司员工一起参与此次的橘子洲的炫酷夜跑。参与者将穿上印有“折 800”字样的荧光服进行夜跑，不仅展现了一种健康的生活方式，而且对“折 800”起到一个广告宣传的作用。比赛时间为 1 月 1 日晚上 6 点半到 8 点半，评选出 1、2、3 名并给予奖励。

奖项设置：

第一名：1000 元运动健身赞助奖+长沙格瑞健身房一年卡 1 张

第二名：800 元运动健身赞助奖+长沙格瑞健身房半年卡 1 张

第三名：500 元运动健身赞助奖+长沙格瑞健身房三个月卡 1 张

(2) 蔗糖小红帽，全民公益等你来

“折 800”购物平台与支付宝合作“全民”公益项目。只要消费者在“折 800”购物平台上使用支付宝付款，所购买的金额会换算成不同的积分。50 积分等于 1 元，顾客每捐出 50 积分，“折 800”将捐出 1 元现金，同时支付宝也会捐出 1 毛现金。全民公益所获得的钱，将会通过“折 800”的蔗糖小红帽送到对口资助的贫困山区小学。

(3) 任性抽检随你来，任性低价随你定

为了保证商户的商品质量，“折 800”将定期进行抽检。消费者单个 ID 在“折 800”平台购物超过 1000 元，就可以报名参加抽检活动。

在整个活动期间，顾客可以随时抽检商家，商家必须接受顾客抽检；顾客将抽检体验报告交给“折 800”。如果是未进驻的特卖商城的商品，那么顾客将有机会为此商品定价，同时提交体验报告优秀者，将会免费得到此商品，并且有机会成为永久抽检顾客。

(三) 活动三：以心连心篇

1. 活动主题：以心连心篇
2. 活动目的：着重打造“折 800”自己的平台特卖商城，将更多的合作商户转换成折商

场，减少淘商场的占比

3. 活动时间地点：

时间：2016 年 1 月 15 日—1 月 25 日

地点："折 800" APP 平台

4. 活动对象："折 800" 的新老商户

5. 活动内容：

（1）最佳信誉，我们来评你

后台统计出 2015 年销量最多、评价最高的前 50 名商户，然后请平台用户从中评出 10 个最佳信誉奖。前 10 名最佳商户将在下年度受到"折 800"的大力扶持。

① 资金支持。

② 根据"折 800"用户浏览习惯的大数据分析，给老商户免费提供精准流量。

③ 对 10 名商户的产品信息进行 1 个月的首页推荐及搜索排名靠前推荐。

（2）网红踢馆，特卖来守擂

特卖商城会发起系列优惠活动，网红店家中排名前 50 名的有资格参加此次踢馆赛，与老优品汇商家进行比拼。成功踢馆者才能参与优品汇，踢馆失败者则一月内不能报名参与此活动。守住擂台越久，店铺搜索排名将越靠前，会成为"折 800"首推卖家，享受更多的流量。

（4）你、我、他，携手一起"折 800"

本次活动将邀请 10 名最佳商户与 10 名平台资深用户参与"折 800"年会，进行交流和游戏活动。由平台 CEO 颁发最佳商户奖，对用户表达感谢。最后是新年抢红包，大家一起打开微信"摇一摇"，抢红包，累计抢得最多的将会是当场年会的幸运王，免费获得三天两晚的泰国游。

（四）活动四：以心知心篇

1. 活动主题：以心知心篇

2. 活动目的：通过增加产品销量，提高平台店铺曝光率，提升销售额与平台用户忠诚度

3. 活动时间地点

时间：2016 年 1 月 25 日—2 月 25 日

地点："折 800" APP 平台

4. 活动对象："折 800" 目标商户

5. 活动内容

（1）推荐达人，实力推推推

活动期间，用户在"折 800" APP 购物，就会获得一个邀请码，将邀请码发送至朋友圈或者 QQ 空间，邀请好友下载"折 800" APP，根据验证码就可以计入此人的推荐量：活动时间为期一个月，根据推荐量设置奖项：

第一名（推荐有效量达 300 人）1 名，获得购物基金 1000 元

第二名（推荐有效量达 200）2 名，将获得购物基金 500 元

第三名（推荐有效量达 100 名）3 名，获得购物基金 200 元

参与奖：所有参与者，将会获得 8. 88 元微信红包

（2）不拼爹妈拼颜值

"折 800" 新版手机 APP 将会推出一个测颜值功能，用户在购物页面刷脸测试自己的颜值，根据系统给出的分数得到不同的代金券。用户也能将结果通过朋友圈与空间链接邀请更多的人参与，并且与好友比颜值，在好友中不同排名将累计不同积分，积分可以用于特卖商城其他优惠活动。

三天内颜值在其好友中排名前五就可参与秒杀活动：

① 精品单鞋 0.9 折起，每天上线 100 双，先到先得。

② 美丽护肤，自然乐园品牌护肤品低至 0.1 折。

③ 居家用品 9.9 秒杀，上百种居家用品 9.9 包邮限量秒杀，秒杀时间为半小时。

凡活动期间在“折 800”平台购物，即可参与转盘抽奖活动，奖品设置：

一等奖：腾达大功率无线路由器 1 台

二等奖：半球防烫电热水壶（共 2 个）

三等奖：单人电热毯（共 5 个）

四等奖：馥佩露得清系列产品 1 个（共 20 个）

五等奖：彩色手机钢化膜/手机卡通套（共 150 个）

六等奖：10 元服饰券（共 2000 张）

七等奖：5 元服饰券（共 3000 张）

（3）流量不足没关系，积分帮你来补足

凡是在此活动期间在“折 800”平台购物，按照不同金额即可获得相应积分，并且可参与平台推出的积分换手机流量的活动，在活动时间内只要积分满 100，就可兑换手机流量。

六、实施安排

（一）活动前安排

（1）根据活动力度，市场招商组对各个商户进行活动洽谈，争取最大力度的活动让利；男女装组、鞋包组、美妆组、食品组各安排 5 位专员负责网红店铺招募；招商部 2 人主要负责支付宝平台合作事宜。

（2）各种材料的采购及布置，赠品、活动费用等，并与相关部门及供应商沟通活动操作细节。

（3）组建 5 人宣传小组，主要对广告宣传负责，在进行促销活动前，提前一周发放宣传单，在活动前三天再在平台以广告形式滚动播放。

（4）后台技术部 2 人，负责全部活动的视频制作与剪辑。

（二）活动中安排

（1）市场部支持 5 人/班，早晚轮班；安保部支持 10 人/班，对户外活动进行安保工作，早晚轮班；市场部 1 人，统筹全部活动，与省军区机关医院合作，保证 10 名医生对夜跑工作进行全程跟踪。

（2）市场部 3 人/班，保证促销产品每日准时上线、活动奖品的不断供给，以及货物的供给。

（3）后台数据分析部进行线上流量更新分析，与人事部配合奖项事宜及财务部活动费用记录。

（三）活动后安排

（1）对活动后台数据进行统筹，继续监督活动流量变化，分析并保证活动的真实性。

（2）对新加入用户的资料进行汇总，处理活动中奖用户的后续领奖事宜，跟踪年后快递，及时发货，保证客服解决用户问题。

（3）后续安排，活动后对销售量及平台用户进行统计，为下次活动做好准备。

七、广告配合

为了实现本次活动目标，可以考虑线上线下各类广告的全方位整合，如表 3 所示。

表 3　广告项目具体事项

启动项目	具体事项
平台广告	活动前三天，提前进行 APP 首页中间头条新闻的活动滚动播放
微信造势	进行微信朋友圈视频广告推送
广告地铁	在长沙 2 号地铁五一广场站进出口处放置代言人的广告宣传牌
网络广告	在 APP 爱奇艺上进行五天促销活动广告宣传
短信提醒	提前三天短信提醒会员用户
传单	活动前一周对长沙各大高校及重点小区进行传单的发放

八、费用预算

本次促销活动的费用包括广告费、人员工资等几个方面，共计 628 750 万元，其中广告宣传费用为 114 000 万元，如表 4 所示。

表 4　活动费用预算

<table>
<tr><th>费用类型</th><th>具体项目</th><th>小计（元）</th><th>说明</th></tr>
<tr><td rowspan="4">广告费</td><td>网络广告</td><td>10 000</td><td>5 天爱奇艺广告费、微信广告费用</td></tr>
<tr><td>短信费用</td><td>2 000</td><td>客户和商家</td></tr>
<tr><td>地铁广告</td><td>100 000</td><td>五一广场地铁站</td></tr>
<tr><td>制作宣传单和海报</td><td>2 000</td><td>长沙各大高校小区人流量多的地方投放</td></tr>
<tr><td rowspan="2">人员费用</td><td>兼职工资</td><td>4 000</td><td>10 人×5 天×80 元</td></tr>
<tr><td>餐饮、通讯费</td><td>750</td><td>5 人×5 天×20 元</td></tr>
<tr><td rowspan="4">其他</td><td rowspan="3">粉丝见面会费用</td><td rowspan="3">500 000</td><td>场地费、人员费、餐费、通信费</td></tr>
<tr><td>活动海报、LED 屏、主持人、摄影及制作</td></tr>
<tr><td>代言人、服装费、媒体费用</td></tr>
<tr><td>礼品　优惠券</td><td>10 000</td><td>促销期间的礼品费用以及现金折扣优惠券费用</td></tr>
</table>

九、效果评估

（一）经济效果

根据“折 800”的历史销售额，综合考虑促销政策对产品流速带来的影响，做出促销期间销量的预估，看是否能完成站内销售额 3 000 万元、特卖商城用户增加 200 户的目标，超过预期值更佳。

（二）社会效果

这一系列促销活动不仅会使“折 800”的知名度增加 5%，新用户提高 3%，还会建立“折 800”在长沙市场的良好口碑。

十、意外防范

（一）粉丝见面会

（1）见面会期间，安保部要维持现场的秩序，保证活动顺利进行，防止活动期间出现拥挤。

（2）保证明星嘉宾准时达到、安全离开，现场粉丝互动顺利进行。

（二）橘子洲头夜跑

（1）与省军区机关医院合作，10名医生到场为夜跑人员的身体健康作保证。

（2）10名保安人员负责安保问题，尤其对夜跑商户与顾客人数的定点排查，防止掉队。

（三）线上活动

（1）活动期间，技术部保证线上平台的稳定及用户购物安全。

（2）相关部门要保证商品及赠品的及时供应。

参考文献

[1] 阿姆斯特朗著，赵占波译. 市场营销学［M］. 北京：机械工业出版社，2013-07-01.

[2] 昝辉，网络营销实战密码—策略. 技巧. 案例［M］. 北京：电子工业出版社，2009.

[3] 吴高远　张晓丹. 粉丝经济学［M］. 北京：光明日报出版社，2014-08-30.

[4] 智研咨询团队. 2015-2020年中国电子商务市场调研与投资前景报告［EB/OL］：中国产业信息网，2015：2-15.

[5] 李国琦. 2015年信息经济报告［EB/OL］：速途网，2015：03-02.

[6] 电子商务处. 创造学习的新思路［EB/OL］：湖南省商务厅，2015：8-19.

[7] 刘光峰. 实战网络营销--理论与实践［M］. 北京：清华大学出版社，2000：38-49.

[8] 鑫嘉华国际物流. 长沙电子商务发展趋势［EB/OL］：红网，2016：03-07.

[9] 姚国章. 中国企业电子商务发展战略［M］. 北京：北京大学出版社，2001：201-225.

[10] 刘克亚. 实战网络营销宝典［M］. 北京：中经录音音像出版社，2012.

致谢

大学三年学习时光已经接近尾声，我们的校园生活就要画上句号，心中是无尽的难舍与眷恋。在此我想对我的母校，我的父母亲人们，我的老师和同学们表达我由衷的谢意。感谢我的家人对我大学三年学习的默默支持；感谢我的母校×××职业技术学院给了我三年学习机会，老师们课堂上的激情洋溢、课堂下的谆谆教诲，同学们在学习中的认真热情、生活上的热心主动，所有这些都让我的三年充满了感动。

这次毕业论文设计得到了很多老师和同学的帮助，尤其是我的指导老师×××老师，从选题到查阅资料，从论文提纲的确定到中期论文的修改，再到后期论文格式调整等各个环节都给予了悉心的指导。在此谨向×××老师致以最诚挚的谢意。

最后，感谢这段时间陪伴我走过来的所有人，愿我们都不辜负这青葱岁月，不辜负努力着的自己。

附录F

证券与期货专业毕业设计实例

Part 1 毕业设计任务书

×××职业技术学院毕业设计任务书

商学院 学院 证券投资与管理 专业 证投1331 班学生 ××× 学号 1318043×××

一、毕业设计题目： 陈女士家庭理财规划

二、毕业设计进行地点： 学校+企业（招商证券股份有限公司）

三、任务书内容：

（一）目的

随着我国国民经济持续、快速、健康的发展，居民的投资意愿及现代理财观念逐渐增强。家庭理财越来越成为人们生活中不可或缺的重要环节。本文主要运用个人理财的基本理论，采用理论联系实际和比较分析的方法，在了解陈女士家庭基本情况、财务状况、综合能力和理财需求等方面的基础上，结合其家庭未来发展需要和职业特点，运用统筹兼顾的原则为其私人定制了换车规划、家庭保障和现金规划、投资和风险管理规划、子女教育及养老规划、自营加盟店扩张规划、高品质高水平生活规划六个具有针对性、全面性、可行性、科学性的规划方案。对陈女士家庭理财规划执行情况进行跟踪和定期检查，以便今后根据其情况的变化进行适时调整，从而达到最佳预期效果。

通过本选题的探究，用到了大学三年所学到的金融、理财、会计等相关专业知识，全方位剖析陈女士家庭情况；借助金融网站和招商证券公司产品提供的经济数据，预测投资的理财产品的未来收益率情况；分析国家宏观经济政策对行业的影响，筛选出潜力较大的理财产品；接合陈女士家庭具体财务状况，分析其赢利能力、偿债能力等方面的财务指标；采用理论联系实际和比较分析的方法，为陈女士量身定做家庭理财方案。

（二）任务

1）选定服务对象——陈女士，其具有一定的代表性和典型性。

2）根据对陈女士家庭基本情况的调查，了解到其人口结构、资产状况、收支状况、理财

需求、财务状况。

3）对陈女士家庭财务状况进行诊断，并利用一系列的财务指标对其家庭财务状况进行分析。

4）进行理财目标可行性分析，即诊断确定理财目标。

5）初步提出陈女士家庭理财设计方案并进行合理的资产配置。

6）根据前期调研结果，撰写出陈女士家庭理财规划毕业设计初稿。

7）在专业教师指导下，征询招商证券 3 个以上理财顾问意见后，完成毕业设计二稿。

8）再次征求理财顾问及指导老师意见，进行方案修正和完善，最后完成毕业设计定稿。

（三） 成果要求

1. 总体要求

① 毕业设计内容必须文题相符、概念清楚、思路清晰、层次分明。

② 毕业设计方案设计合理、依据可靠，具有一定的社会价值、市场价值或商业价值。

③ 毕业设计提交的相关文档作品必须符合指定的写作规范。

④ 毕业设计作品字数要求在 5000 字以上。

⑤ 毕业设计必须清楚反映自己的学习心得及探索成果，体现自己的专业能力和实践水平，严禁抄袭。

⑥ 尊重他人的学术成果，养成严谨、求实、诚信的学术作风。在引用文献资料时，必须在引用处做出标注，在设计作品的末尾按引用顺序列出文献资料的出处及详情（作者、资料名称、发表场所、时间、页码等）。

⑦ 在完成毕业设计（论文）期间，对每周所做的工作事项和下周的工作安排都应有详细的记录，并按指定的方式及时提交。

2. 进度要求

① 构思阶段（2015 年 10 月—2015 年 11 月）：确定服务对象和选题，撰写毕业设计执行方案（开题报告）。

② 调研阶段（2015 年 11 月—2015 年 12 月）：完成指定的文献阅读及家庭调研。

③ 写作阶段（2015 年 12 月—2016 年 4 月）：撰写毕业设计初稿、二稿及定稿。

④ 成果总结及答辩阶段（2016 年 4 月——2016 年 5 月）：撰写毕业设计成果报告书、答辩汇报 PPT 等。

指导教师签名：××× 2015 年 10 月 30 日
系室主任签名：××× 2015 年 10 月 30 日
学生签名：××× 2015 年 10 月 30 日

Part 2 毕业设计执行方案

XXX 职业技术学院毕业设计执行方案

<u>商</u>学院<u>证券投资与管理</u>专业 2015 年 10 月 30 日

<table>
<tr><td colspan="2">设计题目</td><td colspan="4">陈女士家庭理财规划</td></tr>
<tr><td>学生姓名</td><td>×××</td><td>学号</td><td>1318043×××</td><td>指导教师</td><td>×××</td></tr>
<tr><td colspan="6">
1. 选题的依据和意义
个人投资理财是个人为了实现各自的愿望，将自身所拥有的各种资源投入到金融或非金融领域，使其保值、增值并达到计划所要求的目标。中国经济连续保持快速稳健的发展态势，居民收入有了较快增长，居民金融意识也在不断增强，在这种情况下家庭理财行业的需求也与日俱增。正所谓“你不理财，财不理你”。家庭理财越来越成为人们生活中不可或缺的重要环节。由于我国金融业还是分业经营、分业管理的模式，理财师们往往只是在自己专业的方面有所擅长，这与个人理财是全方位服务的要求出现了背离，加上理财师们所针对的都是高端客户，收取相对较高的佣金，使个人理财的普及和推广受到了很大的限制。本设计以陈女士家庭为例，为大众中层家庭具体情况制定了合理可行性的理财报告。
本专业核心能力包含了证券经纪、投资咨询和综合理财服务三个层面，根据实习过程中搜集的客户基本情况和理财需求，进行个人家庭理财设计，既能帮助客户实现价值的增值、保值，又能巩固提升自己的专业核心技能。
</td></tr>
<tr><td colspan="6">
2. 拟解决的关键问题
本文主要运用个人理财的基本理论，采用理论联系实际和比较分析的方法，为陈女士量身定做的理财规划书中详细分析了她的家庭基本情况、财务状况、综合能力和理财需求。
（1）根据陈女士的家庭基本情况，进行家庭财务诊断。
（2）借助金融网站提供的经济数据，预测投资理财产品的收益率，筛选出更有投资潜力的理财产品。
（3）根据陈女士家庭财务诊断结果，进行资产重新配置，设计理财方案，满足其家庭理财需求。
</td></tr>
<tr><td colspan="6">
3. 毕业设计的技术路线
步骤一　选中个体经营户陈女士作为调查对象：陈女士具有一定的代表性。
步骤二　陈女士家庭信息收集与整理：多次沟通交流深入了解陈女士家庭情况，尝试推荐稳健的理财投资，了解陈女士能够承受的风险程度。
步骤三　陈女士家庭财务分析：根据前期调研结果，拟定陈女士家庭财务分析方案。
步骤四　陈女士家庭理财目标定位：根据理财规划方案，对陈女士资产配置进行实践，记录相关数据，保存过程资料。
步骤五　陈女士理财方案设计：对陈女士家庭理财实施成效进行总结，对理财方案进行优化。
步骤六　陈女士家庭理财方案的可行性论证：陈女士家庭理财规划分析。
步骤七　陈女士理财执行方案反馈和指导：撰写毕业设计成果报告书、答辩汇报 PPT 等。
</td></tr>
</table>

续表

4. 毕业设计的日程安排

任务	开始时间	结束时间	阶段成果
确定选题	2015. 10. 12	2015. 10. 16	毕业设计任务书
制订方案	2015. 10. 19	2015. 10. 30	毕业设计执行方案
完成设计	2015. 11. 02	2016. 04. 30	毕业设计作品
成果总结	2016. 05. 01	2016. 05. 05	成果报告书、 答辩汇报 PPT

5. 指导教师的意见及建议：

方案可行，同意执行。

签名：×××

2015 年 10 月 30 日

Part 3　毕业设计成果报告书

XXX 职业技术学院毕业设计成果报告书

学院	商学院	专业	证券投资与管理	班级	证投 1331 班
学生姓名	×××	学号	1318043×××	指导教师	×××
毕业设计题目	陈女士家庭理财规划			毕业设计类型	方案设计

1. 毕业设计过程的简要说明

2015 年 10 月，选定了毕业设计服务对象，并进行相关资料收集整理；

2015 年 11 月，毕业设计开题并制订执行方案；

2015 年 12 月-2016 年 4 月，在×××老师指导下完成了毕业设计；

2015 年 5 月，进行毕业设计总结和答辩。

2. 作品的特色与亮点

（1）选定具有代表性并相对较熟知客户陈女士作为服务对象，方便进行信息收集并能解决大部分群体理财问题。

（2）运用了生命周期理论、比较分析方法对陈女士家庭进行财务诊断，根据其风险承受能力，重新配置资产，设计相应理财方案，满足客户理财需求。

3. 作品的社会价值及主要用途

随着老百姓财富不断增长，其投资理财意识得到了不断加强，并且涌现出了社会保障、子女教育、投资理财等多样化的理财需求，理财规划就是针对客户具体的理财需求作方案，以保障客户理财愿望实现。本设计选定的客户具有一定典型性代表性群体客户，并运用了理财基本理论和比较分析方法，使设计的理财方案较好地解决客户理财问题。

4. 毕业设计的体会与收获

通过毕业设计，加深了个人对理财专业知识的认识和理解，以及对股票、基金、债券、外汇、储蓄等各个投资产品的熟知，并能够为客户量身定理财方案。收获了“慢慢来比较快”的精髓，凡事不能急于求成。在本毕业设计过程中阅读大量专业书籍并与导师多次沟通交流，使本毕业设计的全面性、专业性、可行性、科学性得到质的飞跃。明白了做人做事要时刻端正态度、谦虚认真，调查客户资料时一定要细心全面，维护好与客户的关系，耐心去沟通，真正明白客户的需求。这次经历是我人生中一笔宝贵财富。

Part 4 毕业设计作品

答辩视频

XXX 职业技术学院

证券投资与管理专业毕业设计

题目： 陈女士家庭理财规划

类型：

产品设计	工艺设计	方案设计
		√

学生姓名： ×××

学　　号： 1318043×××

班　　级： 证投 1331 班

专　　业： 证券投资与管理

学　　院： 商学院

学校指导教师： ×××

企业指导教师： ×××

2016 年 5 月 7 日

摘　　要

随着我国国民经济持续、快速、健康的发展，居民的投资意愿及现代理财观念逐渐增强。家庭理财越来越成为人们生活中不可或缺的重要环节。本文主要运用个人理财的基本理论，采用理论联系实际和比较分析的方法，在了解陈女士家庭基本情况、财务状况、综合能力和理财需求等方面的基础上，结合其家庭未来发展需要和职业特点，运用统筹兼顾的原则为其私人定制了换车规划、家庭保障和现金规划、投资和风险管理规划，子女教育及养老规划，自营加盟店扩张规划、高品质高水平生活规划六个具有针对性、全面性、可行性、科学性的规划方案。加之对陈女士家庭理财规划执行情况的跟踪和定期检查，以便今后根据其情况的变化进行适时的调整，以求达到最佳预期效果。

关键词：理财规划；投资策略；合理性分析；资产配置

目　　录

绪论

本文通过对陈女士家庭财务状况的分析及相关数据的预算，为陈女士规划出比较合理的家庭理财方案，提高其家庭未来的生活水平质量和规避风险能力，实现家庭资产的财务自由。

1. 陈女士家庭基本情况简介

1.1 陈女士家庭现状

1.1.1 人口结构

陈女士一家五口人：陈女士，27岁，个体经营；其丈夫杨先生，29岁，律师；其儿子，1岁；其公公61岁，退休教职工；其婆婆55岁，社区主任。

1.1.2 理财需求

购车规划；家庭保障和现金规划；投资和风险管理规划；子女教育及养老规划；自营加盟

店扩张规划；高品质、高水平生活规划。

1.2 陈女士家庭财务状况

1.2.1 家庭资产负债状况

陈女士一家5口住三室两厅两卫150平方米的商品房，2009年购买的该房，现以长沙房价该套房市场估价为100多万元，住房公积金贷款20万元，每月还贷2000多元，已还贷6年，剩余本金56000元。陈女士名下有一套两室一厅70平方米商品房，处于长沙名校附近，出租价为2000元/月，市场价值约80万元。2011年其丈夫杨先生购买国产比亚迪汽车，是一次性全额付款，二手汽车市场平均报价约4万元。家庭成员暂无信用卡。陈女士为个体经营户，加盟某食品公司，其店铺位于大学附近，门面租金约为4万元/年，所制的机器设备等固定资产约为2万元，所储存的货物约为1万元。陈女士对家庭负债这块控制的比较好，暂无该方面的风险。陈女士家庭目前的净资产相对来说处于中高水平，流动资金规模也比较大，但是很明显看出流动资金的收益率低，基本没有投资资本市场的举措，如表1所示，若市场环境变化，物价上涨、通货膨胀、纸币贬值、利润下降，陈女士家庭资产将面临缩水，现有的资产得不到增值、保值。所以陈女士家庭急需重新进行理财规划。

表1　陈女士2015年资产负债表

资产	金额（元）	负债	金额（元）
流动资产	270 000	流动负债	96 000
现金	50 000	房贷	56 000
活期银行存款	100 000	店铺租金	40 000
定期银行存款	100 000		
应收利息	10 000		
存货	10 000		
非流动资产	1 860 000	非流动负债	0
店铺器材	20 000		
汽车	40 000		
房地产（投资）	800 000		
房地产（自用）	1 000 000		
资产合计	2 130 000	负债合计	96 000
净资产	2 034 000		

1.2.2 家庭收支结余状况

陈女士主营油炸类小吃，客户群体主要针对学生，日常经营生意红火。一般情况下，扣除所有费用，净收入稳定在15万元左右。其丈夫杨先生在律师事务所工作，公司在当地有一定的知名度，杨先生在公司表现积极，吃苦耐劳、积极进取、阅历资深。每年总收入达20万元，其中包括年终奖金及各种节假日补贴。两个人每月共缴纳个人所得税1500元。处于他们这个年龄阶段，人情消费也是生活中一大笔开支，每年约1万元。2015年初迎来他们幸福的结晶——儿子睿睿，在生活开支方面每个月需要1万元左右。双方父母退休后都有退休工资，但是夫妻俩每年逢年过节约花费2万元孝敬父母。从表2可以看出，虽年结余约196 600元，都是建立在陈女士店铺经营状况好，丈夫业绩高的情况下。在未来10~20年里，孩子教育、父母赡养、夫妻俩职业发展等问题都需要解决，其生活压力将会到达最高峰。家庭人员中仅有基本社保，暂无各种商业保险，若家庭成员发生突发状况，夫妻俩将更难去应对。从现状来看，陈女士家庭生活水平处于中等偏上，后期对陈女士的家庭风险规避和理财投资需要着重规划。

表2 陈女士2015年现金流量表（金额单位：元/年）

收入项目	金额	百分比	支出项目	金额	百分比
经营活动			经营活动		
劳务薪酬	120 000	31.25%	生活支出	120 000	64.03%
其他	80 000	20.83%	应纳税费	18 000	9.6%
投资活动			车险保养	12 200	6.4%
自营收入	150 000	39.06%	人情消费	10 000	5.33%
房租收入	24 000	6.25%	赡养费	20 000	10.67%
利息收入	10 000	2.6%	住房公积金	7 200	3.8%
收入合计	384 000	1	支出合计	187 400	1
年结余	196 600				

2. 陈女士家庭财务指标分析

家庭财务指标分析主要是从财富积累能力、偿付能力、抗风险能力等方面进行分析；我们选取最具代表性的七个家庭理财的比率指标，对其家庭财务状况进行具体分析。

2.1 结余比率分析

结余比率是结余与税后收入的比值，是资产增值的重要指标，反映出家庭控制支出的能力和储蓄意识，是未来投资理财的基础，即反映个人提高其净资产水平的能力。只有收入有了现金盈余，才能进行储蓄再投资，使资产稳步增长，使财富不断增加。结余比率一般理想值是30%以上；陈女士家庭结余比率=年结余/年税后收入×100%=196 600÷(384 000-18 000)×100%=53.71%，说明陈女士家庭控制支出和家庭储蓄能力较强，可以将部分结余资金进行其他投资，增加净资产规模和家庭可支配收入，缓解家庭经济压力。

2.2 投资与净资产比率分析

投资与净资产比率是投资资产与净资产的比值，是衡量客户家庭通过投资促使其净资产规模扩大的能力，投资收益是增加净资产规模的重要组成部分，也是增加家庭收入的重要途径，一般在50%左右。陈女士暂无投资理财产品，仅仅将结余资金放在银行储蓄，每年获取约1万元的利息收入，从该方面可知陈女士家庭理财意识欠缺，需要树立合理的理财理念，将剩余资产充分利用，实现家庭资产的保值、增值。

2.3 负债比率分析

负债比率是负债总额与总资产的比值，是衡量家庭偿债能力的高低。一般把负债率控制在50%以下，陈女士家庭负债比率=96 000÷2 130 000×100%=4.5%，陈女士只有每月房贷和店铺租金压力，流动资金相对充足，面对应急资金需求时，有一定的抵抗力。

2.4 流动性比率分析

流动性比率是流动资产与月支出的比值，反映家庭支出的能力强弱，一般理想值在3左右。陈女士家庭流动性比率=流动资产/月支出=270 000÷10 000=27，陈女士家庭的流动资产比值过高，虽能及时应对需要现金的风险，但很难实现增值、保值的目的，再一次说明陈女士家庭急需找到合适的家庭理财产品进行投资。

2.5 现金比率分析

现金比率又称即付比率，是指家庭现金类资产与流动负债间的比率关系，反映该家庭随时利用变现资产偿还债务的能力，其参考值是70%左右。陈女士有6万多元小额债务，又未投资理财产品，可见流动资金多，资产变现能力极强。

2.6 负债收入比率分析

负债收入比率是年负债与年税后收入的比值，该指标反映支出能力的强弱，临界值为40%。陈女士家庭负债收入比率=当年负债/当年税后收入。2014年年初结婚，新婚家庭，夫妻俩在前期处于资产积累阶段。事业的开展是在一定物质基础上开始的，对债务风险控制极好。

2.7 保额比率分析

一般保险额度为家庭年收入的10倍，总保费支出为家庭年收入的10%。保障险保额=个人税后年收入×10=3 660 000。目前夫妻俩的总资产213万元，与保险额度相差153万。其总资产中不动产房产占了84.5%，其运作资金并不是特别大。未来生活，夫妻俩的压力还是存在的，在工作收入稳定状况下，还需要好好使用理财产品实现资产达到保额数。

3. 陈女士家庭深入综合分析

3.1 家庭生命周期和生涯规划分析

按家庭生命周期理论，从一对夫妻结婚建立家庭生养子女（家庭形成期）、子女长大就学（家庭成长期）、子女独立和事业发展到巅峰（家庭成熟期）、夫妻退休到夫妻终老而使家庭消灭（家庭衰老期），不同阶段家庭周期财富积累能力和理财目标是不同的；按美国学者舒伯职业生涯理论，职业阶段分为成长期、探索期、创业期、维持期、衰退期，不同阶段职业生涯周期所创造的财富能力是不同的。陈女士家庭属于家庭成长期，该时期是家庭的主要消费期，经济收入增加且生活稳定，已经有一定的财力和基本生活用品。为了提高生活质量往往需要较大的家庭建设支出。根据陈女士的具体情况，可提前为后期孩子的发展和家庭保障各个方面进行规划，则需要有一大笔支出。

3.2 陈女士家庭风险分析

通过对陈女士家庭收支结构的分析，基本可以判断其家庭资产配置单一，如果宏观经济环境和家庭发生变化，极可能面临如下风险：现金风险、投资风险、家庭保障风险。

4. 陈女士家庭理财目标确定

4.1 陈女士家庭理财具体目标

根据陈女士目前的家庭财务状况及各项理财目标的轻重缓急，建议：中短期目标采取“目标并进法”予以实现，即从2016年年末更换价值约为15万的SUV；2017年起筹备儿子的未来教育经费；增强家庭的商业保险，加快家庭保障制度的建设和完善。长期目标采用“目标顺序法”予以实现，即在2025年中短期理财目标完成后，再具体落实长期目标，进一步提高陈女士家庭生活水平。

根据陈女士的需求和其家庭具体情况，按照时间的长短，将目标概括如下：

短期目标：家庭应急资金准备；换车资金准备。

中期目标：自营加盟店拓展；家庭加强保障。

长期目标：孩子教育资金准备；夫妇俩养老金初步积累。

4.2　假设与预测

本方案的规划时段为2016年至2027年（陈女士儿子大学毕业），未来我国经济环境的变化可能对方案产生影响，为便于我们做出数据翔实的理财方案，结合我们掌握的信息条件，现做出如下理财基本假设：

（1）通货膨胀率：4%（国家宏观政策确定的调控范围）。

（2）收入成长率：5%（根据长沙市近几年收入年均增长幅度和国家长期经济增长速度综合考虑）。

（3）教育费用增长：5%（通常略高于通货膨胀率）。

（4）投资收益率：股票型基金10%，券商集合理财计划10%（高于通货膨胀率，且由于专业人士运作，收益有所保障）。

5. 陈女士家庭理财合理性分析

通过对陈女士家庭资产状况和收支结构进行分析，我们发现陈女士家庭理财存在着以下不合理的地方。

5.1　家庭风险保障不足

陈女士家庭除了基本社保意外，没有其他类型的保险。虽然拥有现金类资产25万元，但作为家庭收入主要来源的陈女士夫妇俩，都没有任何人身和收入来源保险，一旦发生意外，就可能造成家庭主要经济来源中断，影响家庭生活质量，家庭财务安全存在重大隐患。

5.2　家庭资产配置不合理

这种不合理结构主要表现在：

（1）净资产金融投资比例过低，资本没有得到很好的运作。

（2）投资品种单一，且主要集中在银行存款上，导致投资收益较低。

（3）净资产成长率比较低，导致家庭收入安全系数降低。

5.3　家庭日常开支较大

陈女士一家三口，在父母亲平时不需要负担的情况，每月日常开支达10 000元，占到家庭年度开支的64%，超过一般家庭日常开支比重。

5.4　家庭财务结构不合理

陈女士家庭清偿比率指标达95.5%，远高于理想值区间，说明陈女士没有利用好自己的信用额度。

6. 陈女士家庭理财建议

6.1　充分利用家庭可供利用的财务资源

做客户的理财方案设计，需要根据客户家庭财务状况，充分挖掘可供利用的资源，提高资源利用效率，实现客户家庭财务自由。本案例中陈女士家庭可供利用的资源有如下几个方面。

(1) 做好家庭财务开支预算，将一些不必要的日常开支尽量不开支、少开支，经过预算，此项可为陈女士家庭每年节省开支 20 000 元左右。

(2) 充分利用每年的收支结余，使家庭净资产不断增值，保障家庭财务安全。

(3) 家庭出租房继续用于出租，将闲置的资产利用起来，并每月获得稳定的租金收入，可加强家庭风险保障。

(4) 家庭现有银行存款 20 万元和现金资产 5 万元，除了必要的应急资金准备外，其余部分充分利用起来，以提高资金的利用效率。

6.2 家庭应急资金准备

为了保障家庭发生意外时的不时之需，每个家庭都需要建立自己的家庭应急资金，一般为 3 至 6 个月的日常零星开支需要。从陈女士家庭现有储蓄中拿出 5 万元作为家庭应急资金准备，选择无风险的银行存款和低风险的货币市场基金，各配置 50%，既保障了支取的灵活性，也能带来一定的收益。

6.3 换车资金的安排

陈女士想在年末换制一台 15 万元左右的经济型 SUV。了解到中国建设银行热购三湘版信用卡分期购车方式，可享受"0"利息、"0"费率；赠送价值 10 000 元的新车装潢大礼包和高速公路 ETC 专用设备一台；延保期可达 4 年原厂保修。可推荐陈女士选择建行信用卡分期购买热销车本田 CR-V2015 款 2.0L 两驱经典版，首付 50% 和 36 期普通贷款来购该车，需先将丈夫杨先生 2011 年购买的国产比亚迪汽车，以二手市场估值 4 万元卖出，从活期存款拿出 4 万元，用来付首付，再贷款 8.17 万元，月供 2 269 元，一年总还贷 27 233 元。换车后，每年预计开销将增加 4~5 千元，此笔开销将从每年收支结余中扣除。

6.4 家庭保障规划

2016 年国务院印发《关于整合城乡居民基本医疗保险制度的意见》整合城乡居民基本医疗保险和新型农村合作医疗两项制度。提出"六统一"：统一覆盖范围、统一筹资政策、统一保障待遇、统一医保目录、统一定点管理、统一基金管理。目前陈女士全家的年收入 38 万元左右，只有丈夫有公司提供的五险一金，自己和公婆仅有基本的社保，家庭缺乏必要的保障。

6.4.1 家庭综合意外险保全家平安

家庭综合意外险是全家人的综合保障计划，被保险人为两人以上，保障自己和配偶及未成年子女在工作生活中的意外伤害，还提供门诊与住院医疗保障，另有意外住院收入补偿，以及 24 小时电话医疗咨询。保障范围是被保险人因遭受意外事故，并自事故发生之日起 180 日内因该事故身故、残疾的，保险公司按其意外伤害保险金额给付意外身故/残疾保险金。

中国平安保险公司的一年期综合意外险是保障生活中的多种意外（含重大自然灾害如暴雨、雷击），还提供门诊与住院医疗保障，另有意外住院误工、护理津贴及紧急医疗救助服务，保额最高可达 100 万元。建议陈女士为其夫妇每年从收支结余中投入 2 万元购买中国平安一年期意外险，受益对象为配偶和子女，加强家庭保障。

6.4.2 理智选择"儿子教育金"

2015 年年初，陈女士有了他们第一个宝宝——帅气可爱的儿子，全家人沉浸在幸福中。陈女士家庭都是高级知识分子，对孩子未来的教育和生活有着长远眼光，需要一个较合理的长远规划。陈女士和其丈夫杨先生目前正处于财富创造期，不可能一次性给孩子建立一个高额度教育资产账号。可选择分 12 年，在保险公司给孩子建立一个 60 万元的年金账号，每年存 5 万元资金。同时在年金中使用豁免功能，即如果投保人身体无恙，则由投保人每年给孩子存钱；

而一旦投保人发生重残、伤残、身故等风险，则由保险公司来存满剩下几年的储蓄。孩子的60万元教育保险年金规划如表3所示。

表3 孩子的60万教育保险年金规划

年　龄	阶　段	给儿子教育基金规划
12~15	初中阶段	1万元/年×3
16~18	高中阶段	2万元/年×3
19~22	大学阶段	4万元/年×4
23~25	深造阶段	30万元/年×2

6.4.3 统筹计划自己的“退休养老”

陈女士的公公、婆婆都有稳定的退休工资，暂不需要担心两老的未来生活水平。其丈夫所在公司运营和发展与同行业相比有一定优势，对员工的福利待遇都挺不错。作为灵活就业人员，陈女士没有基本养老保障。根据国家对养老保险最新规定，缴满15年，到退休时才能终生享受养老金。陈女士可以从2029年开始缴纳养老保险，2016年长沙社保缴费基数为4 525元/月，根据收入增长率5%，预计2029年缴费基数为8 126元/月，每月缴费19%，为1 544元/月，其中11%记入社会统筹，8%记入个人账户。32年后（60岁退休）缴费基数已经变成了21 561元/月，60岁的时候首先每个月可以拿到国家发放的基本养老金21 561×21%＝4 527元，及个人账户21年积累的299 245元（8 126+21 561）÷2×8%（缴纳养老保险的个人比例）×21（年）×12（月），即每个月还可以拿到自己账号资金里的277 577÷139＝2 153元。退休时陈女士每月可获得基本养老保险6 680元。

6.5 展业规划

陈女士是个有追求、有主见的成功女性，加盟某食品公司已经有两年了，取得了一定成就，陈女士个人事业目标是想继续增加几所连锁店，打造出属于自己的品牌。门面位置还是继续选择在高校附近，针对学生来展业。一般高校附近门面租金约为4万元/年，所需机器设备价值1.5万元，所储存的货物流动资金5 000元。考虑到陈女士宝宝才1岁，正需要妈妈呵护。所以近几年内不赞同增加连锁店计划，可以将这份资金先投资其他适合的理财产品来储备未来创业基金，在儿子读初中时再考虑增添一家门面。

当年投入资金为：6万元×$(1+4\%)^{11}$＝10万元

6.6 家庭旅游活动规划

陈女士是一个非常注重家庭生活的好儿媳。加之自己和丈夫正处于财富创造期，退休的公公、婆婆白天在家照顾宝宝，给陈女士减轻不少压力。陈女士是典型的上有老下有小的家庭，两边父母都有退休工资，基本生活不用担心。但孝顺的陈女士想到两边父母一辈子舍不得吃喝玩乐为了他们付出那么多，想多花点时间陪伴他们，引发了未来对每年组织家庭旅游活动的需求。在孩子毕业深造前，可以主要选择在国内旅游，看看祖国的大好山河和名胜古迹，体验下各个地方的风土人情，家庭组团一起自驾旅游或者报旅行社的团都是很不错的选择，每年3万元左右应该绰绰有余。等孩子深造完，工作稳定后，可以选择国外旅游，带父母开开眼界，深深感受下各个国家的不同文化景色，每年一次短期旅行10万元左右，主要看以后所去国家和国家间汇率的变化。

6.7 家庭投资规划

6.7.1 巧用信用卡透支功能

对于陈女士家庭财务情况，可推荐陈女士办理三张信用卡，第一张陈女士经常购物的商场使用率高的建行热购三湘版信用卡，这样每次购物能够享受商场的一切优惠活动，包括打折、积分，以及年底积分兑换礼品的超值活动。建议此卡和工资卡绑定，设定自动还款，就不要担心因忘记还款而背负信用危机。第二张主要为丈夫杨先生出差时用的商务信用卡，利用信用卡的"预授权"，实现押金的功能，从而避免了占用家庭太多的资金。第三张也是最重要的一张，申办一张某银行的白金信用卡，额度相对高，且有一定的免息期。平常不要动用，主要作为面对突发事件的应急金，这样一来，可以将自己手里本来准备应急的资金用于购买短期投资理财产品。

6.7.2 金融资产投资策略

根据陈女士家庭资产配置状况，可以判定其为稳健型投资者，风险承受能力中等偏下，金融资产投资宜选用固定收益类证券。现推荐如下几类产品。

第一类债券型基金，如鹏华双债加利型证券投资基金，该基金在合理控制风险、保持适当流动性的基础上，以企业债和可转债为主要投资目标，过去一年其年化收益率达到10%，考虑到经济下行压力，预计以后年化收益率将维持在8%左右。

第二类五年期以上的国债，续发的，预计年化收益将维持在5%左右。国债有国家财政作担保，不存在违约风险。

第三类货币市场基金，如易方达天天理财货币市场基金，保证了资金的流动性，赎回期两天，并且易方达为大型基金管理公司，其年化收益率维持在3%左右。

建议：

（1）陈女士投资10万元作定期投资，以上产品按1：2：1比例配置，预计年化收益率维持在5%左右，30年期的年金终值系数为66.439，陈女士退休时其家庭将依靠此投资积累664万元。

（2）银行存款20万元用于长期国债投资，30年复利终值系数为4.322，30年投资收益为86万元。

（3）调整后每年结余投资于货币市场基金，既加强了家庭安全保障，也准备了足够的退休生活补充资金。

7. 理财方案可行性论证

根据陈女士家庭实际情况和理财需求，提出比较合理的理财建议，在市场环境好，投资预期收益稳定的情况下，陈女士接受理财建议后，其家庭资产净盈余将被利用起来。在支出方面新增加了车贷、保险、养老金、教育投资、旅游项目，如表4所示，但陈女士的闲置资金活用在投资理财领域与家庭保障领域，未来的回报率预期是很可观的。教育保险和养老保险投资时间长，所以省略统计这两项未来的收益。该理财规划符合陈女士长远稳健的投资要求，理财方案的设计侧重于提高闲置资金的利用率和提前预防家庭风险突发性状况，至少在未来12年和30年，无须更多担心孩子教育费用和陈女士退休养老生活水平的问题。

表4 未来25年陈女士家庭现金流量表（单位：万元）

年份	收入	支出								结余
		生活	车供	投资	保险	养老	展业	旅游	教育	
2017	42.34	18.45	2.73	10	2			2	5	2.16
2018	44.45	19.38	2.73	10	2			2.1	5	3.24
2019	46.67	20.35	2.73	10	2			2.21	5	4.38

续表

年份	收入	支出								结余
		生活	换车	投资	保险	养老	展业	旅游	教育	
2020	49.01	21.36		10	2			2.32	5	8.33
2021	51.46	22.42		10	2			2.43	5	9.61
2022	54.03	23.55		10	2			2.55	5	10.93
2023	56.73	24.73		10	2			2.68	5	12.32
2024	59.57	25.97		10	2			2.82	5	13.78
2025	62.55	27.27		10	2			2.95	5	15.33
2026	65.67	28.63		10	2			3.10	5	16.94
2027	90.67	30.06		10	2		10	3.26	5	30.35
2028	95.20	31.57		10	2		10.5	3.42	5	32.71
2029	99.96	33.14		10	2	1.85	11.03	3.59		38.35
2030	104.96	34.80		10	2	1.94	11.58	3.77		40.87
2031	110.21	36.54		10	2	2.04	12.16	3.96		43.51
2032	115.72	38.37		10	2	2.14	12.76	4.16		46.29
2033	121.50	40.29		10	2	2.25	13.40	4.37		49.19
2034	127.58	42.30		10	2	2.36	14.07	4.58		52.27
2035	133.93	44.42		10	2	2.48	14.77	4.81		55.45
2036	140.65	46.64		10	2	2.61	15.51	5.05		58.84
2037	147.69	48.97		10	2	2.74	16.29	10		57.69
2038	155.07	51.42		10	2	2.87	17.10	10.5		61.21
2039	162.83	53.99		10	2	3.02	17.96	11.03		64.83
2040	170.97	56.69		10	2	3.17	18.86	11.57		68.68
2041	179.52	59.52		10	2	3.33	19.80	12.16		72.71

8. 结束语

家庭的理财规划要根据家庭和家庭成员的具体情况，制定切实可行的计划，合理配置家庭资产，既要通过提高劳动收入积累尽可能多的财富，更要善于利用投资工具创造更多的财富。

本文通过对陈女士家庭实际情况调查，进行财务指标的分析，并结合家庭生命周期和生涯规划，应用经济学与个人理财专业知识制定了适合本家庭的理财规划方案，即家庭保障规划、家庭投资规划、追求高品质生活规划。

最后，我们建议陈女士应经常与客户经理保持联系，根据环境的变化适时调整和修正理财规划，评估家庭资产的风险状况并决定是否需要进行策略调整，并持之以恒地遵照执行，使这个比较合理的理财规划能客观地展示自己的财务状况，减缓财务忧虑，帮助自己认清和实现目标，成为指导自己实现财务自由之路的好帮手。

参考文献

[1] 金永红. 个人理财工具箱 [M]. 第一版. 北京：电子工业出版社，2008. 4：223-360

[2] 北京为开企业管理咨询有限公司. 中国家庭 24 个理财样板间 [M]. 第一版. 北京：机械工业出版社，2014. 10：160-245

[3] 陈镇、赵敏捷. 家庭理财 [M]. 第一版. 北京：清华大学出版社，2009：56-105

[4] 殷虎平. 中国理财规划实战案例 [M]. 第一版. 深圳：海天出版社，2007：230-365

[5] 毛定娟. 每天学点投资学 [M]. 第三版. 北京：光明日报出版社，2013. 4：89-160

[6] 柴效武、孟晓苏. 个人理财规划 [M]. 北京：清华大学出版社，2013. 5：167-199

致谢

本毕业设计是在我院证投系指导老师×××老师和招商证券股份有限公司长沙芙蓉营业部×××经理的悉心指导下完成的。在我有疑问时，为我指点迷津，帮助我开拓研究思路，精心点拨、鼓励支持。×××老师一丝不苟的作风，严谨求实的态度，渊博的专业知识，严谨的治学态度，诲人不倦的高尚师德，朴实无华、平易近人的人格魅力对我的影响深远。使我树立了远大的学习目标，熟知理财对我们日常生活的重要，专业素养进一步提高，还让我明白了许多为人处世的道理。

本毕业设计从选题到下笔到最后完成的，每一步都是在×××老师的悉心指导和纠正下才顺利完成的。倾注了×××老师大量的心血和精力。在此，谨向×××老师表示崇高的敬意和衷心的感谢！

本毕业设计能够顺利完成，离不开本文陈女士给我提供的家庭资料数据和招商证券×××经理的公司产品数据，其中涉及个人隐私问题，陈女士百分百的支持、配合、理解、信赖，都让我非感谢。同时也离不开各位专业老师的指导，证投班小伙伴们和我的好朋友们的关心和帮助。在这里对各位报以最诚挚的谢意和无尽的感激！

附录 A　陈女士家庭理财调查问卷表

1：您的家庭的成员有几人？（D）

A. 1 人	B. 2 人
C. 3 人	D. 4 人及以上

2：您从事的职业是？（G）

A. 互联网行业	B. 教育/医疗
C. 电子行业	D. 金融行业
E. 服务业	F. 医疗

G. 其他（个体经营，油炸类小吃）

3：您家庭月收入在哪个区间？（C）

A. 3 000 元以下	B. 3 000 元到 8 000 元之间
C. 8 000 元到 2 万元之间	D. 2 万元以上

4：您对家庭理财感兴趣吗？（B）

A. 非常感兴趣	B. 有一点了解

C. 不感兴趣　　D. 完全不想了解

5：您是否购买过家庭理财产品？(B)

A. 是　　B. 否

6：您的家庭收入用于投资的比例？(B)

A. 10%及以下　　B. 10%~30%

C. 30%~50%　　D. 50%以上

7：您是否需要家庭理财顾问服务？(A)

A. 非常需要　　B. 比较需要

C. 无所谓　　D. 不需要

8：哪些选项是您现在关心的家庭理财规划问题？(BCEF)

A. 意外医疗　　B. 重大疾病

C. 儿童教育　　D. 养老金

E. 投资　　F. 财产保全

9：您是否购买过以下种类的商业保险？(E)

A. 意外保险　　B. 重大疾病保险

C. 儿童教育险　　D. 养老保险

E. 车险　　F. 人寿保险

10：您是否拥有社会保险？(B)

A. 是　　B. 否

11：通过家庭理财规划，您认为当前需要解决那些问题？

目前我把闲置资金都存在银行，但利率低，加之受通货膨胀、纸币贬值的影响，资金大大的缩水，心里着急却不知道如何把钱拿去做理财投资。我担心未来孩子教育、父母赡养、夫妻职业发展这些问题将会导致生活压力到达最高峰。家庭人员中仅有基本社保，暂无各种商业保险，我也担心若家庭成员发生突发状况，夫妻俩将更难去应对。虽从现状来看，家庭生活水平处于中等偏上水平，但是后期对家庭风险规避和理财投资需求意向大。

参考文献

[1] 蔡须全 WonDerSun . 专题制作-创意设计篇［M］. 台湾：台科大图书股份有限公司，2014.

[2] 纪多多. 商科院校毕业设计（论文）教程［M］. 天津：天津大学出版社，2010.

[3] 徐秀杰，王丽波. 高等学校毕业设计（论文）指导教程. 财会类专业［M］. 北京：中国水利水电出版社，2015.

[4] 张富建. 职业学校毕业设计指导与实例［M］. 第二版. 北京：清华大学出版社，2014.

[5] 陈丽能，徐挺，孙慧平，楼土明. 毕业综合实践导引（高职高专适用）［M］. 杭州：浙江摄影出版社，2011.

[6] 高教育部高等教育司，北京市教育委员会. 高等学校毕业设计（论文）指导手册［M］. 北京：经济日报出版社，1999.

《商科专业毕业设计教程》读者意见反馈表

尊敬的读者：

感谢您购买本书。为了能为您提供更优秀的教材，请您抽出宝贵的时间，将您的意见填入下表，填写后可拍照发到后面的邮箱，以改进我们的服务。对采用您的意见进行修订的教材，我们将在该书的前言中进行说明并赠送您样书。

姓名：______________　电话：______________________

职业：______________　E-mail：____________________

邮编：______________　通信地址：__________________

1．您对本书的总体看法是：

□很满意　□比较满意　□尚可　□不太满意　□不满意

2．您对本书的结构（章节）：□满意　□不满意　改进意见______________

____

____

3. 您对本书的体例：　□满意　□不满意　改进意见______________

____

____

4．本书提供的毕业设计作品示例对您的帮助：　□大　□一般　□没帮助　改进意见_

____

____

5．您对本书其他的改进意见：

____

____

____

____

6．您希望增加或者推荐的典型毕业设计作品选题是：

____

____

____

书中的毕业设计作品我们尽量展示了学生的原汁原味性，由于时间仓促及学生水平有限，难免存在一些不足之处，欢迎各位读者批评指正。同时，也欢迎大家向我们推荐优秀学生毕业设计作品，一经录用，我们会赠送一定的礼品奖励，并在本书修订时予以出版。

本书编辑　贾瑞敏　电话：010-88254019　E-mail：jrm@phei.com.cn

地址：北京市海淀区万寿路金家村 288 号华信大厦 1104 室　电子工业出版社高职业教育分社　邮编：100036

反侵权盗版声明

举报电话：（010）88254396；（010）88258888

传　　真：（010）88254397

E-mail:　　dbqq@phei.com.cn

通信地址：北京市万寿路 173 信箱

电子工业出版社总编办公室

邮　　编：100036